U0682058

韩国国民年金制度改革路径选择

瑞典、智利、日本与韩国的比较研究

陈樱花 著

A Study of Korean National Pension Reform:
Focused on the Comparision with Sweden, Chile and Japan

江苏大学出版社
JIANGSU UNIVERSITY PRESS

镇 江

图书在版编目(CIP)数据

　　韩国国民年金制度改革路径选择:瑞典、智利、日本与韩国的比较研究/陈樱花著.—镇江:江苏大学出版社,2014.12
　　ISBN 978-7-81130-705-4

　　Ⅰ.①韩… Ⅱ.①陈… Ⅲ.①养老保险制度—保险改革—对比研究—韩国、瑞典、智利、日本 Ⅳ.①F843.126.67

　　中国版本图书馆 CIP 数据核字(2014)第 236343 号

韩国国民年金制度改革路径选择:瑞典、智利、日本与韩国的比较研究
Hanguo Guomin Nianjin Zhidu Gaige Lujing Xuanze:Ruidian、Zhili、Riben Yu Hanguo
De Bijiao Yanjiu

著　　者/陈樱花
责任编辑/吴昌兴　仲　蕙
出版发行/江苏大学出版社
地　　址/江苏省镇江市梦溪园巷 30 号(邮编:212003)
电　　话/0511-84446464(传真)
网　　址/http://press.ujs.edu.cn
排　　版/镇江文苑制版印刷有限责任公司
印　　刷/北京京华虎彩印刷有限公司
经　　销/江苏省新华书店
开　　本/718 mm×1 000 mm　1/16
印　　张/14.25
字　　数/255 千字
版　　次/2014 年 12 月第 1 版　2014 年 12 月第 1 次印刷
书　　号/ISBN 978-7-81130-705-4
定　　价/40.00 元

如有印装质量问题请与本社营销部联系(电话:0511-84440882)

序

    首先,我要对陈樱花老师在具有悠久历史的江苏大学从教期间撰写的
《韩国国民年金制度改革路经选择——瑞典、智利、日本与韩国的比较研究》
(A Study of Korean National Pension Reform : Focused on the Comparison with
Sweden, Chile and Japan)一书的出版表示诚挚的祝贺。陈樱花老师曾经在韩
国求学,这一著作的主要基础就是她在韩国的仁荷大学(Inha University)行政
学系攻读博士学位时,顺利结束学习并经过严格而艰难的论文审查过程,以
优秀成绩通过论文审查的研究成果。当时这一研究成果的写作语言是韩文,
在这本著作中,她将这一成果重新整理、修订,并以自己的母语——中文的形
式对这一成果进行了新的呈现。陈樱花老师比任何人都更了解以韩国为代
表的、世界上大多数国家的与福利相关的制度及政策。在这方面,她可以称
得上是专家,这本书也有力地证明了这一点。陈老师在我校学习期间,成为
当时所有韩国学生和其他国家留学生学习的榜样,显示了她本人极其优秀的
个人品质。

    可以说,在这本书的作者陈樱花老师的学术世界中,她倾向于用曾经为
西方传统福利国家建设发挥了重要作用的自由主义经济学理论来分析中国
现实。她当然也很清楚,以韩国为代表的各种类型的资本主义和市场经济体
制无法提供能够满足所有人需要的福利制度,特别是公共年金制度,当然也
存在着其自身的局限性。因此,陈老师不但查阅了美国、日本、英国等世界主
要国家的文献,还对世界银行(World Bank)、国际劳工组织(ILO)、经济合作
与发展组织(OECD)等主要国际性机构的研究成果和主导思想进行了梳理。
在书中,她为我们展示了年金制度改革的四个争论点:财政稳定性、收入再分
配、基金管理运营,以及改革的可行性。该书在以上基准下对韩国国民年金
制度进行了充分探讨,展开了整体性的分析,并为我们展示了分析结果。

    以上四个主要争论点是改革中必然要遇到的问题所在。陈老师从这四
条基准的不同维度,分别选取了经历过公共年金制度改革的瑞典、智利、日本
三个国家,通过批判性研究,最终为我们展示了韩国全方位的公共年金制度
(主要着眼于国民年金制度)改革方案。这里,陈老师所展示的最适合韩国的

改革方案是处于改革中间位置的，被称为"第三条道路"的瑞典的"名义账户制"。这一方式尤其在解决财政稳定性方面可以说是最好的政策，同时它也是一种将收入再分配功能分离出去，显示了导入基础年金制度必要性的制度。更进一步来看，瑞典的这种制度改革还是一个摆脱了过去公共性质的管理运营方式，导入私人性质的基金管理运营制度的过程。因此，在最近学界和政府所推崇的新公共管理背景下，这一"名义账户制"在政治上具有很高的可接受性也是非常明显的。这一改革方案虽然也提到了与其他特殊职业群体年金制度的通算方式的问题，但把它留作了将来的研究课题。

在陈樱花老师的博士毕业论文审查时，我担任审查委员会主席。作为一个过去曾研究过苏联福利制度的社会主义经济学学者，之所以做出该论文通过答辩的决定，是因为我支持陈老师将福利制度看作是资本主义自由市场的"失败"这一合理观点。资本主义市场经济必然会产生阶层间的贫富差距问题。由公共性质的社会救助和社会保险所构成的国家主导的社会保障制度起到的正是对阶层进行适当调控的社会安全网的作用。在陈老师论文写作的当时，欧洲爆发的财政危机从根本上来说，就是由于国家的福利支出减少，从而无法起到社会安全网的作用而引起的。考虑到这一点，我认为追求国家经济基础和相对独立的全体人民整体的最大福利，追求最大程度的稳定，也是目前符合中国国情的。在目前中国同样存在一定贫富差距问题的背景下，从为老年人群提供保障的公共年金制度，到实现所有人都平等这一目标，中国年金制度要进行改革的必要性则更大。

韩国仁荷大学社会科学学院名誉教授
金荣奎
2014 年 3 月 6 日

서문

한국에서 수학했던 진앵화 교수가 유서 깊은 강소대학에 재직하던 중 저서인 「한국의 국민연금제도 개혁에 관한 연구:스웨덴,칠레,일본과의 비교를 중심으로」(A Study of Korean National Pension Reform:Focused on the Comparison with Sweden, Chile and Japan)를 출간하게 된 것을 진심으로 축하한다.이 저서는 진교수가 한국의 인하대학교 행정학과에서 박사학위 과정을 무사히 마치고 난 뒤 힘든 심사를 거친 결과 아주 우수하게 통과된 한글 논문을 이번에 모국어인 중국어로 편역한 책이다.우선 진교수는 한국을 위시해 세계의 복지관련 제도와 정책에 관한 한 어느 누구보다도 전문가라는 사실은 이 저서를 통해 압권으로 증명했다.또한 진교수는 본 대학에서 학위과정 동안 국내외 학생들이 본받아야 할 모범을 보여준 수학생이란 점에서 훌륭한 인품을 보여주었다.

지은이 진앵화 교수의 학문세계는 중국이 서구 전통의 복지국가를 건설하는데 목적을 둔 자유주의 전통에 서 있다고 볼 수 있다.그녀는 물론 한국을 위시해 어떤 유형의 자본주의국가와 시장경제체제에서도 만인을 위한 복지제도 특히 공적연금제도는 한계가 있다는 점을 분명히 알았다. 이에 진교수는 미국,일본,영국 등 세계 주요국가는 물론 세계은행(World Bank),국제노동기구(ILO),경제협력개발기구(OECD) 등 국제기구가 고민하고 제시했던 연금제도의 개혁을 재정안정성,소득재분배,기금관리운용,개혁실현가능성 등4개 쟁점을 기준으로 포괄적으로 분석한 결과가 고스란히 저서에 녹아있다.

위의4개 쟁점을 개혁이 반드시 필요한 문제점으로 설정한 진교수는 서로 다른 차원에서 개혁 드라이브를 걸고 있던 스웨덴,칠레,일본 등3개 국가를 선정하고 비판해서는 최종적으로 한국의 공적연금제도(국민연금제도)를 전반적으로 개혁하는 방안을 내놓았다.여기에서 진교수가 한국에 제안하고 있는 공적연금제도의 가장 타당한 개혁방안은 개혁의 중간위치에 있는 '제3의 길'이라 불리는 스웨덴의 명목확정기여방식이다.이 방식은 특히 재정안정성 문제를 해결할 수 있는 최선의 정책이며,소득재분배 기능을 분리해 기초연금제도의 도입 필요성을 제기하는 방식이기도 하다.나아가 이 스웨덴 제도는 기존의 공적관리운영에서 벗어나 사적기금

I

관리운영제를 도입하는 과정이기도 하기 때문에,최근 학계와 정부가 내세우는 신공공관리 입장에서 정치적으로 수용될 가능성이 높은 점도 분명히 있다.나아가 이런 개혁방안에 특수직역 연금제도를 통산하는 방식도 있지만 그것은 미래의 과제로 남겨두고 있다.

　　진앵화 교수의 논문 심사 때 위원장을 맡은 나는 과거 소련의 복지제도도 연구했던 사회주의 경제학자로서 이 논문을 통과시키기로 한 결정에는 복지제도를 자본주의 자유시장의 '실패'로 본 진교수의 합리적 입장을 지지했기 때문이다.자본주의 시장경제는 필연적으로 계급간 빈부 격차를 낳게 되어 공적부조와 사회보험으로 구성되는 국가 주도의 사회복지제도가 계급통제를 위한 사회안전망 구실을 하고 있는 것이다.그러나 진교수가 논문 쓰던 시절 유럽에서 터졌던 재정위기는 근본적으로 국가의 복지지출이 감소되어 그것이 사회안전망 역할을 할 수 없었던데 기인하는 점을 감안하면,국가가 하부 토대와는 상대적으로 독립해 전체 인민의 공동체 전반의 최대복지와 함께 최대안전을 도모하는 것이 지금 중국의 현황에 맞는 기능으로 볼 수 있다.지금 중국 현지에서 빈부격차를 노년층을 위한 공적연금부터 만민평등 차원에서 개혁할 필요성은 그만큼 더 큰 것이다.

2014.3.6
김영규 명예교수
인하대학교 사회과학대학

目　　录

第一章 绪 论

第一节 研究背景及研究意义

一、研究背景

资本主义是以生产手段的私有化和个人责任原则为基础,按照市场经济原理,由个人依靠自己的能力来维持本人及家人生活的一种经济体制。随着资本主义的发展,虽然人们物质生活水平得到了大幅度提高,但是极度的贫富差异、劳资之间剧烈的矛盾等资本主义制度本身带来的这些不可避免的问题却更加激化了。在探索如何解决资本主义制度带来的这些问题的过程中,不同的学者从不同的角度出发,提出过许多不同的见解和看法,并且各国在实践中也有许多不同的解决方式。在这些理论和实践中,作为最佳对策,"福利国家"方式在西方国家中迅速发展起来。而且,从另一个层面来看,"福利国家"更是"将战后西方福利国家的男性——家庭生计维持者在劳动市场上面对疾病、失业、老龄等社会危险时所做出的应对方法制度化的一个过程"①(尹宏植,2007:131)。但是从 20 世纪 70 年代末到 80 年代初开始,西方福利国家不得不面对伴随着竞争力下降带来的大规模产业结构调整、工资冻结、收入不稳定、购买力下降、失业率增加、女性家庭抚养者增加等问题。随着这些问题的大量出现,被称为"福利国家危机"的现象开始广泛出现在以西欧为代表的许多发达国家中。

生活水平的提高和医学的发展使人类的预期寿命得到了很大提高,但同时,全世界大部分国家的出生率却在显著下降。这种所谓"少产少死"的人口结构最初出现在西方先进的福利国家,现在却几乎蔓延到了全世界大部分国家,换句话说,现在全世界都正在"变老"。变老"这一过程的速度和程度虽然

---

① 原文:전후 서구 복지국가는 남성생계부양자가 노동시장에서 직면하게 되는 질병, 실급,노령 등의 사회적 위험에 대한 대응을 제도화하는 과정이었다.

各不相同,但在世界各国各地都正在发生,而且几乎对所有的国家都产生了影响"。① (Giuliano Bonoli, Toshimitsu Shinkawa, 2005)根据 UN 的定义,如果一个国家总人口中,65 岁以上的老年人口数超过总人口数的 7%,这个社会就进入了"老龄化社会(Aging Society)";超过 14%,社会就进入了"老龄社会(Aged Society)";而超过了 20%,社会就进入了"超老龄社会(Super-aged Society)"。现在不仅是西方发达国家,很多发展中国家也正在以很快的速度跨越老龄化社会,在不久的将来就会进入老龄社会,甚至超老龄社会。

与西方主要发达国家相比,韩国老龄人口的比率还处于较低水平。一方面,根据韩国统计厅的资料,2005 年韩国老龄人口占总人口的比例是 9.4%。与发达国家的平均数值 15.3% 相比,韩国的老龄人口比例要低于平均值 6% 左右,但这绝不可以被认为是一个令人乐观的数字,因为与主要发达国家相比,韩国进入老龄社会的速度要快很多。韩国金融研究院的研究显示,韩国预计将于 2018 年进入老龄社会,2026 年进入超老龄社会。这就意味着,韩国将会在 4 年后进入老龄社会,之后仅仅再过 8 年就将进入超老龄社会。从另一方面来看,韩国统计厅的资料显示,截至 2050 年,韩国总人口中,将会有一半以上的人为 60 岁以上的老人。② 表 1-1 列出了 1980—2060 年韩国国民的平均年龄及中位年龄数据及预测。从该表可以看出,到 2060 年,韩国的平均年龄将达到 53.5 岁,中位年龄将达到 57.9 岁,中位年龄超过平均年龄 4.4 岁,这也从另一个角度反映了韩国将出现人口寿命越来越长、老年人口数越来越多这一趋势的正确性。

表 1-1　韩国国民的平均年龄及中位年龄(1980—2060 年)

单位:岁

年度	平均年龄	性别		中位年龄	性别	
		男	女		男	女
1980	25.9	25.0	26.9	21.8	21.2	22.4
1985	27.5	26.7	28.4	24.3	23.8	24.9
1990	29.5	28.5	30.6	27.0	26.3	27.7
1995	31.2	30.1	32.3	29.3	28.4	30.2

---

① 原文: The process is occurring at different speeds in different world regions and starts from different levels, but is affecting every country.

② 按照韩国统计厅资料中人口变化趋势来看,2050 年 60 ~ 64 岁人口数为 21 915 585 人,占总人口数的 45.04% ;65 岁以上人口数为 6 155 757 人,占总人口的 38.16%。资料来源于 http://www.kosis.kr/。

续表

年度	平均年龄	性别		中位年龄	性别	
		男	女		男	女
2000	33.1	31.9	34.3	31.8	30.8	32.7
2001	33.5	32.3	34.7	32.3	31.4	33.3
2002	34.0	32.8	35.2	32.9	32.0	33.9
2003	34.5	33.3	35.6	33.5	32.6	34.5
2004	35.0	33.8	36.1	34.1	33.2	35.1
2005	35.5	34.3	36.6	34.8	33.8	35.8
2006	36.0	34.8	37.2	35.4	34.5	36.5
2007	36.5	35.3	37.7	36.1	35.1	37.1
2008	37.0	35.8	38.2	36.7	35.7	37.7
2009	37.5	36.3	38.7	37.3	36.3	38.3
2010	37.9	36.7	39.2	37.9	36.8	39.0
2015	40.3	39.0	41.5	40.8	39.5	42.1
2020	42.3	41.1	43.7	43.4	41.9	45.0
2025	44.4	43.0	45.6	45.9	44.4	47.5
2030	46.2	44.9	47.5	48.5	46.8	50.1
2035	48.0	46.7	49.3	50.8	48.8	52.6
2040	49.7	48.4	51.1	52.6	50.7	54.7
2045	51.2	49.8	52.6	54.3	52.6	56.2
2050	52.4	50.9	53.8	55.9	54.4	57.6
2055	53.1	51.7	54.5	57.2	55.7	58.8
2060	53.5	52.2	54.9	57.9	56.2	59.6

资料来源:韩国统计厅,《未来人口预测》,2011 年 12 月。

表 1-2 为 1995—2009 年间韩国的是预期人口寿命情况。从该表可以看出,在 2009 年,韩国平均寿命已经达到了 80.3 岁。而与此同时,韩国的人口出生率却非常低,在经济合作与发展组织(Organization for Economic Co-operation and Development,简称 OECD)成员方中始终属于人口出生率比较低的那一类国家。

表1-2　韩国人口预期寿命（1995—2009 年）

单位：岁

年度	1995	2001	2002	2003	2004	2005	2006	2007	2008	2009
预期寿命	73.5	76.4	77.0	77.3	78.0	78.5	79.0	79.4	79.9	80.3

资料来源：韩国国民年金公团，《2011 年韩国国民年金年报》。

　　表1-3 列出了韩国从 1995 年到 2009 年的人口出生率数据。从表中可以看出，韩国人口出生率从进入 21 世纪以来就跌入低谷，此后十年内都一直维持在刚刚超过 1 的水平。从表 1-3 中还可以看出，从 2001 年开始，韩国的人口出生率基本上始终徘徊在 1.1 和 1.2 之间，且今后也难有乐观的展望，这在OECD 成员方中也几乎是最低的水平。尽管韩国为了鼓励生育，在育儿、教育等方面提出了不少支持和鼓励政策，但还是难以带动生育率显著上升。

表1-3　韩国人口出生率（1995—2009 年）

单位：%

年度	1995	2001	2002	2003	2004	2005	2006	2007	2008	2009
出生率	1.6	1.3	1.2	1.2	1.2	1.1	1.1	1.3	1.2	1.1

注：以 15～49 岁女性为基准。
资料来源：韩国国民年金公团，《2011 年韩国国民年金年报》。

　　在抚养比方面，就韩国目前的情况来看，问题还不大。表 1-4 列出了1995—2009 年韩国抚养比的变化情况。但是在考察今后人口预测数据时，如果出生率持续走低，而老年人口预期寿命持续提高，抚养比自然也会随之持续上升。

表1-4　韩国抚养比（1995—2009 年）

单位：%

年度	1995	2001	2002	2003	2004	2005	2006	2007	2008	2009
抚养比	41.4	39.6	39.6	39.6	39.5	39.4	39.1	38.8	38.4	37.8

资料来源：韩国国民年金公团，《2011 年韩国国民年金年报》。

　　为了应对老龄社会带来的种种挑战，使老人在退出劳动市场后仍能维持最低生活水平，现在全世界 160 多个国家都在运营着公共年金制度。但是，由于人口的快速老化，再加上之前的年金体系设计存在缺陷等方面的原因，大部分国家的公共年金制度都暴露出各种问题，尤其是财政方面的不可持续性问题。在力争解决养老金制度的财政及其他各类问题的过程中，社会各界努

力实践,涌现出了很多理论,其中最具代表性的是 1994 年由世界银行出版的
Averting the Old Age Crisis 一书。在这本书中,世界银行在对世界各国的公共
年金制度危机发出警告的同时,还为人们展示了一种名为"多支柱(Multi-
pillars)"的年金改革模型,后来这种多支柱的思路逐渐成为世界各国年金制
度改革的主体方向,得到广泛认可。

韩国的国民年金制度也面临着同样的问题,其正式施行不过 20 年,就出
现了财政可持续性危机。在 2007 年《国民年金法》修订前,韩国保健社会研
究院就曾保守预测,从 2036 年开始,韩国的国民年金财政收支将出现赤字,到
2047 年积累的基金将全部耗尽。通过 2007 年《国民年金法》的改革,财政可
持续性得到了一定的确保,基金耗尽时间从 2047 年被延迟到了 2056 年。但
是,伴随着《国民年金法》的改革,公民对于现行年金制度的不信任指数也迅
速上升,该指数现在已经超过了危险值。有调查显示,国民年金加入者中,
43%的人认为由于财政枯竭,他们在退休后可能根本无法领取到年金;另外,
全国总人口中 63%的人表示,如果不是强制性义务加入,他们希望退出国民
年金制度。这就意味着,韩国国民年金制度又到了一个需要进行大的改革来
解决其财政可持续性及严重的覆盖面"盲区"等各种问题的关键时刻。

二、研究目的

自从 1889 年世界上最早的年金制度在德国诞生以后,全世界大部分国家都
开始运营公共年金制度,以保证其国民年老后生活的稳定。但是,进入 20 世纪
70 年代以后,随着政治、经济、社会等环境的变化,世界上一些国家的福利优惠
政策出现了空间缩小或福利优惠报酬化的趋势,"在这种情况下,公共年金制度
作为人口老龄化、经济生长钝化、失业率升高,以及政府财政赤字激增的应对策
略,国家正在进行如减少年金支付时必要的政府预算、降低年金待遇水平、提高
保险费率等各种参数式改革,或者改变年金制度本身的制度式改革"。[①] (梁在
镇,2008:94)

例如,较早导入国民年金制度且率先进行了改革的智利选择了私有化、
市场化的道路,创立了拉丁美洲圈年金改革的典型模式。智利进行了年金改
革以后,许多国家跟着进行了私有化、民营化的年金改革。另一方面,与智利
不同,具有悠久福利国家历史的瑞典则选择了所谓"名义账户制(Notional

---

① 原文:이러한 상황에서 공적 연금제도 에 있어서도 인구의 고령화, 경제성장의 둔화, 높은 실업률 그리고 정부재정적자의 급증 등에 대한 대응책으로 연금지급에 필요한 정부의 예산을 감축하거나 급여수준의 축소,연금 보험료의 인상 등의 모수적 개혁과 연금제도 자체를 바꾸는 구조적 연금개혁 등을 단행하고 있다.

Defined Contribution,简称 NDC)"的改革道路。而新加坡实施的年金制度则是中央统一管理的强制性个人账户制。此外,其他许多国家分别选择了适合自己国情的年金制度改革路径。

不过,在改革过程中,关于年金改革的争论也越来越激化,其中最基本的争论点为国民年金制度究竟应该由国家来主导,还是由市场来主导的问题。近年来,随着新公共管理理论的影响范围不断扩大,越来越多的人认为,所有的事务如果由市场来运营要比由政府来运营效率更高。同样,关于年金制度,类似的争论也在持续进行着。到底是大多数国家所实施的由政府主导并管理的公共年金制度方式更好,还是像智利一样选择完全私有化方向的方式更好,这也成为持续进行的争论中的热点问题之一。具体来看,这些围绕着年金制度的争论包括以下内容:第一,在财政运营方式方面,关于现收现付制(Pay-as-you-go System)方式与完全积累(Full funded)方式哪个更好的争论;第二,关于公共年金制度中是否需要具有收入再分配功能的争论;第三,关于年金基金的管理运营方式、透明性、效率性等方面的争论;第四,关于年金制度改革方案是否具有实现的可能性方面的争论。

韩国的国民年金制度也迫于财政压力,于 1997—1998 年进行了第一次改革,之后,又于 2003—2007 年进行了第二次改革。两次改革所选择的方式均为参数式改革(Parametric Reform)。韩国这种参数式改革,是在维持既有国民年金制度基本框架的基础上,为了改善收支不平衡现象,通过改变国民年金相关参数来实现推迟年金基金枯竭日期到来的目的的改革,可以说,它属于一种微观的、折中性的改革方式。当然,韩国在采取这种参数式改革方式进行改革的过程中,也引起了很多争论。因为从结果来看,通过这两次国民年金制度改革,韩国国民年金制度中内在的实质性危机并没有从根本上得到解决,这也成为今后韩国国民年金制度不得不持续进行改革的原因之一。

作为旨在寻找韩国今后不得不面对的国民年金制度改革最佳路径选择的一项研究,本书主体上以案例研究的方式和比较研究的方式展开。比较对象国家选取了采取公共年金制度改革中具有代表性的三个路径方向的国家,即分别采取部分式改革(或者称为参数式改革)路径的日本、采取结构性改革(Structure Reform)的智利,以及创造了一种名为"名义账户制"的新型年金方式的瑞典。本书的目的是,对这三个国家在其各自的公共年金制度改革过程中出现的四个方面的争论进行比较和深入分析,再从他们在改革过程中在这四个方面收到的效果和发现的不足之处的角度,与韩国的国民年金制度进行比较,以求得出对韩国国民年金制度改革的启示和可供借鉴的经验。

本书首先在对公共年金制度改革相关理论和实践进行梳理的基础上，考察了韩国年金制度的发展过程和改革过程，以便更好地把握韩国国民年金制度的现况。之后，再对实施三种改革路径的三个典型代表国家——日本、智利、瑞典的公共年金制度改革进行深入比较分析，并在此基础上，导出对韩国国民年金制度改革的启示。此外，对于在韩国的国民年金制度改革时，上面所展示的启示是否也适用于韩国，也将会在本书中进行深入探讨。在以上比较分析和启示的适用性分析的基础上，本书还将展示出韩国国民年金的改革方案。

第二节　研究范围及研究方法

一、研究范围及研究结构

1. 研究范围

公共年金制度的概念源自于西方福利国家，于 1889 年首次诞生于德国，二战后扩散到全世界，并以极快的速度发展起来。特别是 20 世纪 70 年代以后，人口结构和雇佣结构的变化带来了年金制度改革的必要性，关于年金制度改革的研究也在全世界范围内广泛出现。

本书的研究范围从时间上来看，界定为二战以后，特别是年金制度改革广泛开始的 20 世纪 70 年代到现在。空间范围上则以韩国为中心，选取了欧洲的瑞典、拉丁美洲的智利，以及与韩国共处于东北亚的日本。

从内容上来看，本书选取了公共年金制度改革作为主要研究内容，其中韩国今后将持续进行的国民年金制度改革的路径选择是本书的焦点和重点。在本书中，作为研究对象的公共年金制度的名称及相关用语等在各国都不尽相同，这多少会给读者带来一些混乱，并可能引起非效率性问题。因此，对各国所采用的概念、名称及其意义进行明确界定和准确说明，就显得非常重要。为了尊重各国的文化和传统，本书中将直接采用各国原本采用的名称及概念。为了防止引起混乱和造成误解，本书将在名称前加上该国的国名加以区分。

作为比较研究，明确比较对象非常重要。而在确定比较对象之前，明确选定比较对象国家的标准就显得更为重要了。本书比较对象的选定是从两个角度进行的：第一是选取目前全世界公共年金制度性质本身具有典型代表性的国家；第二是在公共年金制度改革过程中采取了具有代表性改革方式的

典型国家。首先,从公共年金制度的性质角度看,全世界各国所运营的公共
年金制度从大的方面可以分为社会保险型、市场化型、福利社会型三种。这
三种类型的代表国家分别是日本、智利、瑞典。其次,从公共年金制度的改革
路径选择方面来看,全世界各国的公共年金制度改革大致可以分为部分式改
革(或者可称为参数式改革)、结构性改革,以及以瑞典为典型代表的、在欧洲
六国内正在实施的所谓"名义账户制"改革三种类型。从这一角度来看,三种
改革方式中,典型的代表国家仍然分别是日本、智利、瑞典。因此,综合以上
两个角度的考虑,本书中韩国的比较对象国家选定为日本、智利以及瑞典这
三个国家。本书将进行两个阶段的比较研究,第一阶段为日本、智利、瑞典三
国的公共年金制度改革比较研究,第二阶段为三国比较研究结果与韩国的国
民年金制度改革比较研究。表1-5 较好地展示了本书中案例国家选取的双重
基准。

表1-5　本书比较对象国家的选择基准

制度性质 改革路径	社会保险型	市场化型	福利社会型
参数式改革	日本	—	—
结构式改革	—	智利	—
名义账户制	—	—	瑞典

资料来源:作者制作。

　　韩国的公共年金制度包括四种年金制度,即国民年金制度、军人年金制
度、公务员年金制度、私立学校教职员年金制度。其中作为韩国公共年金制
度的代表,国民年金制度是韩国四种公共年金制度中覆盖人数最多、适用人
群最广泛的一种年金制度,其改革内容正是本书的重点。在本书中,虽然也
提到和国民年金制度处于同等位置的特殊职业群体年金制度,如韩国的公
务员年金制度、私立学校教职员年金制度、军人年金制度,但是这些年金制
度不是本书的研究对象,因此在进行考察时,基本不涉及以上三种公共年金
制度。

　　瑞典的年金制度是由保障年金和收入比例年金两部分构成的。因此,
由名义账户制方式运营的所得年金和以民营化方式运营的高级年金
(Premium)两部分构成的收入比例年金是本书的研究对象。

　　智利全体国民都适用于同样的年金制度,所以该年金制度即本文的研
究对象。

在日本,全体国民统一加入的"国民年金制度"具有基础年金的作用,所以不能将其作为本书的研究对象。因此,本书选取了在日本覆盖面最广的"厚生年金"作为研究对象。从年金制度的性质来看,日本的厚生年金制度就相当于韩国的国民年金制度。而和厚生年金制度位于同一层的公制年金制度则相当于韩国的特殊职业群体年金制度,因此公制年金制度也不是本书的研究对象。表1-6 对这四个国家中作为比较对象的年金制度进行了整理。

表1-6 本书比较对象国家的年金制度

比较对象国家	韩国	瑞典	智利	日本
作为比较对象的公共年金制度	国民年金制度	收入比例年金制度	智利年金制度	厚生年金制度

资料来源:作者制作。

2. 研究结构

本书共分为七章。第一章讨论的是研究背景、研究目的、研究范围以及研究方法。第二章则探讨了关于年金制度改革的相关理论,并设定本研究的比较框架。第三章对本书的主要研究对象——韩国国民年金制度的改革过程进行了梳理。第四章则在第三章的基础上,从多个层面对韩国国民年金制度的现状进行了描述,并分析了韩国国民年金制度历经两次改革后仍然没有解决的问题所在,提出了国民年金制度进行下一次改革的必要性和改革路径选择的重要性。第五章探讨了瑞典、智利、日本三国的公共年金制度改革情况,并按照财政稳定性、收入再分配功能、年金基金运营,以及改革可行性四个维度对这三个国家的情况进行了比较研究,得出各国在进行公共年金制度改革过程中所选取的改革路径在本国改革中表现出来的优缺点,以及对本国公共年金制度改革带来的影响。第六章作为一种模拟仿真,旨在通过比较的方式,将瑞典、智利、日本的改革路径套入韩国的改革中,考察这些方式对于韩国的适应性如何。最后,在以上分析的基础上,结合各国的改革经验对韩国国民年金制度改革的启示,本书设计出韩国今后将持续进行的国民年金制度改革的方案,并展示了整体公共年金制度改革方案的结构图。第七章为结论,该部分再次对本书内容进行了回顾和整理,并展示了本书研究的局限性和不足。

本书的整体研究思路如图1-1 所示。

```
┌─────────────────────────────────┐
│          第一章 绪论              │
└─────────────────────────────────┘
                │
┌─────────────────────────────────┐
│   第二章 公共年金制度改革的理论背景   │
└─────────────────────────────────┘
                │
┌─────────────────────────────────┐
│      第三章 韩国国民年金制度的       │
│            改革过程               │
└─────────────────────────────────┘
                │
┌─────────────────────────────────┐
│      第四章 韩国国民年金制度         │
│       的现状及存在的问题            │
└─────────────────────────────────┘
                │
    ┌───────────┼───────────┐
┌──────────┐ ┌──────────┐ ┌──────────┐
│第五章 瑞典、│ │第五章 瑞典、│ │第五章 瑞典、│
│智利、日本的│ │智利、日本的│ │智利、日本的│
│公共年金制度│ │公共年金制度│ │公共年金制度│
│改革比较之瑞│ │改革比较之智│ │改革比较之日│
│典篇       │ │利篇       │ │本篇       │
└──────────┘ └──────────┘ └──────────┘
                │
┌─────────────────────────────────┐
│     第六章 韩国国民年金制度改革的     │
│            路径选择               │
└─────────────────────────────────┘
                │
┌─────────────────────────────────┐
│          第七章 结论              │
└─────────────────────────────────┘
```

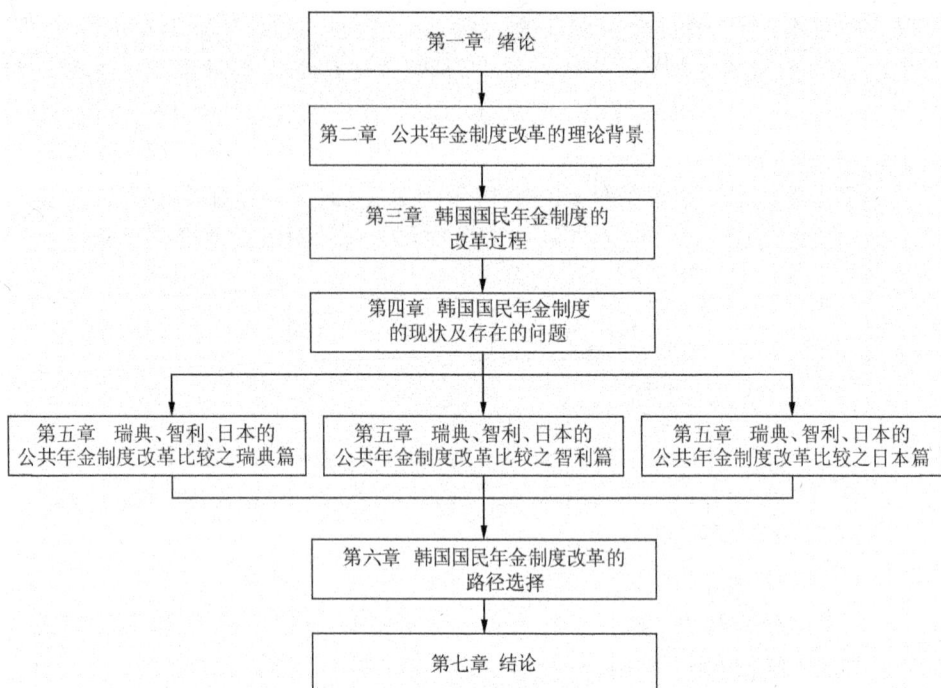

图1-1 研究结构图

二、研究方法

本书探索了韩国今后不得不持续进行的国民年金制度改革路径选择问题,并对公共年金制度结构进行了重新设计,使用了以下研究方法:

第一,本书基本采用文献研究方式进行,通过文献研究,梳理公共年金制度的理论及韩国、瑞典、智利、日本的公共年金制度概况,并根据本书拟定的比较基准对各国所选择的改革路径进行深入分析。本书力求使用一手资料,但由于涉及的研究对象在地理和时间两个维度上都较难取得一手资料,所以大部分难以使用一手资料的地方多使用公开发布的统计资料等二手资料。同时对与本书主题稍有差异的二手资料进行了分类整理、分析差别,经过认真甄别后才予以使用。具体来看,本书中使用的资料包括访谈调查的整理资料、与公共年金制度改革相关的单行本专著、学术期刊论文、研究报告、重要国际机构的刊行物、学术会议上发表的论文,以及有关政府机关的网站内容等网络资料。

第二,案例研究方法。在选择韩国国民年金制度改革路径时,本书通过对瑞典、智利、日本三国的案例进行研究,摸索韩国国民年金制度改革可供借鉴的经验和启示。具体来说,在实施公共年金制度改革时,本书以财政方式及财政稳定性、收入再分配功能、基金管理运营、改革方式的现实可行性四个方面作为衡量基准对三国案例进行分析。本书所选择的具有代表性改革路径的三个国家的案例,无论从改革路径选择方面,还是从所研究案例国家的地理位置上来看,案例研究范围都比较广泛,具有典型性和代表性。尤其是通过对以上国家的案例分析研究后得出的教训和启示,将成为人们探索韩国国民年金改革的研究基础,并可以在韩国进行改革时,帮助人们尽量减少可能发生的副作用,争取设计出更加合理且适合韩国国情的公共年金制度改革方案。

第三,比较研究法。本书的主体部分是由对瑞典、智利、日本的公共年金制度改革过程中四个关键方面进行比较的方式构成的。具体来看,本书通过对以往研究中所提过的比较基准进行分析整理,针对本书的研究目的,提出了将公共年金制度的财政方式及财政稳定性、收入再分配功能、公共年金基金的管理运营情况,以及改革路径的现实可行性四条基准作为本研究的比较框架,然后依据此框架分别对瑞典、智利、日本在进行公共年金制度改革时的对应情况进行了探索和比较分析,之后,又将三国经验同韩国的假定改革进行了第二层次的比较。通过第一层次的三国比较,可以看出采取不同改革路径的三个国家的年金制度在这四个方面的优缺点及改革效果,从而对韩国的国民年金制度改革提供一定的参考。而第二层次的比较则是在对韩国已经历经两次的国民年金制度改革进行回顾的基础上,分别按照以上三种改革路径对今后要进行的第三次国民年金改革进行模拟仿真实验。由此可以更加清楚地看出韩国在实施改革时,选取不同的改革路径将会在多大程度上更适合韩国的情况,在哪些方面无法被韩国所采纳,并可预测采取不同改革路径时产生的效果。

第二章　公共年金制度改革的理论背景

老龄、疾病、残疾、贫困等在工业化之前普遍被认为是个人层面的问题，需要个人及其家庭来解决。工业化革命以后，随着急速发展的工业化、城市化的推进，大多数国家，尤其是西方发达的福利国家都出现了大量失业和通货膨胀现象。在这种社会急剧变动的背景下，各国的人口结构和社会、政治、经济也发生了巨大的变化，大家庭制度解体、人口出生率显著降低，因此，老人抚养问题也逐渐超越了个人和家庭层面，再加上市场失败的影响，使得这一问题成为一个必须要由国家介入解决的社会问题。作为社会保障制度的重要环节之一，公共年金制度面向普通公民，已经成为为其老后提供收入和生活保障的一种制度。这种制度起着保障现代社会健康发展的重要作用。

第一节　公共年金制度的概念及类型

一、公共年金制度的概念及特征

1. 公共年金制度的概念

年金制度可以分为公共年金制度和私人年金制度两大类。公共年金制度原则上是按照法律强制加入的，与之相反，私人年金制度则是由个人自发选择性加入的，具有任意性。公共年金制度的目的是在发生社会性危险时满足个人的标准化或基本要求，因此，年金待遇的标准及内容由法律来规定，是一种标准化、规范化的形式。而私人年金待遇水平多样化，是否加入私人年金制度则是按照个人负担能力及个人的欲求来决定的，是可自由选择的。此外，公共年金制度的年金水平一般会随着物价变化而连动变化，以维持老后年金待遇的实际购买力水平；而私人年金则没有使年金水平随着物价变化而连动变化的功能。此外，二者之间更大的差异点在于，是否具有收入再分配功能。一般来说，公共年金制度应当具有收入再分配功能。通过公共年金制度的二次分配，可以缩小社会中不同阶层之间存在的收入极差，因此，低收入阶层在公共年金制度中相对于高收入阶层来说，应该是可以得到更多利益的一方。而私人年金制度则不具备收入再分配功能。

　　现代社会运营年金制度的 160 多个国家中,138 个国家选取的都是公共年金制度,因此提到年金制度时,通常指的都是公共年金制度。在本书中,也仅以公共年金制度作为研究对象。公共年金制度最早于 1889 年诞生于德国。20 世纪以后,随着年金制度等社会福利政策的扩大,国家的作用也持续扩大。"各国按照各自共同的目标和普遍性原则,考虑到各自不同的政治形态、经济组织、生活方式、生活水平,以及社会环境等因素,都正在实施着作为社会保障一个方面的公共年金制度。"①(郑奎明,2005:9)

　　事实上,很难用一句话来界定全世界众多国家正在实施的公共年金制度到底是什么。按照韩国国民年金公团的定义,"国民年金是国家按照保险原理导入后设计的一种社会保险,加入者、使用者、国家各自缴纳一定金额的保险费,以此为财源,用于支付保证因年老带来的劳动所得丧失的老龄年金、保证低收入者死亡带来的收入丧失的遗属年金、保证因疾病或事故引起的长期劳动能力丧失而引起的收入丧失的残疾年金等,是一种目的在于保证国民生活稳定和增进国民福利的社会保障制度之一。"②(韩国国民年金公团主页:http://www.nps.or.kr/jsppage/info/easy/easy_01_01.jsp,检索日期:2012-10-04)

　　权文一等人也对公共年金制度进行过定义。他们认为,"公共年金制度可以说是在带来收入减少或丧失的各种社会危险中,应对老龄、残疾、死亡等发生时的经济性非保障状态的策略。公共年金制度是一种着重解决或缓解这三种危险中因老龄带来的经济性非福利的特别制度"。③(李寅载,柳珍锡,权文一,金镇九,2006:127-128)

　　2. 公共年金制度的特征

　　公共年金制度是一种防止因老龄、残疾、死亡等原因引起的社会危险的制度。一般人一旦遇到以上危险就无法恢复正常生活,因此国家会在一定时间段内为遇到这种危险的人提供年金待遇。这里所说的一定时间段指的是从发生

---

　　① 原文:각 국가들은 각기 공통의 목적과 보편적 원칙을 갖고 그 나라의 정치형태, 경제조직, 생활양식, 생활수준 그리고 사회적 환경 등 제 요인을 감안하여 사회보장의 한 방면으로서 공적 연금제도를 실시하고 있다.

　　② 原文:국민연금은 국가가 보험의 원리를 도입하여 만든 사회보험의 일종으로 가입자, 사용자 및 국가로부터 일정액의 보험료를 받고 이를 재원으로 하여 노령으로 인한 근로소득 상실을 보전하기 위한 노령연금, 저소득자의 사망에 따른 소득상실을 보전하기 위한 유족연금, 질병 또는 사고로 인한 장기근로능력 상실에 따른 소득상실을 보전하기 위한 장애연금 등을 지급함으로써 국민의 생활안정과 복지증진을 도모하는 사회보장제도의 하나이다.

　　③ 原文:공적 연금은 소득 감소 또는 상실을 초래하는 여러 가지 사회적 위험들 중 노령,장애, 사망으로 발생하는 경제적 비 보장에 대응하는 대책이라고 할 수 있다. 특히 이들 세 가지 위험 중에서도 공적 연금은 특히 노령으로 인한 경제적 비 복지를 해결 또는 완화하는 데 주안점을 두는 제도라고 할 수 있다.

年金支付的时间开始，到年金领取人死亡或年金领取资格消失时为止，一般这一时间段相对较长。

此外，个人在为了应对老龄、残疾、死亡等进行适当的储蓄时，不确定性相当高。因为劳动者面对的是自己未来有收入的活动是否能够持续下去，收入水平如何，收入期限多长，经济生长率、物价水平、利息率以及本人的预期寿命等变数问题，由此，公共年金制度具有为这些不确定性提供保险的作用。换句话说，"是因为以社会保险方式运营的年金制度将因经济生长率、物价水平、利息率、预期寿命等的变化引起的危险分散到社会全体成员中，以共同负责的形态存在"。[①]（李寅载，柳珍锡，权文一，金镇九，2006:132）此外，从经济角度来看，年金虽然是储蓄的一种形态，但是从严格意义上来看，与其说是一种储蓄，倒不如说是一种收入转移（Income Transfer），或者说是一种保险更准确。现在，世界上大多数国家运营的年金制度都属于一种社会保险，按照保险的方式运营。公共年金制度就是一种社会保险制度，加入者在有收入的时间段内缴纳占收入一定比例的保险费，在没有收入的时间段内或者发生其他变故而无法工作或死亡时领取年金待遇，以维持自己或被抚养者稳定的老年生活。

与私人年金制度不同的是，因财政方式不同，公共年金制度还具有收入再分配的作用。收入再分配包括时间性再分配、收入阶层间的再分配，以及代际间的再分配三种。

所谓时间性再分配指的是加入者在有收入的期间缴纳保险费，在年老、疾病、事故，甚至死亡后领取一定金额的年金待遇。通过公共年金制度，加入者可以将自己一生的收入摊分开来，将收入从一生收入较高的时期转移到收入较低的时期，从具有稳定收入的时期转移到收入不稳定的时期。由此，公共年金制度就具有根据收入再分配原则，覆盖人生大部分时期，从而创造出稳定的老年生活的作用。

阶层间的收入再分配在大部分国家的公共年金制度中都体现在年金"均等部分"的设计或者单独设立的基础年金制度，从而起到收入从高收入阶层转移到低收入阶层的作用。这种阶层间的收入再分配就是公共年金制度所具有的独特设计，可以营造出一种全体社会成员互相帮助、作为一个共同体一起生活的氛围。这是私人年金制度所实现不了的功能。

代际再分配源于确定收益型（Defined Benefit）的现收现付制年金制度。

[①] 原文：사회보험방식의 연금제도는 경제성장률, 물가수준, 이자율, 기대수명 등의 변화로 인해 초래될 수 있는 위험들을 사회의 전체 구성원들에게 분산시키고 공동책임을 지는 형태로 되어 있기 때문이다.

"所谓现收现付制是指在现在的工作阶层退休后所必需的财源由未来的工作阶层来负担的期待下,由现在的工作阶层来负担现在退休阶层的养老金所必需的财源的一种制度。"[1]（李寅载,柳珍锡,权文一,金镇九,2006:132）在这样的制度下,代际之间形成再分配约定,并互相遵守这一约定,从而将这一制度持续运营下去。从整体上来看,在老年人口数量较少、年轻人口数量较多的社会中,这种代际再分配的制度能够较好地运营下去。但是,在老龄化和低出生率带来的老年人口数量巨大、年轻人口数量相对较少,人口抚养比例负担日益加重的现在社会中,现在一代人的负担过于沉重,运营这种制度将会比较困难。

总之,公共年金制度就是依据社会保险方式,为了防止或者补偿收入中断,或者收入丧失状态的一种制度设计,加入或者退出公共年金制度都由法律规定,可以说是一种社会保障政策。

二、公共年金制度的发展过程

公共年金制度作为德国俾斯麦政府的双重战略（同时实施社会保险政策和社会主义禁止法政策）之一,最初于 1889 年设立。当时俾斯麦政府制定的年金保险的主要内容为"有收入的劳动者和低收入劳动者在无法劳动时,或者在 70 岁以后,将对其支付年金待遇。保险费由国家、企业、个人共同负担,劳动者和雇主各自负担一半的保险费用,此外国家还提供一定的补助资金,同时年金待遇还分为不同的等级。但是当时大部分劳动者到了这一年龄或者在生病无法工作之前就已经死亡了,而且即便可以领取得到,所能领取到的年金待遇也非常低。1916 年,年金领取年龄降低到 65 岁。从 1912 起,劳动者抚养的家庭成员也可以享受到保险优惠,个体营业者也开始被纳入年金保险的适用对象范围内"。[2]（高春兰,2008:28）

继德国之后,导入年金制度的程度最深及范围最广泛的国家是瑞典。当时,与其他欧洲国家相比,相对比较落后的瑞典紧随着德国,提出了在一定范

---

① 原文:부과방식이라 함은 현재 근로세대의 퇴직 후 연금급여지출에 필요한 재원은 미래의 근로세대가 부담할 것이라는 기대 하에서 현재의 근로세대가 현재 퇴직세대의 연금급여지출에 필요한 재원을 부담하는 방식이다.

② 原文:임금노동자와 저임금 근로자가 노동을 할 수 없게 되거나, 노동자가 70세 이상 되었을 때 연금을 지급하는 것이다. 보험료는 국가, 기업, 개인이 공동으로 부담하며, 근로자와 고용주는 각기 기여금의 절반씩 보험에 납부하고 정부는 일정한 보조금을 낸다. 급여는 임금의 등급에 따라 결정한다. 그러나 대부분의 근로자들은 그 연령에 이르거나 병자가 되기 전에 사망하였으며, 더욱이 그 연금액은 매우 적었다. 1916년에는 최소연령을 65세로 낮추었다. 1912년부터 근로자의 부양가족들도 보험의 혜택을 받게 되었으며 자영업자들도 연금보험 적용대상이 되었다.

围内给劳动者建立社会保险体系制度的方案。瑞典的年金制度由两部分组成，一部分是保障国民最低生活的定额年金待遇制度的基础年金，另一部分是对应过去收入的附加年金。开始领取年金待遇的年龄为67岁。基础年金通过完全现收现付制形式运营，保险费与收入无关，全部统一。附加年金的财源来自于以定额方式缴纳的加入者的保险费，按照积累方式运营。

此后，特别是在欧洲国家中，以年金制度为代表的社会福利制度的政策逐步增多，国家的作用也逐步扩大。同时，有关国家介入的必要性的争论也持续展开。这些争论的转折点是1942年贝弗里奇（William Beveridge）向英国政府提交的《社会保险及相关服务》（Social Insurance and Allied Service），也就是著名的《贝弗里奇报告》（Beveridge Report）。依据《贝弗里奇报告》，"社会保障的定义就是对于因失业、疾病或者灾害造成的收入中断，以及由于出生、死亡、结婚等相关的特别支出的一种应对形式。后来，社会保障的定义与贫困联系到了一起，成为'消除贫困'的代名词。这一制度的含义可以说是'一种国民收入再分配的实现，并通过这种收入再分配实现了收入的保障，最终意味着社会保障就是国民最低生活保障'"。[①]（赵德昊，马升烈，2007：42）贝弗里奇认为，对于陷入贫困的国民来说，首先为其提供社会保险形式的生活保障，对于没有能够被涵盖在这一范围之内的公民，则应另外为他们设置国民补助方式。《贝弗里奇报告》中展示的社会保障制度的基础是一种强制性的社会保险。具体来看，《贝弗里奇报告》中展示了六条原则：第一，向全体公民提供统一的满足他们基本要求的最低限定额年金待遇原则；第二，与收入无关，所有加入者都缴纳统一保险费的保险费定额缴纳原则；第三，涵盖所有被保险者的行政责任统合原则；第四，年金待遇水平的充分性及适宜性原则；第五，应涵盖一般社会危险的一揽子原则；第六，按照社会保险加入者的职业进行分类的原则。这些原则在1946年制定的《国民保险法》（National Insurance Act）中都有所体现。《贝弗里奇报告》中所展示的国家应直接介入公民个人生活的方针，也成为其他国家设计社会保险制度时的一条基本指南。

第二次世界大战以后，最值得指出的变化是"国民最低水准（National Minimum）"这一概念的导入，以及在普遍的市民权基础上的年金待遇适用范围的普遍扩大。随着这些社会环境的变化，年金制度的作用也从原来的单纯旨在为人民提供最低生活保障和缓解贫困转变成为劳动者在退休之后提供

---

① 原文：사회보장의 정의는 실업, 질병 혹은 재해에 의하여 수입이 중단된 경우의 대비, 고령에 의한 퇴직이나 본인 이외의 사망에 의한 부양 상실의 대비, 그리고 출생, 사망, 결혼 등과 관련된 특별한 지출을 감당하기 위한 소득보장을 의미하는 '국민소득의 재분배로 실현할 수 있으며 이를 통한 일정 소득의 보장은 결국 국민생활의 최저보장을 의미하는 것이라 하였다.

保持稳定的老年生活所需要的适当的年金待遇的收入保障制度,这种制度是要伴随一个人一生的职业生涯的。经过这一时期之后,公共年金制度快速地在全世界其他国家中出现并发展起来,公民享受年金福利的条件也变得日益宽松。

公共年金制度的这种不断扩大繁荣的情况后来却发生了变化,其转折点就是1973年的石油危机。当时经济生长率不断降低,失业率升高,物价持续上升,在这些变化的影响下,年金支付也变得越来越困难。在这一时期的西方发达国家中,出生率持续走低和平均寿命的不断延长,导致了老年人口比重增加和整体人口数量减少两种现象同时出现。在这种社会背景下,像年金支出这样的社会保障支出就成为社会财政沉重的负担。到了20世纪80年代,都是保守主义政党执政的美国和欧洲开始削减福利支出,甚至发展到了所谓"福利国家危机"这一非常严重的、令人担忧的程度。其中,"特别是年金制度在福利制度中处于核心位置,同时作为最普遍的一项制度,年金制度改革可以说是全世界的一种现象"。① (郑奎明,2005:43)之后的事实也是如此,大部分由于无法保证年金制度的财政可持续性而展开的公共年金制度改革,开始在世界各国以各种形式广泛开展起来。

三、公共年金制度的主要内容及类型

1. 年金制度的主要内容

年金制度的主要内容一般包括适用对象、缴费与工资体系、筹资方式,以及管理体系等几个方面。

(1) 适用对象

在适用对象方面,各国运营的年金制度存在一定的差异性。有的国家只把有工作的人纳入适用对象范围,而有的国家则把所有的公民全部纳入加入者行列。即便是在同一个国家,按照年金制度的成熟度,阶段性扩大适用对象的情况也非常常见。比如,1988年韩国首次导入国民年金制度时,只将10人以上企业的职员列为适用对象。之后,逐渐扩大到5人以上企业职员,下一阶段则扩大到了农民、渔民、城市中的自由职业者等全部公民。

(2) 缴费方式与年金待遇体系

从缴费方式与年金待遇体系的角度来看,年金制度大体可以分为确定收益型(Defined Benefit Plan)和确定缴费型(Defined Contribution Plan)两种。

① 原文:특히 연금제도는 복지제도의 핵심적인 위치를 차지하고 있으며, 동시에 가장 보편적인 제도이기 때문에 연금제도 개혁은 전 세계적인 현상이라고 할 수 있다.

"确定收益型制度是由确定的未来年金待遇方式所决定的,是提前计算出其
费用并决定保险费的一种制度;而确定缴费型制度则是在决定年金待遇水平
之前,依据一定的缴费方式确定缴纳费用,并在此基础上决定正常的年金待
遇额的一种制度。"①(高春兰,2008:17)具体来看,按照年金待遇的类型,因老
年、残疾、死亡等原因造成的收入中断,可以分为老龄年金、残疾年金、遗属年
金。当然,根据各国制度、加入时间及所缴纳费用的多少,由此决定的年金待
遇水平也会各不相同。

(3)筹资方式

从财政方面来看,年金制度的筹资方式从大的方面可以分为现收现付制
(Pay-as-you-go)、完全积累制(Funded System),以及部分积累制(Partial
Funded System)三大类。"现收现付制原则上没有基金积累,当前年度所需要
的财源由当前年度的加入者所缴纳的摊付费或者税金来充当。"②(韩国国民
年金研究院,2008:40)现收现付制的优点在于,在制度实施初期,国家凭借很
少的保险费就可以顺利运营年金制度。在年金待遇领取者几乎还没有出现
的情况下,还不需要根据年金基金来计算制度长期的发展趋势。但是,当年
金制度正常运营一段时间之后,随着生活水平的提高,领取年金待遇的人数
开始增加,再加上出生率的降低导致现在缴纳保险费的劳动者一代人的人口
数下降,而且平均寿命延长导致享受年金的人数增加,使得现在缴费一代人
的负担越来越重,直至无法负担的程度,最终会导致制度崩溃,这就是现收现
付制最大的缺点。在现收现付制下,保持缴费率和工资水平不变,长此以往,
年金的收支差将会越来越大,甚至完全消耗殆尽。综上所述,现收现付制与
人口结构的变化和经济发展有着密切的关系。

完全积累方式是"为了应对将来的年金支付,从制度导入初期开始就长
期向加入者征收保险费并积累下来,将这些钱以基金的形式加以运营,将积
累基金和当年年度的保险费作为支付当年年度需要领取年金待遇的人的财
源的一种制度"。③(韩国国民年金研究院,2008:22)在完全积累方式的初期,
因为保险费收入远远大于支出,因此积累基金会不断积累下来,而支出也会

---

① 原文:확정급여제도는 미래의 연금급여를 확정된 급여방식에 의하여 결정하고 그것을
위한 비용을 산정하여 보험료를 결정하는 제도이며, 확정각출제도는 연금급여의 수준을 결정
하기 전에 일정한 각출방식에 의해 각출금을 정하고 이를 기초로 정상적으로 연금급여액을 결
정하는 제도이다.
② 原文:부과방식은 원칙적으로 적립 기금 없이, 당한 연도에 필요한 재원을 당해 연도
가입자에게 부과하는 기여금이나 세금으로 조달하는 방식이다.
③ 原文:장래의 연금 지급에 대배하여 제도 도입 초기부터 가입자로부터 징수한 기여금을
장기에 걸쳐 적립하여 이를 기금으로 운용하고 그 원리금과 당해 연도 기여금 수입을 재원으
로 수급권자에게 연금급여를 지급하는 방식이다.

随之渐渐上升。但是,完全积累方式与现收现付制一样,随着年金制度的逐渐成熟,势必会导致支出大于收入的现象。不过尽管如此,与现收现付制相比,在完全积累方式下,代际再分配作用被弱化,这样,代际间的公平就可能得到保障,这一点正是完全积累制最大的优点。

部分积累方式则是"通过基金的运营收益来维持比完全现收现付制低的缴费率,从代际分配的角度来看,该方式相对较为公平,在面对人口学、经济学方面的危险时,具有应对能力更强等优点"。[1]（高春兰,2008:18）部分积累方式与完全积累方式相比,虽然积累的资金规模不大,但是保险费率却变高了。随着积累基金逐渐消耗殆尽,部分积累方式就不得不重新转回完全积累方式。

现在全世界运营公共年金制度的国家中,按照完全积累方式运营的典型有美国的新联邦公务员年金制度和一部分地方公务员年金制度。可以被看作采取部分积累方式运营的年金制度中,比较典型的有加拿大的收入比例年金制度、英国的地方公务员年金制度。日本的厚生年金和韩国的国民年金虽然也是按照部分积累方式运营的,但是其财政可持续性今后是否能得到保证,现在还处于不明确状态。

（4）管理体系

根据是否按照适用者的职业分类、筹资方式、政府是否直接管理等,每个国家的公共年金制度管理体系各不相同,甚至有时候差异非常大。首先,按照是否按照适用者的职业分类来看,年金制度的管理体系可以分为分离型和统合型两种。例如,公务员年金制度和军人年金制度在大多数国家中都是与其他年金制度分离开单独运营的,但是在美国、英国、日本,采取的却是第一层为统合型、第二层为分离型的制度。

在筹资方式方面主要实施的业务包括:根据是否从事有报酬的工作、收入水平等决定的加入者的资格管理,根据收入决定的保险费征收以及年金基金的运营管理,向具有年金待遇领取资格的人发放年金待遇等。

根据政府是直接进行管理还是只起监督作用,或者是具体业务全部采取委托管理运营方式,情况也大不相同。实行政府直接管理年金制度的代表性国家是英国。委托管理可以分为公共机关委托和民间委托两种。实行公共机关委托的代表性制度是德国和法国的特殊职业年金,而民间委托的典型代表则是智利和秘鲁等国家将公共年金制度民营化后,强制国民必须加入个人

---

① 原文:기금의 운영수익을 통해 완전부과방식에 비해 기여율을 다소 낮게 유지될 수 있으며, 세대 간 분배라는 관점에서 보다 공평할 수 있으며, 인구학적·경제적 위험에 직면했을 때 대처능력이 상대적으로 높다는 등의 장점을 가지고 있다.

年金等私人性质的年金制度。韩国的国民年金也是委托名为"国民年金公团"这个公共机关进行管理,国民年金公团同时还负责保险费的征收和年金待遇管理业务。

2. 年金制度的类型

学者根据不同的基准,对于年金制度的分类提出了多种不同的观点。从历史的角度来看,根据年金制度的发展趋势,按照年金制度的特征进行的分类被大多数学者广泛接受。此外,还有按照年金制度的筹资方式及年金待遇发放方式进行的分类,以及按照年金制度的特性与年金待遇的结合进行的分类。西方许多学者对年金的分类进行研究时,所使用的专业术语和我们多少有一些差异,但是从年金制度的特性基准来看,其内容和范围和我们是类似的。表2-1梳理了西方主要学者按照年金制度特性、年金筹资方式及年金待遇计算方式进行的不同分类。

表 2-1　西方学者按照年金制度的特性、年金筹资方式及年金待遇计算公式对年金制度进行的分类

标准	具体类型
年金制度的特征	Gordon ◆ 为需要者提供(Benefit for the Needy) ◆ 社会保险制度(Social Insurance Schemes) ◆ 普遍型年金(Universal Pension) Esping-Andersen ◆ 剩余型体系(Residual System) ◆ 国家主导的合作保险体系(Corporative State-Dominated Insurance System) ◆ 国家主导的普遍性体系(Universalistic State-Dominated System) Heidenheimer ◆ 为需要者提供的选择性支持(Selective Support for Needy) ◆ 业绩(Occupation Performance) ◆ 普遍赋予享有权(Universal Entitlement) Espina ◆ 剩余型模型(Residual Model) ◆ 俾斯麦式社会保险模型(Bismarckian Social Insurance Model) ◆ 斯堪的那维亚式模型(Scnadinavian Model)

续表

标准	具体类型
年金筹资方式及年金待遇计算方式	Muller Layer ◆ 强制性退休储蓄年金模型（Mandatory Retirement Saving-Annuity Model） ◆ 确定缴费型国家主导模型（Defined-Contribution National Provident Model） ◆ 确定收益型社会保险模型（Defined-Benefit Social Insurance Model）
	国际劳工组织（International Labor Organization，简称 LLO） ◆ 全体社会补助制度（Universal Social Assistance Schemes） ◆ 准备金制度（Provident Fund） ◆ 社会保险制度（Social Insurance Schemes） ◆ 全体受益制度（Universal Benefit Schemes）
	社会保障厅（Social Security Administration，简称 SSA） ◆ 强制性个人年金（Mandatory Private Pension） ◆ 收入比例缴费型年金（Contributory Earnings-Related Pension） ◆ 定额缴费年金（Contributory Flat-Rate Pension） ◆ 无缴费依据个人财产调查支付的年金（Non-Contributory Means-Tested Pension） ◆ 无缴费定额普遍性年金（Non-Contributory Flat-Rate Universal Pension）

　　资料来源：郑烘原，《国民年金制度改革政策方案设计——以年金待遇的适宜度与年金财政的稳定性为中心》，韩国延世大学研究生院行政学科博士论文，1999 年，第 12 – 13 页，作者有修改。

　　（1）根据年金特性进行的分类

　　根据年金的特性，可以将年金制度分为三大类，即为必需的人群以限定性方式提供的年金体制（Benefit for Needy，Residual Model）；按照职业分类，以社会保险方式构筑的年金体制（Occupational Model，Social Insurance Model）；为普遍性加入者统一支付的年金制度。

　　在运营为必需的人群以限定性方式提供年金的体制的国家中，一般都依据家庭财产调查或者收入调查，对收入在一定限度以下的人群提供普通社会保险或普遍性年金制度，这种制度起的是补充性作用。"运营这种年金体制的国家有澳大利亚、加拿大、美国、瑞士及英国。"[1]（郑烘原，1999：13）

　　按照职业人群进行分类的社会保险型年金制度是一种将"危险分散（Risk Sharing）"的社会保险基本原则制度化的制度。被分散的危险包括造成收入丧失的疾病、残疾、工伤、失业、死亡、老龄等。其中，为了应对可以预想得到的危险——老年生活的年金制度与其他制度相比有一定的差异，它是在有收

---

　　[1]　原文：이러한 연금체제에 해당하는 국가로는 호주, 캐나다, 미국, 스위스 그리고 영국을 들 수 있다.

入的时期内缴纳保险费,在没有收入以后,经过家庭财产调查就可以享受最低生活费保障,而且享受这种制度也不存在个人蒙受情感上的羞耻(Stigma)问题,它是一种可以维护人的尊严、强化人的归属感的制度。这种年金制度的一个重要特征是年金待遇与收入的相关关系。大部分欧洲国家的年金制度都属于这种类型,日本、韩国也基本属于这种类型。

大部分被选择的年金制度都与加入者的身份无关,为加入者普遍性提供统一的年金待遇是其最重要的特征。这种年金制度存在于以瑞典为代表的北欧国家和英联邦六国,其年金的资金来源来自国家税收中的一部分。

(2)根据筹资方式及年金待遇计算方式进行的分类

按照年金制度的特性来对年金制度进行分类,具有把握年金制度发展趋势的优势,但这是仅仅适用于西方国家的理论,不适用于对发展中国家的情况进行解释,这一点也是不容否认的。因此,采用更符合发展中国家国情、更具有实际意义的根据筹资方式和年金待遇计算方式进行的分类,主要被国际劳工组织(ILO)和美国社会保障总署(Social Security Administration,简称SSA)等组织所采纳。根据韩国国民年金研究院的研究(韩国国民年金研究院,2008:83-92),该分类方式主要可以分为以下几种类型:

第一,根据年金待遇水平的计算方式可以分为确定收益型(Defined Benefit Plan)和确定缴费型(Defined Contribution Plan)两种。在确定收益型方式中,年金额度大致依据过去的收入及有收入的工作期间长短来决定。"运营公共年金制度的大部分国家执行的都是确定收益型的年金形态。确定收益型年金制度被全世界大多数国家所普遍采纳的原因有很多,其中最重要的是因为,这种形式可以保证劳动者退休后能领取到稳定的工资,减少其退休后因经济不稳定而造成的不安心理。"①(李寅载,柳珍锡,权文一,金镇九,2006:149)与此相反,原则上,确定缴费型方式并不是将缴纳金额及利息收入按照个人账户形式进行管理,而是一种由个人承担所有投资风险的结构。尽管如此,在理论上确定缴费型在处理年金财政方面不会带来不均衡问题,这是它最大的优势所在。

第二,根据是否与收入连动,可以将年金制度分为定额年金和收入比例年金。定额年金不考虑加入者过去的收入,是给所有的加入者提供统一金额年金的年金形态。一般来说,年金支出所需的资金大多来自税收。社会补助型年金或社会津贴型年金常常表现为这种年金制度。具体来看,收入比例

---

① 原文:공적연금을 운영하는 대부분의 국가들은 확정급여 형태의 연금을 운영하고 있다. 확정급여 형태의 연금이 전 세계적으로 보편적으로 채택된 배경에는 여러 가지 이유가 있겠지만 무엇보다도 퇴직 후 노후기간 동안 안정된 급여를 보장하고, 그로 인해 노후의 경제적 불안정에 대한 불안을 해소시켜 주는 장점 때문일 것이다.

年金可以分为与收入成正比例的年金和与收入不成正比例的年金两种类型。

第三,根据领取年金的资格,可以分为领取老龄工资、残疾人工资和遗属工资的老龄年金、残疾年金、遗属年金等多种类型。

(3)根据年金制度的特性与年金待遇的结合进行的分类

不少学者从大的方面,即从质和量两个层面对年金制度进行了分类。依据他们的分类,一种年金制度被认为是一种老年人口收入保障制度,在这一层面上,年金制度就是从量的角度为老年人提供的年金待遇。另外一种年金制度基准就是与筹资相关的制度性特征指标。按照这一逻辑,前者中,年金制度从量的角度的指标可以被表达为"年金支出占GDP的比例";而后者的情况中,因为大部分国家都采取依照缴费方式决定可领取的年金待遇额的筹资方式作为一种比较基准,用"通过年金加入者缴费筹集到的资金的比重"来进行描述比较合适。图2-1详细描述了这四种年金体系类型(郑奎明,2005:18),即国家主导型高收益年金体系、职业主义收入比例年金体系、剩余型年金体系,以及国家主导型最低保障年金体系。

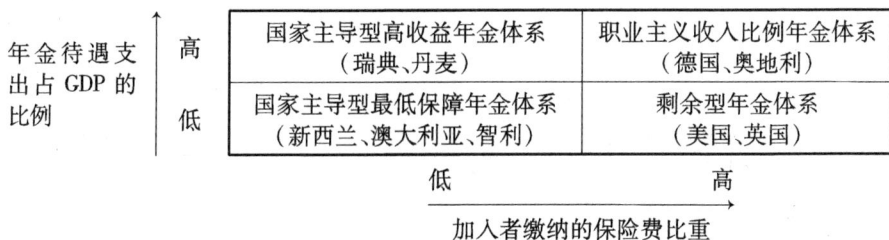

图2-1　根据量与质两个层面进行的年金制度类型区分
资料来源:《公共年金制度改革方案研究:以韩国国民年金制度为中心》,韩国庆星大学经济学博士论文,2005年2月,第18页。

第二节　公共年金制度改革的相关理论及争论

市场失败理论(Market Failure Theory)是社会养老保险制度最重要的理论基础之一。因为保险市场中的信息总是处于不对等和不均衡状态,在一些特殊情况下,仅仅依赖市场是无法维持社会稳定运行的。也就是说,在市场失败的情况下,国家有必要为国民负起责任,这正是公共养老保险存在的理由所在。具体来看,易导致保险市场失败的原因有以下几点:

第一,当社会陷于无法分散的危险(Non-Diversifiable Risk)状况时,比如说,发生大规模的失业或自然灾害,仅依靠个人或市场的功能无法解决时,就需要国家以分散风险(Risk-Pooling)的方式来解决。

第二，逆向选择的发生。如果保险市场完全依赖市场来运营，人们陷入危机的概率就会增高，那么陷入危机概率比较低的人自然就会选择回避加入保险。这样，如果只有陷入危机概率较高的人加入保险，该保险制度就无法长期维持下去。要想保证保险制度的健康运营，让陷入危机概率较低的人也加入保险，就需要依靠国家来干涉。由此来看，市场失败正成为公共养老保险制度存在的理论基础之一。

第三，道德风险问题（Moral Hazard）的发生。如果保险市场完全依据市场原理运营，一部分人就会因道德风险问题，产生没有应对危险的欲望，或者利用各种漏洞或可能来谋取个人最大利益的现象。这种情况自然一定要由国家出面来干涉才能解决，但是与市场运营相比，还是由国家建立一定的制度，施行监督，效果会更好。

第四，交易费用问题会带来保险市场失败。在这种情况下，由国家作为主体运营的保险制度才能起到不发生额外交易费用的作用。

综上所述，现实社会中还存在许多仅仅依靠市场无法解决的问题。在这种情况下，只有借用国家的力量才能克服市场失败，实现资源的最佳配置，社会整体的效用也才能实现最大化。

20世纪70年代以后，特别是到了90年代，极快的人口老龄化速度和经济停滞使各国整体上都陷入了年金制度财政不稳定的状况，因此，全世界许多国家都在进行着年金制度改革。在这些改革实践广泛开展的同时，关于年金改革的研究也大量出现。伴随着学者提出的各种关于年金改革的方案，相关的争论也持续并大量出现。本节将从国际组织和各国进行的研究两个层面来考察和梳理关于公共年金制度改革的理论，以及迄今为止学者在改革方式、改革趋势等方面所进行过的研究。

一、改革方式

公共年金制度始于人口年龄结构相对比较年轻，经济增长持续进行，且雇佣结构相对稳定的背景下。但从20世纪末开始，人口老龄化加速、经济增长开始减缓、劳动市场发生变化等以极快的速度出现，公共年金制度开始面对财政可持续性方面的危机。在年金制度的财政压迫下，持续推进年金制度改革的方法一般有部分式改革（或称为参数式改革，Parametric Reform）和结构性改革（Structural Reform）两种类型。参数式改革是"为了应对年金制度的财政危机，维持财政负担方式、年金待遇计算公式等年金制度本身的基本框架，是一种仅仅通过形成财政均衡的函数，即用参数（Parameter）的变化来实现年金财政稳定的方法，主要可分为以下三种：强化公共年金制度财政基础的方法、抑制公共年金总支出的方法,以及强化老后收入保障功能的方法。[①]（郑奎明,2005:61）与之相反,"结构性改革认为参数式改革无法从根本上消除,会导致财政破产这一'定时炸弹',只会将危险和负担转嫁给后代;而作为改善整体方向的结构性改革则是一种推翻公共年金制度基本原理,从根本上进行改革的方法"。[②]（郑奎明,2005:18）

1. 部分式改革（Parametric Reform）

（1）强化公共年金制度的财政基础

一般来说,强化公共年金制度财政基础的手段有六种:抑制退休、提高缴费率、强化积累因素、扩大财政收入、统合、通过收入调查降低年金待遇。具体内容如下:

第一,通过抑制退休来增加缴费人数,使缴费金额相应增加,实现强化财政基础的目标。具体来看,该方法包括严格规定领取老年年金的条件,使领取养老金变得更加困难,以及提高领取老年年金的年龄标准。

第二,最普遍被采纳的方法是提高缴费率。这种方法在短期内可以看到明显效果,但是其局限性也不容忽视。目前西方福利国家的年金缴费率已经很高了,继续使用此方法非常困难。使用这种方法时,重点要考虑的是政治上的反对与否和国民的接受程度范围。

第三,通过强化积累要素来强化财政基础。这种方法有助于将以往以现收现付制运营的年金体系中不足的积累基金最大化,同时可以降低缴费率提高的程度。具体来看,这种方法就是通过扩大已有积累基金和改变基金运营方式来获取更多收益的。

第四,扩大财政收入的方法,其中之一是扩大缴费人群收入范围。日本、瑞典、法国等许多国家都在使用这种方法。

第五,通过统合来实现强化公共年金财政基础的方法。许多国家运营按照职业种类分类的公共年金制度,这些公共年金制度相对来说加入人数较少,缴费人数也较少,但陷入财政可持续性危机的可能性反而相对更高。在这种情况下,通过将这种缴费人数较少的年金制度统合到加入人数较多的年金制度中的方法,也可以实现强化财政基础的目标。

---

① 原文:연금 재정위기에 대응하기 위하여 재정 부담방식, 급부금공식 등의 연금제도 자체의 근간은 그대로 두고 단지 재정 균형을 이루는 함수를 구성하고 있는 parameter(모수)의 변화를 통해 연금재정 안정화를 도모하는 방법 크게 공적연금의 재정기반 강화방법, 공적연금 총 지출억제방법, 그리고 노후소득보장기능의 확대방법의 3가지 범주로 나누어진다

② 原文:구조적인 개혁은 부분적 개혁으로는 재정파탄이라는 "시한폭탄"을 근본적으로 제거하지 못하고 후세대에게 위험부담을 전가하는 것이므로 개선 방향으로는 공적연금의 기본원리를 허무는 근본적 수술만이 필요하다는 방법이다.

第六,通过对年金待遇征税来回笼资金,以及通过收入调查来减少年金待遇额度的方法。美国和加拿大就是通过对年金征收的税金依据年金制度再次返还的方法来扩充年金财源的。

（2）抑制公共年金的总支出

抑制公共年金的总支出可以通过降低年金待遇水平和缩短领取年金待遇时间段两种方法来实现。

降低年金待遇水平具体可以通过以下几种方式来实施。第一,通过改变测算年金待遇的公式来降低年金替代率。第二,通过延长可计算的有收入时间来抑制公共年金的总支出。第三,修改以往将年金待遇与物价水平联动的方式来抑制公共年金总支出。比如,日本和德国分别于 1994 年和 1992 年导入了将年金待遇与除各种税收和社会保障缴纳的费用之外的纯收入生长率联动的方法。使用这些方法可以减少一定额度的年金总支出,但是在采纳这些方法时,需要考虑政治方面的可接受性。

缩短领取年金待遇时间段的方法主要通过以下方式实现。第一,推迟年金领取年龄的方法。这种方法被许多国家普遍采用。但是,现在西方很多发达福利国家的年金领取年龄已经上升到 67 岁,基本上已经没有继续上调的空间了。此外,上调年金领取年龄标准时,工会、普通公民以及反对势力的反对也不容忽视。但是在年金领取年龄仍然还比较低的国家中,使用这种方法还存在空间和极大可能性。第二,作为领取年金的必要条件,延长缴费时间段也是一种方法。在延长缴费时间段的同时,年金的领取时间自然就被缩短了。这种方法也是许多国家正在采用的方法。

（3）扩大老后收入保障功能

在部分式改革中,强化老后收入保障功能也是经常使用的一种方法。在公共年金领取已经普遍化的西方 OECD 成员方中,已经广泛使用这种方法,现在亚太地区及非洲多数国家也开始采纳这种改革手段。具体来看,该方法可以分为扩大适用对象范围,确保年金待遇水平的适当性,以及确保女性的年金受益权三种方式。

扩大加入对象范围是为了解决很多国家中存在的年金制度加入盲区问题而采用的一种改革方法。一般来说,公共年金制度会有将难以掌握其准确收入的个体营业者排除在加入对象之外的倾向,特别是小摊小贩,一般收入低,没有自己养老的能力,所以国家应该对这部分人的养老问题负责。因此,许多国家在对年金加入对象再次讨论的过程中,通过扩大领取年金对象范围的方式,试图达成完善年金制度的目标。

确保年金待遇水平的适宜度也是许多国家正在使用的公共年金改革方

法之一。不少亚太国家正在实施或准备实施的年金改革中也都包括解决不合适的年金待遇水平这一问题。此外,在公共年金待遇水平低或者没有收入比例年金,只有基础年金的国家,则通过导入商业年金制度或者企业年金制度来确保实现合适的年金领取额。

女性年金收益权的确保在年金改革过程中变得越来越重要。为在生育、育儿阶段的女性提供替代分数(Credit)制度的方式被各国广泛采纳。不仅如此,今后还将通过年金受益权分割制度的运行来缓解老年女性的贫困问题。

2. 结构性改革(Structure Reform)

前面解释过的部分式年金改革不是从根本上解决年金制度财政问题的改革方法,仅仅是一种能将财政赤字出现时间向后推迟的一种一时性对策。所以,也正是因为这一点,部分式改革方式受到了很多人的批判。与之相反,到了20世纪80年代以后,在以智利为代表的很多拉美国家出现了将公共年金制度整体或其中一部分替代为私人性质的年金制度,或者在补充收益水平很低的公共年金收益,增加老后收入的层面上,采用在既有公共年金的基础上增加私人性质的年金设计的方法。因为这些年金改革方法将重点投向了年金制度的基本结构,所以与部分式改革相对应,被称为结构性改革,其具体形态包括公共年金替代型、强制性公共年金补充型、适用除外型(Contracting Out)以及自发性公共年金补充型四种类型。

(1)公共年金替代型

在以智利为代表、经历了年金财政危机的国家中,用私人性质的年金替代公共年金的例子很多。在这种改革中,一般是通过个人缴费型替代以往的现收现付制,抑制年金财政总支出,增加储蓄来实现财政生长的宏观政策目标。1981年,智利首先进行了私有化改革,之后,秘鲁、阿根廷和哥伦比亚、墨西哥分别于1993年、1994年、1997年相继以私有化年金制度替代了既有的现收现付制年金制度。不过,这几个国家各自在具体的制度上有着一些细微的差别。以智利为代表的几个国家采纳的是几乎完全的私有化方式;而哥伦比亚和秘鲁则是公共年金制度和私有化年金制度共存,但赋予公民在公共年金制度和私有化年金制度之间自由选择的权利。

(2)强制性公共年金补充型

在公共年金收益较低或者只有基础年金的国家中,很多国家并没有选取完全私有化的改革方式,而是采取了将作为公共年金制度的补充制度的私有化年金制度导入的方式进行改革。选择这种类型的国家依据追加的私有化年金的形态和是否强制公民加入,又可以分为国家强制个人年金形态和依据团体协约形成不同产业类型的年金形态两种类型。

（3）适用除外型

所谓适用除外型是指在基础年金仍然由国家运营管理的情况下,赋予被雇佣者将收入比例年金的全部或者部分转化为私有化年金的选择权的一种制度。这种方式可以对既有的公共年金和私有化年金的作用进行再调整。英国于1986年通过社会保障法改革,将以往被排除在企业年金范围之外的个别劳动者也纳入了公共年金适用对象范围,赋予了个人是否要从国家收入比例年金中排除的选择权。

（4）自发性公共年金补充型

这种类型与前述第二种类型,即与公共年金补充型的相似点很多。差异之处在于,一个是强制性补充,另一个是自发性补充。在自发性公共年金补充型制度下,企业年金没有限定,个人储蓄账户也得到了扩大。此外,在自发性公共年金补充型制度下,国家为了推进私有化年金的扩大,一般会对私有化年金的缴费金额及利息收入赋予特别免税优惠。美国就是实施这种自发性公共年金制度补充型的典型国家。

如前所述,表2-2对公共年金制度的改革方法进行了汇总、整理,具体情况如下。（郑奎明,2005:60）

表2-2　公共年金制度的改革方法

改革方式	大范围	中范围	具体方法	实施国家
部分式改革	强化公共年金制度财政基础	增加缴费人数	提高年金受益年龄	德国、日本
			延长年金加入时间	德国、芬兰
			促进雇佣的诱导政策	西班牙、日本、英国
		提高缴费率	提高保险费	德国、日本、意大利
		强化积累因素	扩大年金积累基金规模	瑞典、日本、韩国
		扩大现收现付对象收入范围	对奖金征收保险费	日本
		制度统合	年金制度统合	日本(9→6个)
		返还对年金收益所征收的税金	对年金待遇征税	美国(85%)
	抑制公共年金总支出	降低年金受益水平	变更年金公式(变更收入替代率)	德国、日本、英国
			延长计算时间	英国、瑞典
			变更年金待遇联动方式(物价、收入)	德国、日本
		缩短年金受益时间	提高受益年龄	美国、日本、德国
			延长缴费期间	法国、希腊
			提高女性受益年龄	德国、日本、英国

续表

改革方式	大范围	中范围	具体方法	实施国家
部分式改革	扩大老后收入保障功能	扩大加入对象范围	覆盖个体营业者及小商小贩	韩国
		确保年金待遇的适宜度	改善退休准备金制度	新加坡、印度
			导入作为基础年金补充的私有化年金	丹麦、澳大利亚
		扩充女性的年金受益权	年金受益权分割制度	加拿大、瑞士
			承认生育、育儿阶段为年金加入时间	德国
结构性改革	扩大积累制私有化年金制度	公共年金替代型	由现收现付制年金向强制积累型年金转变	智利、墨西哥
		强制性公共年金补充型	导入国家强制年金,补充基础年金	澳大利亚、瑞士
			依团体协约制定各产业年金	丹麦
		适用除外型(Contracting Out)	以私有化年金替代收入比例年金	英国、日本
		自发性公共年金补充型	强调企业年金的作用	美国

资料来源:郑奎明,《公共年金制度改革方案研究:以韩国国民年金制度为中心》,韩国庆星大学经济学博士论文,2005 年 2 月,第 60 页。

二、公共年金制度改革趋势

1. 世界银行

在主要国际性机构中,关于年金的研究进行得最活跃的就是世界银行(World Bank)。世界银行在 1984—2004 年 20 年间,参与了世界上 80 多个国家的年金制度改革,对其中 68 个国家提供了 204 次贷款。这些贷款充分地体现了世界银行"三支柱"年金改革的强烈意志。从 20 世纪 90 年代开始,在以往经验的基础上,世界银行正式提出了关于养老金改革方向选择的政策。综合来看,最具代表性的是 1994 年出版的 *Averting the Old Age Crisis* 中所提出的"三支柱"改革模型,具体如图 2-2 所示。

对个人而言,为了能够保障及维持稳定的老年生活,至少同时需要由税收来维持运营的公共年金制度和由完全积累方式运营的私有化年金制度两个支柱。这两个支柱都建立以后,可以另外再建立非强制性加入的个人选择型年金制度。这样,全社会就形成了三支柱的年金模式。如图 2-1 所示,每一个支柱中又都形成了各自不同的财政运营方式、年金形式以及年金功能。"这种多层体系的最大优势在于,基金的积累以及基金民营管理可以增加国民的储蓄,提高经济效益,促进经济生长,有效应对高龄化。"①(韩国国民年金研究院,2008：167)

分配+共同保险	储蓄+共同保险	储蓄+共同保险
依据财产调查的最低年金保障均等型	个人储蓄计划或职业计划	个人储蓄计划或职业计划
税收财源	限制性完全积累	完全积累
强制性公共支柱	强制性个人支柱	自由选择支柱

图 2-2 "三支柱"养老保险模型

资料来源：作者根据世界银行 *Averting the Old Age Crisis*,1994 年,第 15 页内容制作。

世界银行带着"三支柱"模型参与了世界上许多国家的年金制度改革。在参与各国改革过程中所积累的经验基础上,世界银行于 2005 年出版了 *Old-Age Income Support in the 21 Century：An International Perspective on Pension Systems and Reform* 一书。书中将 1994 年提出的"三支柱"(Three Pillars)修改为"五支柱"(Five Pillars)。"世界银行于 2005 年提出的多层保障改革模型明显修正了以往提出的通过将公共年金制度民营化、将私有化年金制度确立为中心的老后保障体制的观点,提出了能将由老龄化等带来的财政危险和社会

---

① 原文：이러한 다층체게는 기금의 적립과 제도와 기금의 민영관리로 국민저축이 증가하고 경제의 효율성과 성장을 촉진함으로써 고령화에 효과적으로 대처할 수 있다는 것이 가장 큰 장점이라고 하였다.

危险均衡分散的多支柱、多层次保障模型结构,这一点是它最大的特征。"①
(韩国国民年金研究院,2008:170)报告中明确承认,世界银行在1994年提出
的基准模型其实无法统一适用于所有国家。因此,在该书中,世界银行的观
点发生了变化,它认为与其倡导世界上所有国家都采纳统一的年金改革模
型,倒不如根据各国国情,采取比较柔性的年金改革方式更合适。世界上各
国、各地区都有着自己独特的历史和经济、政治、社会发展、文化等,因此,世
界银行基于这些不同社会背景进行的各种研究论文等成果也发表了很多。
可以说,关于年金改革的研究是世界银行研究的主要领域之一。"五支柱"年
金制度模型的具体内容见表2-3。以往的"三支柱"模型中的第一支柱现在被
设计成零支柱;确定收益型公共年金及名义账户制(NDC)年金等被认定为公
共年金制度的变形形式,所以统一编入第一支柱;以前模型中的强制积累型
制度被进一步分化,分别按照强制加入、任意加入,以及个人年金等编入第二
支柱、第三支柱,以及第四支柱。

　　依据这一报告书,可以看出以下几点。第一,如表2-3所示,零支柱是维
持基本收入的保障,是为了防止老年贫困而设立的制度,是所有的养老金制
度中都必须有的支柱。第二,强制适用规模必须设计合理。特别是对于低收
入国家,零支柱必须是强制性加入的这一条应该作为基本原则;而对于基本
条件较好的国家,在强制性加入零支柱的基础上,还希望能运营补充年金制
度。第三,在制度内实现的收入再分配更有效果,即依据一般财政进行的收
入再分配效果,没有在加入年金制度的人群中由高收入者向低收入者进行收
入转移的方式效果好。

表2-3　世界银行的"五支柱"年金制度模型构成

支柱	目标集团			主要基准		
	终生贫困者	非正规部门	正规部门	特征	参与	筹资或担保
零	**X**	X	x	基本或社会养老金,至少是社会救助	以全体国民为对象,结构式	预算或一般税收
一			**X**	公共养老金制度(收益确定型或名义账户制度)	强制	存在缴费、部分金融准备金的可能性

① 原文:2005년 세계은행이 제시한 다층보장체계 확립이라는 기존의 입장을 크게 후퇴시키고, 고령화 등에 따른 지정적 위험과 사회적 위험을 골고루 분산시킬 수 있는 다주·다층 구조의 보장모형이라는 점이 특징이다.

031

续表

支柱	目标集团			主要基准		
	终生贫困者	非正规部门	正规部门	特征	参与	筹资或担保
二			**X**	企业或个人养老金制度(完全积累收益确定型或完全积累缴费确定型)	强制	金融资产
三	x	**X**	X	企业或个人养老金制度(部分积累收益确定型或完全积累缴费确定型)	个人选择	金融资产
四	**X**	X	X	非正规抚养(家庭),其他正规社会福利制度(医疗保险),以及其他个人金融或非金融财产(住房所有权)	个人选择	金融资产及非金融资产

注:X 的大小表示各支柱的各个目标集团的重要性,重要性按照 x, X, **X** 越来越强。
资料来源:Robert Holznnnann, Richard Hinz. 2005:10,作者做了部分修改。

2. 国际劳工组织

国际劳工组织(International Labor Organization,简称 ILO)自 1919 年以同名组织成立以后,特别是二战以来,对社会保障,尤其是西方发达福利国家的社会保障做出了很大的贡献。作为劳动者组织的国际劳工组织,从建立开始就发布宣言:保障劳动者的基本收入是实现劳动者经济权力的重要手段。"ILO 就是一直坚守着这样一种传统,即强调为减少贫困制定社会保障的必要性和国家的作用。"[1](韩国国民年金研究院,2008:172)但在减少贫困的方法方面,国际劳工组织与世界银行提出的经济发展方案不同,国际劳工组织认为减少贫困应该通过社会保障政策来解决。此外,在保障方式方面,与社会补助方式相比,国际劳工组织更倾向于社会保险方式。

若将国际劳工组织和世界银行的改革战略进行比较,可以将重点放在社会保障的基本原理这一基础上进行,具体如下:第一,年金应该覆盖全体公民。第二,全体公民都应受到国家的保护,使他们不至于陷入因年老引起的贫困当中。第三,因退休带来的收入消失应该由年金来补充,该年金资金的保障应该可以预测得到。第四,应该保障年金不会因通货膨胀带来损失。第五,年金的运营应该由劳资双方共同参与,以民主方式运营。综合来看,国际劳工组织的年金改革战略不像世界银行那样将市场原理或金融市场等经济

---

① 原文:이처럼 ILO는 전통적으로 빈곤해소를 위한 사회보장의 필요성과 국가의 역할을 강조해 왔다.

目标优先化,而是坚持在不损害稳定的老后生活保障的所谓社会保障原则的范围内进行设计。与世界银行主张的"多支柱(Multi-pillars)"结构类似,国际劳工组织提出了"多层(Multi-layer)"年金制度模型。该制度模型主张维持既有的按照现收现付制运营的确定收益型公共年金制度的基本框架。

国际劳工组织在社会保险的基础上,站在减少贫困和消灭加入盲区的立场上,提出了如下多层结构,见表2-4。

表2-4　国际劳工组织的多层结构年金模型

层	制度	备注
零层	基础保障	社会安全网、财产调查方式的社会补助方式、政策收益、由税收来筹资
第一层	公共年金	现收现付制确定收益型或名义确定缴费方式
第二层	企业、个人年金	确定缴费、强制性、民间机关管理
第三层	个人储蓄等	确定缴费、自发性、民间机关管理

资料来源:韩国国民年金研究院,2008:175。Colin Gillion, John Turner, Clive Bailey, Denis Latulippe, 2000:465.

由表2-4可知,国际劳工组织的多层保障模型由四层结构构成:零层为通过财产调查方式实施的社会安全网,其年金资金由一般税收来筹集,实际上是一种社会补助制度。第一层是由确定收益或确定缴费形式运营的公共年金制度。第二层是强制性加入、以积累方式运营的确定缴费型企业年金制度。第三层是任意加入、由积累方式运营的民间年金储蓄形式的补充方式。

如果将国际劳工组织提出的多层结构年金制度和世界银行提出的多支柱年金制度进行比较,两者之间主要有如下不同点:

第一,从建立年金改革模型的必要性层面来看,世界银行为了分散高龄化带来的危险,努力从多角度筹资的层面去寻找答案;而国际劳工组织则从减少社会阶层贫困危险的角度来寻找解决办法。

第二,从提出年金制度模型的出发点层面来看,世界银行一直强调社会安全网的作用;而国际劳工组织则将目标又细分为贫困预防和收入保障两个分目标,其中特别强调通过公共年金制度来实现预防贫困的目的。

第三,从筹资方式的层面来看,世界银行倾向于积累方式,而国际劳工组织则倾向于坚持现收现付制。

3. 经济合作与发展组织

经济合作与发展组织(Organization for Economic Co-operation and Development,简称OECD)作为发达国家的一个经济合作性组织,从量的角度看,其所做的关于年金制度改革的研究比世界银行和国际劳工组织要少一些,而且对年金制度改革进行研究的历史也不长。OECD 从 1998 年刊发的关于年金的报告——《老龄社会中的财产权维持》[1](OECD, 1998)起,正式开始了关于年金制度改革的研究。2000 年 OECD 刊发了《老龄社会的改革》报告(OECD,2000),这一报告通过各国年金制度改革的案例研究再次将 OECD 对于年金制度改革的立场具体化。并且,OECD、世界银行、ILO 与对象国家的特性和主要目标都有些不同,所以 OECD 提倡的年金改革模型也与世界银行和 ILO 有一些不同。最明显的不同点在于:"首先,因为 OECD 并非像 ILO 或者世界银行那样为特定集团利益代言或者是必须贯彻特定政策的国际机构,而只是致力于国家间合作与协调,以及进行研究活动的国际会议机构,所以 OECD 在提出年金改革模型方面做得比较少,而是将研究重点放在判断年金改革的趋势、确定年金制度改革时需要遵守的原则和可能的范围上。"[2](韩国国民年金研究院,2008:177)

此外,从关注重点的角度来看,世界银行或国际劳工组织将重点置于减少贫困和消灭养老保险加入盲区。而与之相反,OECD 则将重点置于把握人口老龄化的波及效果的基础上处理相应问题。因为 OECD 会员国相对来说都是发达国家,所以这些国家内的老年贫困或养老金盲区问题并不太严重。但是,正因为会员国都是发达国家,所以大部分会员国比非会员国的老龄化程度表现得更为明显。这不但会对今后的年金政策和社会政策产生很大的影响,而且对经济和财政层面也会产生很大影响。年金制度改革正是为了克服这一老龄化危机而提出的解决办法。

根据韩国国民年金研究院对 OECD 的研究所做的分析,OECD 在意识到这些问题的基础上,就年金制度改革提出了以下方向和战略:第一,为了缓解因人口结构变化发生的高龄化及因此带来的代际不平衡问题,不可避免地就要对现在以现收现付制运行的公共年金制度的负担及领取结构的不均衡状况进行修正。第二,为了分散年金财政危险,就必须将起着补充公共年金制度的具有老后收入保障作用的所有可能的收入源纳入老后收入保障制度中。第三,老龄人口的生产性贡献已经成为解决年金问题的重要贡献之一。因此,有必要强化年金政策中鼓励老人进入劳动市场的激励政策(Incentive)。

---

[1]　OECD. Maintaining Prosperity in an Ageing Society,1998.

[2]　原文:먼저, ILO나 세계은행과 달리 특정집단의 이익을 대변하거나 특정 정책을 관철할 필요가 있는 국제기구나 아니고 경제 및 사회정책 분야에 있어 국가 간 협력과 조정, 그리고 연구를 위한 국제회의기구라는 점이다. 따라서 OECD는 연금개혁의 일반적 모형을 제시하기보다는 연금개혁의 추이를 진단하고, 연금제도의 개혁 시 고수되어야 할 원칙과 가능한 범위를 제시하는데 역점을 두었다.

第四,从制度设计原则的角度来看,OECD 并没有提出具体的模型,而是倾向于在基础保障层面上限制工作激励因素,鼓励在收入及依据财产调查进行的基础补助方式方面做出改革。

"关于如何解决高龄化问题方面,OECD 整体上认为重构年金制度非常紧急,这一点与其他国际机构的观点是一致的。但是,OECD 主要在修改不均衡的领取负担结构、多层结构层面上包含多种收入源、强化提高老年人工作欲求的激励政策等方面提出改革原则和方向。"①(韩国国民年金研究院,2008:181)

4. 国际货币基金组织

国际货币基金组织(International Monetary Fund, 简称 IMF)是会员国在陷入外汇危机时,以信用证(Credit)形式对其进行金融支援的金融组织。但是,因为 IMF 所处理的业务基本上是会员国的财政及金融问题,而不是会员国的制度改革,所以,IMF 并不倾向于为会员国提出具体的改革模式或改革建议,这与世界银行的做法是截然不同的。此外,其在年金制度改革领域的研究成果也没有世界银行多。IMF 于 1996 年 6 月发表了题为《The Implicit Pension Debt-Finance & Development》的论文,从此开始了关于年金制度改革的研究。截至 2009 年底,IMF 共发表相关论文 50 篇,具体情况见表 2-5。

表 2-5　IMF 历年发表与年金制度相关的论文数量一览表

单位:篇

年度	1996	1997	2000	2001	2002	2003	2004	2005	2006	2007	2008	2009	2010	2011	2012
论文数量	2	1	3	1	2	3	2	3	2	15	6	1	1	5	3

资料来源:作者根据国际货币基金组织网页 http://www.imf.org/external/ns/search.aspx? lan = eng&NewQuery = pension&col = SITEN-G&page = 5&sort = Date&Filter _ Val = Y&iso = &requestfrom = country&countryname = 资料整理制作(检索日期:2012 – 06 – 14)。

从表 2-5 可以看出,IMF 关于年金制度的研究论文数量整体比较少,且每年的论文数量都相差不大,始终保持在 10 篇以下。但是在 2007 年突然有了大幅度增加,在 2006 年 2 篇的基础上,突然增加到了 15 篇,而且接下来,2008年发表的 6 篇相关论文这一数字相对来说也是较大的,之后又恢复到了较低

_____

① 原文:전체적으로 연금개혁에 대한 OECD의 입장은 고령화 문제에 대처하기 위해 연금제도의 재구축이 시급하다는 점에서는 다른 국제기구와 입장을 같이하고 있다. 다만, 수급부담구조의 불균형 시정, 다층구조의 관점에서 다양한 소득원의 포섭, 노인의 근로유인 제고 등 개혁의 원칙과 방향을 주로 제시하고 있다.

的水平。

对这50篇论文略作分析就可以明显看出,作为金融组织的IMF,其对于年金制度改革的焦点仍然集中在由现收现付制向积累方式转变时,隐性债务(The Implicit Pension Debt)显性化带来的公共负债问题。这种倾向不但表现在一般性研究所探讨的年金改革对宏观经济影响等方面的分析,也表现在对个案国家的年金改革进行研究分析时的忧虑。而且其论文主题也大多是围绕与年金制度改革相关的财政和经济展开的。因此,IMF更倾向于可以实现改革国家财政稳定的改革手段,而非创立一种新的年金制度。

基于以上基本思维方式的IMF,最近对于年金改革公共债务的担心较以往表现出了逐渐减少的倾向。对于隐性债务问题,IMF也将之与普通债务引起的公共债务进行了区分,指出:如果各国的宏观经济能够和谐发展,也不必对隐性债务问题过于担心。总的来看,IMF对于年金制度改革的态度相对来说弹性较大,属于一种柔性态度。

5. 各机构间的比较

经过以上对世界银行、国际劳工组织、经济合作与发展组织、国际货币基金组织在年金制度改革领域所做研究进行的考查,可以发现,这些组织在年金制度改革方面各自都表现出不同的观点,提出了不同的方案,但在他们争论的同时,又表现出吸收其他组织方案中一部分内容的倾向,且各自的方案在细节处又表现出相似性。而且,这些国际组织在观察了一些国家进行的年金制度改革实践后,在一定程度上,修正、补充了各自方案中一些观点的情况也很多。鉴于这种情况,基本可以预测:今后这种互相吸收其他机构的部分观点,并对自己的观点和方案进行一定修正和补充的趋势仍将持续下去。

这些国际机构关于年金改革的方案中所表现出来的主要共同点包括以下三个方面。

第一,在关于年金体系的设计上,所有的国际机构都一致认为多层或者多支柱体系要优于单层体系。在这一点上,各个机构的研究者都表现出高度的一致性。如前所述,世界银行于1994年提出"三支柱"年金制度模型,并于2005年进一步对其进行修订、完善,更新为"五支柱"结构。国际劳工组织在为劳动者提供老后生活保障的前提下,提出了"四层"年金结构。OECD则认为,"将公共年金以多层形式进行分离或者在公共年金改革的同时,强化企业年金和个人年金等私有化年金制度都属于多层化以及公共年金和私有化年金的作用调整的范围之内"。①（韩国国民年金研究院,2008:192）只有国际货币基金组织没有提出具体的年金制度改革方案。

第二,在关于国家的作用及责任范围方面,各国际机构也表现出了很多共同点。整体来看,世界银行从1994年开始倾向于积累方式,推荐私有化管理。但是,之后的态度渐渐开始发生了一些变化:从国家强制加入转变为承认国家强制加入的重要性。到了2005年,在其发表的报告书中,又表现出作为社会安全网不能没有国家介入和保证的态度。国际劳工组织作为代表劳动者利益的组织,对于作为社会保障前提的年金制度改革,自然将重点置于如何寻找年金制度改革中财政安全的方法方面。因此,站在这样的立场上,国际劳工组织明确表示,年金制度改革应该由国家主导,以公共方式进行管理。OECD和世界银行的态度比较相似。OECD认为,在将公共年金和私有化年金分离的同时,应强化由国家负责的基础保障。IMF关注的一直是年金制度从现收现付制转向积累制的转变过程中,由隐形债务带来的公共负债严重增加的问题,并对如何解决隐性债务的问题表现出了比较担忧的态度。因此,IMF认为并不一定要转换为积累方式,相反,各国在维持现有制度的基础上努力实现财政稳定的方式更加具有可行性。

第三,这些国际机构都认可作为社会安全网运营的老龄基础年金保障制度的重要性,在老龄基础年金制度是必需的这一点上还是达成了共识;但在关于老龄基础年金制度之所以重要的原因和背景的认识方面,各机构表现出了一定的差异。世界银行和国际劳工组织相对倾向于家庭财产或收入财产调查的方式,而OECD更倾向于普遍性的方式,IMF则没有提出任何具体性方案。

根据以上分析,可以看出,世界银行、国际劳工组织、经济合作与发展组织、国际货币基金组织这四个国际性组织在年金制度的基本构成体系、国家的作用和责任,以及社会安全网三个方面基本上表现出了一致性。但是,在其他方面,这四个国际性组织却各持己见,出现了许多争议,特别是在年金制度改革的主要目的、年金制度的财政运营方式,以及国家强制加入程度三个方面存在差异。

首先,世界银行主张以基本社会保障手段应对老龄化危机,并追求达到减少贫困的实践性效果。国际劳工组织仅仅是简单地认为年金制度是确保社会全体成员社会保障的重要制度。OECD作为富裕国家的集会组织,并不

---

① 原文:공적연금을 다층으로 분리하거나 공적연금의 개혁과 함께 기업연금과 개인연금의 사적연금을 강화하는 것은 모두 다층화 또는 공사연금의 역할조정을 목적으로 한다는 점에서 하나의 범주고 묶을 수 있다.

太关注年金制度的减少贫困作用和社会保障功能,而是将焦点集中到会员国是如何运用年金制度来克服老龄化危机这一问题上。而 IMF 关于年金制度的运营目的则没有明确表态。

其次,关于年金制度的筹资方式,各个国际机构分别提出了不同的建议。一般来说,年金制度的筹资方式可以分为现收现付制(Pay-as-you-go System)和积累方式(Contribution System)两种;而从年金待遇的角度来看,则又可以分为确定收益型和确定缴费型两种。世界银行起初的态度是赞成从现收现付制转向积累制、从确定收益型转向确定缴费型。之后,随着世界银行参与不同国家年金制度的改革不断增加,经验不断积累,这种强烈建议转换的立场逐渐变得柔和起来。现在,世界银行开始承认各国历史、文化等因素各不相同,年金改革的情况也各不相同,因此劝导所有的国家都统一转换为积累制和确定缴费型的立场发生了改变,提出要认可各国的具体背景,各国按照本国国情进行年金制度改革更符合现实,也更具有可操作性。而与世界银行不同,国际劳工组织、经济合作与发展组织、国际货币基金组织则仍然倾向于现收现付制、确定收益型年金制度。

最后,关于国家强制加入年金制度的程度方面的差异。世界银行认为,作为直接年金供给者,国家的作用应该减小;而作为基金运用的规制者和监督者,国家的作用则应该强化。国际劳工组织则强烈认为,年金制度的运营体系应该以国家为主体,按照现收现付制、确定缴费型方式来运营,而且,它还特别强调国家的主体性。经济合作与发展组织则强调以市场为主体来运营年金制度体系,而非以国家介入的方式来运营。国际货币基金组织认为,不管是国家主导运营还是市场主导运营,改革所关注的焦点应该是在维持现有制度的基础上,通过部分式的完善方式来确保最大的财政稳定性。

表 2-6 整理了上述各主要国际机构关于年金制度进行的研究中所表现出来的共同点和差异点。

表 2-6　主要国际机构关于年金制度改革观点差异的比较

	比较对象	世界银行	国际劳工组织	OECD	IMF
共同点	年金制度体系设计	三支柱→五支柱	四层体系	多层体系	—
	国家的作用及责任范围	一层和二层强制加入	强制加入	部分强制加入	提倡维持强制加入部分
	老龄基础年金保障制度	通过财产调查提供的基础保障很有必要	普遍性基础保障必要	普遍性基础保障必要	—

续表

	比较对象	世界银行	国际劳工组织	OECD	IMF
差异	改革目标	财政稳定（＋经济成长）	社会保障（＋财政稳定）	老龄化危机克服（＋财政稳定）	财政稳定
	基本结构	多支柱结构	多层结构	多层结构	—
	财政方式	积累方式，确定缴费型	现收现付制，确定收益型	积累方式，确定缴费型	维持已有制度
	国家干涉程度	低	高	低	高
	基金管理	私有化管理	公共管理	公共管理	公共管理
	适用范围扩大	消极	积极	积极	消极
	市场亲和性	高	低	高	低

资料来源：在参考梁在镇（2006）论文内容的基础上，作者制作。

三、公共年金制度改革的相关争论

根据金镇荣（金镇荣，2004：51－69）的观点，公共年金是由可分离的三个要素组成的，这三个要素在不同国家会表现出差异来。公共年金的构成原理也会随人们如何看待这三个构成要素而发生变化，而且关于看待它们所带来的效果或副作用的视角也会随之发生变化。因此，这三个构成要素就成为世界各国在进行公共年金制度改革时不得不面对的争论点所在。具体来看，这三个构成要素的主要内容如下。第一，收入再分配，即缴纳金额和领取的年金金额之间形成的差异。在关于收入再分配的问题上，收入再分配是否平衡比如何进行收入再分配更容易产生问题。第二，政府购买形成的年金产业的垄断性。如何看待政府垄断和强制性问题会对年金制度产生很大的影响。第三，强制加入公共年金制度的理由。从为了预防老年贫困的发生、保障老年生活稳定的角度来看，年金制度是一种强制性储蓄。

权文一（权文一，1999：1－42）围绕着韩国国民年金制度，将韩国国民年金制度从导入前的制度设计阶段，到制度导入及制度扩大的整个过程中出现的主要争论进行了整理和分析。根据他的观点，在对公共年金制度进行改革时，从大的方面来看，学者的争论主要体现在五个层面上：第一，国民年金的哲学以及国民年金作用角度上的收入再分配、对经济生长的贡献、国民年金与退职金之间的关系划分等；第二，适用对象及年金领取权保障的层面及相关城市地区国民年金适用对象扩大，现在老年阶层人群年金领取权的保障等；第三，与年金财政层面相关的基金运用及财政方式；第四，与行政管理层面相关的故意低报收入和缴纳例外者数量的大幅增加现象；第五，与年金体系层面相关的按照职业类型分离出来的年金体系中，基础年金和收入比例年金二元制体系如何转换的问题。

梁在镇(梁在镇,2007:1246)可以说是韩国国内倾向于瑞士"名义账户制(NDC)"改革路径的学者的典型代表。根据他的研究,将NDC方式导入韩国时,韩国学者从批评的角度上主要提出了以下三大核心争论点:第一,现收现付制的NDC方式是否能维持财政的可持续性;第二,收入再分配功能的弱化;第三,可行性问题。此外,梁在镇(梁在镇,2007:51)在关于韩国国民年金改革的研究中也提出了关于韩国国民年金改革的三大争论问题,具体如下:第一,应对高龄社会的具有可持续性的年金制度的设计方向;第二,为了减少年金制度加入盲区而设立的基础保障的设计方向;第三,年金基金的运营问题。

除此之外,韩国国民年金公团研究中心发表的报告(韩城尹,吴奎泽,1999)设定了年金基金运营要达到的目标,并将这些目标作为评价基准。这些基金运营的目标应明确其公共性、稳定性、收益性。

西方关于争论的研究不多,但是关于年金改革的重要评价基准的研究却不少。英国亚当·斯密研究所的Eamonn Butler和Madsen Pirie共同完成的论文①中提出,在进行年金改革时,应关注以下七条原则:效率性、稳定性、政治化可能性、透明性、单纯性、收入再分配、实用性。

经济学者David Ranson在Cato Institute发表的论文中提出将经济效率性、埋没成本②的认可、脱政治化,以及开放性四个要素作为解决年金财政问题的基准公理。表2-7是对有关年金改革的争论进行整理的具体情况。

表2-7　公共年金制度改革的争论点

分类	代表性学者	争论点
韩国	金镇荣	◆ 收入再分配 ◆ 国家独裁 ◆ 强制性
	权文一	◆ 国民年金哲学及作用层面 ◆ 适用对象及年金领取权保障层面 ◆ 年金财政层面 ◆ 行政管理层面 ◆ 年金体系层面

---

① *The Fortune Account*, Adam Smith Institute, London, 1995. 该论文中提出的原则原文:Economic Efficiency; Regulation and Security; Depoliticization; Transparency; Simplicity; Responsibility; Practicability and Affordability.

② 埋没成本也叫沉淀成本,是指在一定的情况下,作为不可回收的历史成本,与未来的决策无关的成本。埋没成本作为过去决策的结果,是已经发生了的成本,是不可控制的部分,所以在未来决策时没有必要再对其进行考虑。

续表

分类	代表性学者		争论点
韩国	梁在镇	NDC 方式导入韩国的三大争论	◆ 财政的可持续性 ◆ 收入再分配功能 ◆ 可行性问题
		韩国国民年金改革的三大争论	◆ 应对老龄社会的可持续性年金制度的设计方向 ◆ 为减少年金制度盲区而设计的基础保障方向 ◆ 年金基金运营问题
	国民年金公团		◆ 公共性 ◆ 稳定性 ◆ 收益性
西方	Eamonn Butler		◆ 效率性 ◆ 稳定性 ◆ 政治化可能性 ◆ 透明性 ◆ 单纯性 ◆ 收入再分配 ◆ 实用性
	David Ranson		◆ 经济效率性 ◆ 埋没成本的认可 ◆ 脱政治化 ◆ 开放性

资料来源：作者整理制作。

　　纵观以上所展示的关于公共年金制度改革的争论点，虽然存在着一些不同之处，但是相似点也不少，如强调年金制度财政稳定性的学者就很多，其中权文一将"年金财政"作为争论点之一；而梁在镇则将同样的意思表述为"财政可持续性"和"应对老龄社会的可持续性年金制度的设计方向"；韩国国民年金公团则将同样的意思定义为"稳定性"；而西方学者 Eamonn Butler 与韩国国民年金公团一样，也使用了"稳定性"这一概念。在大部分学者都提到的另一争论点——收入再分配问题方面，金镇荣使用了"收入再分配"的表述方式，并将其列为年金改革的三大争论点之一；梁在镇则使用了"收入再分配功能"的表述方式；而 Eamonn Butler 也同样使用了"收入再分配"的表述方法，也将其列为争论点之一。学者提到的第三个共同点是与年金制度的财政运营相关的问题，权文一将其表述为"行政管理层面"，所谓行政管理层面包括年金基金的管理组织、方式等内容；梁在镇在分析韩国国民年金改革的争论点时，提出了"年金基金的运营问题"；Eamonn Butler 使用了"效率性"和"透明性"两条原则作为年金基金运营基准；David Ranson 则使用了"经济效率性"来表达同样的观点。学者提到的第四条争论点较多的是改革的可行性问题，梁在镇使用了"可行性问题"来表述；Eamonn Butler 使用"实用性"这一术语对同样的问题做出了解释；David Ranson 则从"脱政治化"的层面对类似的可行性问题进行了阐述。

通过对以上关于公共年金制度改革中产生的争论点的综合分析，本书将选取大部分学者提到的，具有一定共性的问题作为研究分析框架。具体来看，在已有研究的基础上，本书选取了财政方式及稳定性、收入再分配、年金基金管理运营、可行性四个角度作为争论焦点，并将这四个争论焦点作为本书的比较基准，进一步展开后面的研究，具体情况见表 2-8。

表 2-8　本书设定的公共年金制度改革争论一览表

争论	内容
财政方式及稳定性	保险费的缴纳方式及养老金的领取方式、财政可持续性
收入再分配	公共年金制度对收入再分配的影响
年金基金管理运营	基金的管理费用、基金运营的收益率、基金管理运营的透明性等
可行性	政治上的可接受性、经济上的负担

资料来源：作者整理制作。

1. 财政方式及稳定性

所谓年金制度的财政方式从大的方面来看，可以分为保险费的缴纳方式和养老金的领取方式两种。其中，保险费的缴纳方式又可以分为现收现付制（Pay-as-you-go System）和积累方式（Funded System）两种。现在，一部分国家中存在一些所谓的"修正积累方式"，但是一旦深究，这种制度下积累的积累基金却又无法充分满足养老金领取的需要，如韩国国民年金制度就是这样的一个例子。从这一点上来看，这种"修正积累方式"更接近于"现收现付制"。此外，养老金确定方式按照保险费缴纳方式也可以分为确定给付型（Defined Benefit）和确定缴费型（Defined Contribution）两种。目前正在或将要进行公共养老金改革的国家都必须在考虑到其财政稳定性要求的前提下，选取以上一种财政方式。

2. 收入再分配

从传统的观点来看，收入再分配是公共年金制度中不可或缺的一个功能。1981 年智利首开养老金制度民营化改革之先河，其后为数不少的国家，特别是拉美国家纷纷模仿智利的改革模式，进行养老金制度的市场化、民营化改革。进行了民营化改革的养老金制度中不再具有以往的收入再分配功能,因为这一点,养老金民营化改革也受到了许多指责和批评。按照这些批评者的观点,既然公共养老金制度中不再具有收入再分配功能,也就意味着养老金制度不再具有公共性质,那为何又要强制性加入这一问题自然就成为新的争论点,即公共养老金制度中到底需不需要收入再分配制度。

3. 年金基金管理运营

年金的管理运营制度对年金制度有比较大的影响。现在世界上大多数国家都是由国家机关直接进行管理,而像智利一样进行民营化改革的国家则是委托民营公司进行运营。从年金基金管理的效率性、透明性、收益率等方面看,关于究竟是由国家进行管理效果好,还是由私有化运营方式的民间公司来运营效果好,迄今为止仍然存在着激烈的争论。

4. 可行性

所有的年金制度改革中最重要的问题不是所选取的改革方向或改革路径的好坏,而是该改革路径在现实中是否能够被执行,即这种改革方案的现实可行性。再好的改革方案,如果无法实施都是没有任何意义的。这种可行性首先表现为政治上的可接受性,因为许多国家的公共年金制度改革都是因为政治上的反对而无法顺利进行,甚至导致失败。可行性的第二个要素就是经济上的承受能力。例如,在公共年金制度从现收现付制向积累方式转换时,将会有数量巨大的隐性债务(Implicit Debt)发生,很多国家也是因为无法承担经济负担巨大的隐性债务而无法实现养老金制度转型的改革。

第三章　韩国国民年金制度的改革过程

作为公共年金制度中最重要的部分之一,韩国的国民年金制度是1973年通过制定《国民福利年金法》后决定导入的。经过十多年的休眠期,伴随着《国民年金法》的修订,韩国国民年金制度于1988年才正式开始施行。之后,经过1992年和1995年两次扩大适用对象的改革,到1999年4月,韩国终于进入了全民年金时代。与其他国家相比,特别是与西方发达福利国家相比,韩国的老龄化速度更快,因此,在很短的时间内,韩国不得不迫于财政压力于2003年至2007年7月推行第二次年金改革。通过这次改革,财政赤字出现的年度被推迟到了2070年,但是从国民年金制度导入之初,设计的低负担—高收益体系的不适宜性引起的财政持续可行性问题,仍然没有从根本上得到解决。虽然经过了几次改革,但是却无法否认韩国的年金制度仍然存在很多问题。因此,韩国的国民年金制度今后仍然需要持续性改革。本章主要从历史发展的角度来梳理韩国国民年金制度从导入到现在的发展过程,并重点梳理了期间所经历的几次改革。

第一节　韩国国民年金制度的发展过程

韩国的国民年金制度"直到1988年才正式开始实行,从公共年金制度导入的时期层面上来看,韩国是全世界第131个导入公共年金制度的国家,但是国民年金制度导入十多年后,所有国民才被纳入加入者范围,全民年金时代才拉开了序幕"。[1]（全文一,1999:1）与西方发达福利国家相比,韩国是在管理公共年金制度的社会经济基础非常薄弱的情况下,也就是在制度导入后短短几年内,将适用对象扩大到全体公民的,所以相应的失误也就比较多。因此,为了维持国民年金财政的稳定性,韩国的国民年金制度曾经进行了两次大的改革。本节将按照时间顺序考察韩国国民年金制度的导入背景及其发

---

① 原文：1988년에 이르러서야 실시하였는데, 이는 공적연금의 도입 시기 면에서 전 세계 국가 중 131번째에 해당된다. 그럼에도 불구하고 우리는 제도 도입 이후 10여 년 만에 전 국민에게 국민연금을 적용하는 이른 바 개연금화시대를 열게 되었다.

展过程。

韩国的国民年金制度从大的方面可以分为制度导入期（1973—1988 年）、制度扩大期（1992—1999 年），以及制度整备期（2000 年至今）三个阶段。

一、制度导入期（1973—1988 年）

一般来说，一个国家导入公共年金制度的根本原因是为了应对由于老龄化引起的各种社会危险，但是韩国在 1973 年制定《国民福利年金法》时，其导入背景却与其他国家有较大程度的不同，具体原因可以从韩国当时的经济情况寻找到答案。

1. 韩国国民年金制度的导入背景及原因

（1）导入背景

从一方面来看，在国民年金制度导入时，相对来说，韩国老龄人口比例还是比较低的，对于国家提供老后生活保障的要求并不高。资料显示，"1973 年韩国 65 岁以上老龄人口占人口总数的 3.3%，与 1911 年英国老龄人口占人口总数的 5.2%（导入公共年金制度的时间为 1908 年）、1930 年美国的老龄人口占人口总数的 5.4%（社会保障法的通过时间为 1935 年）、1890 年德国的老龄人口占人口总数的 5.1%（老龄年金法的通过时间为 1889 年）相比，韩国老龄人口占人口总数的比例仍然是比较低的"。[1]（高春兰，2008:62）

表 3-1 列出了韩国从 1973 年开始的老龄人口增加趋势及抚养比的变化。

表 3-1　老龄人口增加趋势

单位：千人

年度	总人口数（A）	60 岁以上人口数（B）	B/A	抚养比*
1973	34 103	1 755	5.2	10.4
1986	41 569	2 825	6.8	9.3
1990	43 601	3 182	7.3	9.0
2000	48 017	4 718	10.0	6.7
2020	52 473	9 269	17.7	3.7
2040	49 925	13 256	26.6	2.2

注：*表示抚养比＝15～59 岁人口/60 岁以上人口。
资料来源：韩国经济企划院调查统计局，韩国开发研究院推计。

---

[1] 原文：1973년 당시 65세 이상 노인인구는 3.3%로, 영국의 1911년 노인인구 5.2%(최초 공적연금 도입은 1908년), 미국의 1930년 노인인구 5.4%(사회보장법 1935년), 독일 노인인구 1890 년 5.1%(노령연금법 1889 년)에 비해 훨씬 적은 노인인구를 차지하고 있었다.

(2) 导入原因

从另一方面来看,当时韩国导入国民福利年金制度的行为并非是一个经过长期深思熟虑的有计划的过程,所以,导入国民福利年金制度很有可能是有其他目的的。因为在当时社会福利的重要一环——1973 年公布的第三个五年经济开发计划中,并没有包括公共年金制度的构想,由此更可以推测出,韩国在 1973 年匆忙导入国民福利年金制度的原因很可能并不是源于建立社会保障制度。

实际上,在制订第三个五年经济开发计划时,曾经计划并发表过关于社会保障内容的当时的国家政策研究机关——韩国开发研究院(Korean Development Institute,简称 KDI)接到了总统的指示,要求他们对内资动员方面进行研究。1972 年 11 月 25 日,KDI 向总统提交了研究结果。研究结果显示,如果韩国导入社会保障年金制度,两年内将会有一千亿韩元的保险费收入,这些收入可以作为内资动员的来源。对于这一研究结果,总统非常感兴趣,要求 KDI 继续做深入研究。因此,1973 年《国民福利年金法》提交国会后,很快得以通过,并决定于 1974 年开始正式实施。

根据梁在镇的研究,选取 1973 年导入国民福利年金制度的原因在于"朴正熙时代为了发展重化工业,所以由经济企划院主导导入国民福利年金制度的解释相对来说说服力还不够,因此,有必要从政治经济学的脉络中去理解当时导入国民福利年金制度的原因。也就是说,国民福利年金制度在维新前作为中长期社会开发计划的一环开始被提起,到了十月维新之后,就成为国家重大课题,即重化工业发展的内资动员手段,而且同时也成为维新之后首次实施的第九届总统大选的支持动员手段。这一点充分吸引了总统,所以总统决定导入国民福利年金制度。总的来看,这样来看待国民福利年金制度于1973 年导入的原因,更为合理一些。"①(梁在镇,2007:87-108)

2. 国民福利年金制度实施的搁浅及正式实施

(1) 国民福利年金制度实施的搁浅

虽然韩国的国民福利年金制度预计从 1974 年开始正式实施,但是由于1973 年恰逢中东战争引起的第一次石油危机,导致经济不景气和物价上涨,所以,年金制度的实施在现实上变得非常困难。因此,1974 年,根据紧急发布

---

① 原文:박정희 시대에 국민복지연금제도가 중화합공업화를 위해 경제기획원에서 추진한 사업이었다는 단순한 해석보다는 보다 정치경제학적인 맥락에서 이해할 필요가 있다 하겠다. 즉, 국민복지연금제도는 유신 전에 중장기 사회개발계획의 일환으로 논의가 되던 것을 10월유신 이후 국가적 중대과제가 된 중화학공업화의 실현을 위한 내자동원 수단으로써, 그리고 또한 유신 후 처음 실시되는 9대 총선을 의식한 지지 동원 카드로써 대통령의 관심을 끌었고, 결국 이의 도입이 결정되었다고 보는 것이 타당할 것이다.

的总统令,年金制度作为紧缩政策的一部分,缓期一年实施。但是由于经济不景气的持续,1975 年 12 月,总统再次发出总统令,提出年金制度的实行由以后的总统令决定,其实这也就意味着年金制度的实施被无期限搁置了。

　　(2)国民年金制度正式实施前的改革

　　20 世纪 80 年代中期以后,韩国经济整体上达到了一定的发展程度,经济生长势头良好。在人口结构方面,开始明显出现"少产少死",即出生率和死亡率同时降低的特征。在这样的背景下,国民福利年金实行的条件逐渐成熟,政府又实施了第五个社会经济开发五年修正计划。韩国摆脱了经济停滞状态之后,从社会的角度看,实施年金制度的研究再一次被提上日程,同时相对来说,这个时期开始实施年金制度也是比较符合韩国当时的社会经济发展状况的。

　　在这样背景下,《国民福利年金法》实施的条件逐渐成熟,为了促进符合第五个社会经济发展五年修正计划实施情况的国民年金制度模型的开发,1984 年 8 月 16 日韩国成立了"国民年金实施准备委员会"。1986 年,政府召开的"国民年金实施准备相关官员会议",正式开始对国民年金进行相关修订,并进行相关的具体讨论。1986 年 6 月,在多角度进行的年金研究结果的基础上,政府邀请了学界、舆论界,以及劳资团体代表共同参与以"国民年金制度的基本构想及其经济社会波及效果"为主题的听证会。经过关系委员会的数次讨论,最终的基本纲要反映的基本是保健社会部的方案。改正案中接受了经济企划院的主张,委员会委员长和副委员长分别由经济企划院院长和保健社会部部长担任,而委员则分别由财务部部长、农水产部部长、劳动部部长、企业代表、员工代表等组成,在委员长和委员都已构成的基础上,辅之以相关专家进行运营。《国民福利年金法》改正案于 1986 年 1 月 22 日提交到国会,1987 年 12 月 17 日通过,并于同年 12 月 31 日公布。新修订的《国民年金法》从 1988 年正式开始实施。

　　这一改正案将法的名称由"国民福利年金法"变更为"国民年金法",相应的内容也发生了一些变化,具体包括以下内容。第一,当然适用对象由原来的雇员人数超过 30 人的企业中 18~60 岁的公民变为雇员人数超过 10 人的企业中 18~60 岁的公民。第二,年金的种类包括老龄年金、残疾人年金、遗属年金、一次性返还金。基本年金金额由均等部分和收入比例部分组成,具体再根据加入时间长短、年龄、健康状况,以及死亡等条件依不同规定进行养老金支付。第三是关于筹资的规则。对于企业加入者来说,由用人单位、加入者本人,以及"退职金转换金"各自负担三分之一,初期为加入者工资的 3%,以后每隔五年上向调整 3%,直至调整到 9% 为止。改正案与以前的《国民福利年金法》的另一个不同之处在于,将以前《国民福利年金法》中规定的由国库来补助低收人者的保险费这一条删除了。第四,管理体系方面。1973 年《国民福利年金法》中规定由保健社会部来负责管理,由国税厅来负责保险费征收,这是一种二元体系;而 1986 年的《国民年金法》中,则在保健社会部下单独新设了独立的管理机构,即国民年金管理公团来进行统一管理。

1973 年的《国民福利年金法》与 1986 年的《国民年金法》的具体差异见表 3-2。

表 3-2　《国民福利年金法》与《国民年金法》的变更内容一览表

项目		1973 年的《国民福利年金法》	1986 年的《国民年金法》	制度变更原因
加入对象		18～60 岁国内居住的公民——特殊职业年金适用对象除外	同左	—
加入类型		第 1 种:30 人以上企业的员工和企业主,每月 15 千万韩元以上收入者(当然适用),月收入在 15 千万韩元以下者(任意适用);第 2 种:农民、渔民、个体营业者(任意适用);任意继续:第 1 种加入者在领取老龄年金之前丧失资格者	企业:10 人以上企业(当然适用),不足 10 人的企业(任意适用);地区:农民、渔民等任意适用;任意继续:加入者不满 20 年且年龄超过 60 岁	① 由于老龄化等引起的老年生活稳定要求增加;② 由经济发展引起的企业规模增大;③ 国民个人年金应对地区任意适用
负担	保险费	第 1 种加入者:标准月收入的 7%——员工 3%,企业主 4%(月收入不足 15 千万韩元由国家公共机关负担 1%);第 2 种加入者:按照标准月收入等级基准,每月定额缴纳(月缴 900 韩元以上)	1988—1992 年:3%(员工 1.5%,企业主 1.0%);1993—1997 年:6%(员工 2.0%,企业主 2.0%,退职金 2.0%);1998 年以后:9%(员工、企业主、退职金各 3.0%)	财政稳定及早期负担能力的考虑
	国库负担	运营资金及管理运营成本的全部或部分——低收入第 1 种加入者的保险费由国库资助(保险费的 1%)	公团管理运营成本全部或一部分	减轻加入者的负担
管理机构		保健社会部:制度企划、资格及年金待遇管理;国税厅:保险费征收	保健社会部:制度企划、指导监督;国民年金管理公团:资格、征收、年金待遇管理	希望提高管理的专业性和运营的效率性

资料来源:韩国国民年金研究院,2008 年,第 255 页。

二、制度扩大期(1992—1999 年)

国民年金制度于 1988 年正式开始实施,之后在 1992 年和 1995 年分别进行了两次以扩大国民年金制度的适用对象为主要内容的改革。这两次适用对象的扩大是自国民年金制度导入以来实施的最重要的改革举措中的一部分。具体扩大过程如下。

1. 扩大到 5 人以上小企业员工(1992 年)

国民年金制度从 1988 年开始正式实施以后,很快就在 1992 年和 1995 年进行了两次改革。这两次改革都是以扩大适用对象范围为主要内容,均使国民年金制度加入者数量进一步增加,年金制度取得了较大的发展。

首先,保健福利部委托韩国保健社会研究院对将雇员为 5~9 人的企业扩大为国民年金适用对象的可能性和适宜性进行了实地调查,并将其调查结果用作国民年金制度阶段性扩大事业的基础资料。最后的结果是截至 1991 年年底,共有 30 603 个小企业中的 231 542 名员工提交了加入申请。从 1992 年1 月 1 日开始,5 人以上小企业员工成功扩大为当然适用对象。

与农村和渔村地区相比,首先选择 5 人以上小企业员工作为国民年金扩大对象的原因也很简单,因为小企业员工的收入相对比较稳定,准确掌握他们收入的情况比较容易。此外,因为 5 人以上小企业员工加入国民年金的情况与之前 10 人以上企业员工加入的情况比较相似,所以,借鉴以往的成功经验,这次将国民年金制度当然适用对象扩大到 5 人以上小企业员工的改革,实施起来也相对比较容易。

2. 扩大到农村、渔村地区村民(1995 年)

从 1995 年 7 月开始,农村和渔村地区村民也开始正式适用和以前小企业员工一样的统一国民年金制度。不同之处在于:农村和渔村村民在制度导入之初的 10 年内,每人将得到农业结构调整基金提供的 2 200 韩元补贴作为保险费,而企业加入者是无法享受到这一特殊优惠的。国民年金制度扩大到农村、渔村村民,可以保护更多的公民免受因老龄、残疾、死亡等带来的生活不稳定之苦。从这一点上来看,这次扩大是具有积极意义的。

但是在实际的实施当中却暴露出许多问题。这是因为,农村、渔村村民和企业员工加入的是同样的国民年金制度,而这一制度"维持了以往的体系,但是对农村和渔村地区村民收入的把握相对比较困难,这就会带来农民和渔

民故意过低申报收入的问题"。① （韩国国民年金研究院,2008:251）

3. 扩大到城市地区居民（1999 年）

1995 年 7 月国民年金适用对象扩大到农村渔村村民之后,还没能加入国民年金制度的公民就只剩下城市地区不满 5 人的小企业员工和个体营业者。1997 年,社会保障审议委员会对现行年金制度的问题进行了全面的讨论和审议,为了形成改善方案,新设了由委员会管理的"国民年金制度改善企划团"。国民年金制度改善企划团和政府分别提交了改正案之后,最终的改正案于1998 年 12 月 31 日正式通过。

根据最终改正案,国会决定从 1999 年 4 月开始,国民年金制度的适用对象将扩大到城市地区的个体营业者,自此韩国正式进入了全民年金时代。"截至 1999 年年底,国民年金加入者为 16 262 千人,比以往增加了 900 万人。但是在地区加入者中,实际上农民、渔民、个体营业者以外的未满 5 人的小企业员工、失业者、学生、军人等也大多包含在内,也就是说,作为企业加入者进行管理比较困难的对象,全部被纳入地区加入者进行管理。由于这一原因,加入者人数激增,但是地区加入者的一半以上都是作为保险费缴纳例外者进行管理的,而且收入申报者中也有一半以上的人没有按时缴纳保险费用,因此持续出现了制度不实的问题。② （国民年金研究院, 2008:51）至此,韩国的国民年金制度适用对象扩大过程画上了句号。

三、制度整备期（2000 年至今）

2000 年,国民年金加入者中地区加入者比例高于企业加入者比例,图3-1 显示了 2000 年企业加入者比例为 48.26%,而个人加入者比例为50.77%,个人加入者比例高于企业加入者。此外,任意加入者和任意持续加入者比例分别占 0.29% 和 0.68%。图 3-2 中显示了 2008 年国民年金加入者的情况。其中,企业加入者的比例与 2000 年相比,上升到 51.78%,超过了个人加入者。

---

① 原文：기존의 제도 틀을 유지함에 따라 소득파악이 어려운 농어촌 지역에서 소득 하향신고가 문제가 될 수 있었다.

② 原文：1999년 말 기준으로 가입자 수는 16,262천명으로 이전에 비하여 무려 900만 명정도가 증가하였다. 그러나 지역가입자에는 사실 농어민, 자영업자외에 5인 미만 영세사업장근로자와 실업자, 학생이나 군인 등이 다수 포함되어 있었다. 즉 사업장가입자로 관리가 어려운 대상이 모두 지역가입자로 편입되게 된 것이다. 이로 인하여 가입자 수는 급증했지만 지역가입자의 절반은 납부예외자로 관리되었고, 소득신고자 중에서도 절반은 제 때에 보험료납부를하지 않아서 제도 내실화문제가 지속적으로 제기되게 되었다.

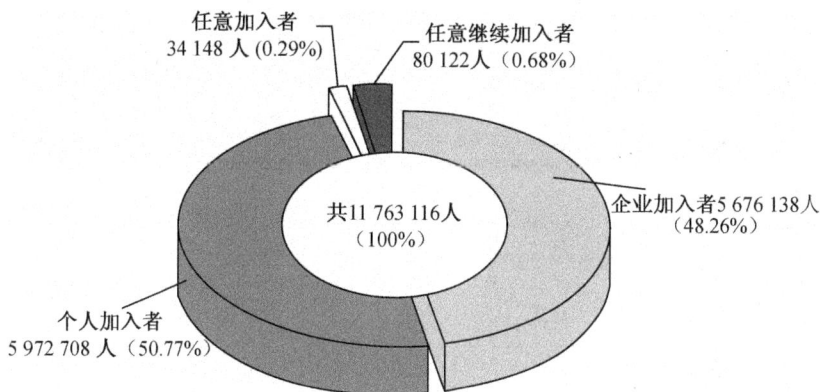

图 3-1　2000 年国民年金加入者的状况

资料来源:作者根据韩国国民年金公团资料制作。

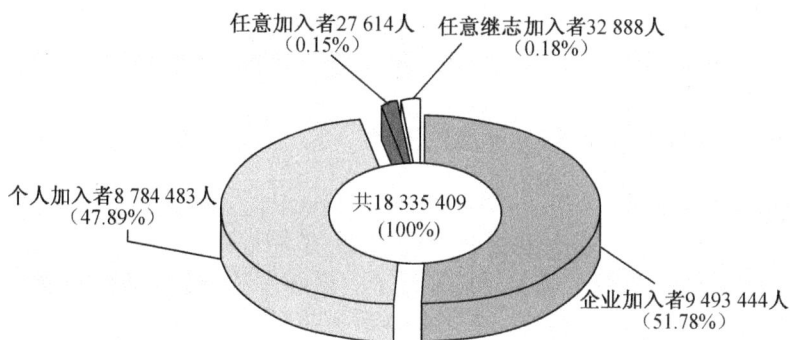

图 3-2　2008 年国民年金加入者的状况

资料来源:作者根据韩国国民年金公团资料制作。

　　但是,与继续扩大加入者人数相比,解决年金制度的各种问题,进一步完善年金制度,目前来说是更为重要的问题。为此,政府还需要不懈的努力。在整备期,韩国政府于 2007 年 7 月第二次对年金法进行了改革。这次改革对财政稳定性和制度运营相关的很多项目进行了修改。其中,从加入者人数的角度就可以看出现在仍然处于整备期。

　　图 3-3 显示的是 1988—2008 年国民年金保险费征收额的变化趋势。

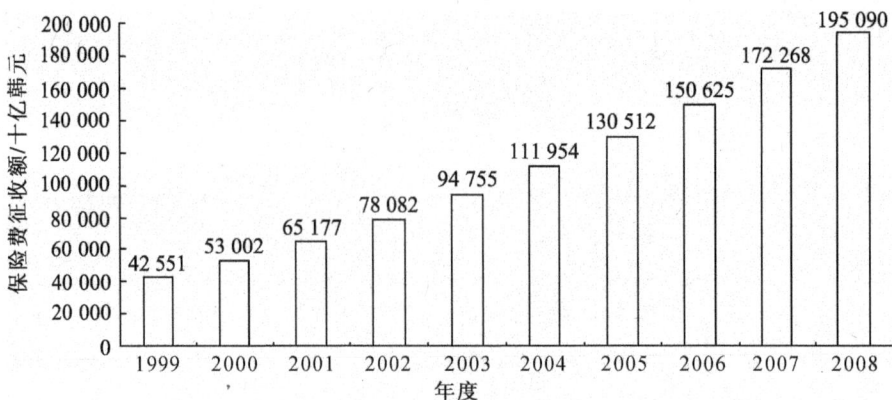

图 3-3　1988—2008 年国民年金保险费征收额变化趋势

资料来源：国民年金公团统计资料，2009 年 6 月。

第二节　韩国国民年金制度的改革过程

一、1997—1998 年的第一次改革

1. 改革背景

1995 年适用对象扩大到农村、渔村地区的农民和渔民以后，国民年金制度面临三个巨大的课题，韩国政府开始了对新制度的摸索。第一个课题是国民年金的城市地区扩大问题。第二个课题是国民年金基金的合理运营问题。第三个课题是为了维持国民年金财政的长期稳定，需要进行国民年金制度的结构调整问题。（金容河，石在恩，1999：96）为了解决国民年金制度面对的这些问题，韩国从 1997 年 6 月开始到 1998 年 12 月，在历时一年半的时间里，进行了第一次国民年金制度改革。

第一次国民年金制度改革带来了一些问题。首先，国民年金制度适用对象扩大到城市地区居民以后，很快就出现了城市居民收入难以准确把握和城市居民故意低报收入两个难以解决的问题。按照 1992 年国民年金制度扩大到农村和渔村地区的经验，韩国政府将国民年金制度的当然适用对象扩大到全部城市居民以后，城市个体经营者自然也被纳入这一制度范围，对于这部分人来说，其收入无法准确掌握的问题与农民、渔民收入难以把握的情况是类似的。因此，在这种情况下支出年金待遇时，不但会歪曲社会再分配功能，而且还会引起公民对于国民年金制度极大的不满情绪。

其次是国民年金基金是否能够合理运营的问题，即国民年金基金运营的

透明性不足和收益率低下问题。国民对于国民年金制度不满的原因中,也有不少来自于对基金运营方面的不满和不信任。目前,国民年金基金的大部分都根据政府《公共资金管理基本法》的规定,强制委托给公共部门来运营。他们可以在没有任何限制的情况下提取国民年金基金。而且,对于作为委托资金的国民年金基金的管理也不是依照政府公开发行的国债,而是依照财政经济院院长的委托证明来进行的。因此,国民年金制度加入者的权利保护无法得到保证,这一点是不争的事实。其实导致公民不满的原因不仅在于投资的不透明性,更在于公共部门相比金融部门更低的投资收益率。图3-4中显示的是1998年国民年金基金的运营状况。

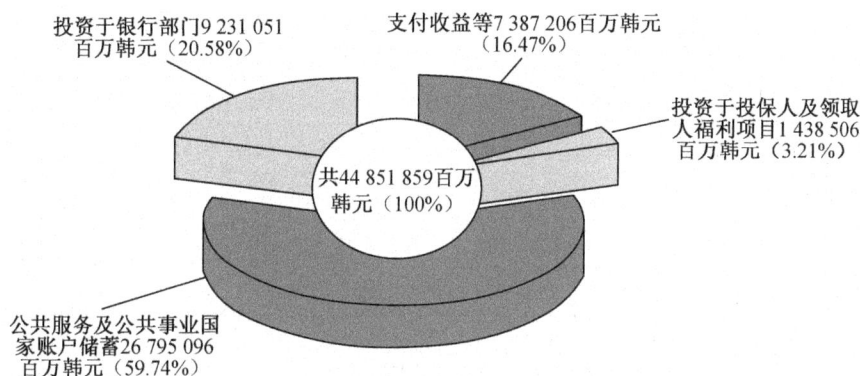

投资于银行部门9 231 051百万韩元(20.58%)

支付收益等7 387 206百万韩元(16.47%)

投资于投保人及领取人福利项目1 438 506百万韩元(3.21%)

共44 851 859百万韩元(100%)

公共服务及公共事业国家账户储蓄26 795 096百万韩元(59.74%)

图3-4　1998年韩国国民年金基金的运营状况

资料来源:国民年金公团统计资料,1999年8月。

　　第三个问题是国民年金制度的长期财政稳定性问题。财政的可持续性问题是全世界许多国家在公共年金制度上共同需要面对的难题之一。韩国的国民年金制度从出发时就采取了低负担—高年金的体系设计,所以在今后人口老龄化趋势加快、出生率低下的社会背景条件下,年金财政稳定性无法得以保证的问题就会急速浮现出来。表3-3中展示的国民年金财政趋势明显地体现出了这一问题。

表3-3　国民年金长期财政展望

年度	积累基金(A)/亿韩元	总收入(B)/亿韩元	总支出(C)/亿韩元	收支差(D)/亿韩元	加入者(E)/个人	老龄年金领取者(F)/个人	成熟度(G)	积累率(H)/%
1998	366 120	119 086	17 729	101 357	14 333	192	1.3	20.7
2000	629 309	166 125	24 955	141 170	14 786	321	2.2	25.2
2005	1 463 503	267 520	71 868	195 652	16 019	910	5.7	20.4

续表

年度	积累基金 (A)/亿韩元	总收入 (B)/亿韩元	总支出 (C)/亿韩元	收支差 (D)/亿韩元	加入者 (E)/个人	老龄年金 领取者 (F)/个人	成熟度 (G)	积累率 (H)/%
2010	2 529 494	372 203	153 682	218 521	16 873	1 786	10.6	16.5
2015	3 520 391	467 774	284 935	182 839	17 447	2 824	16.2	12.4
2019	3 958 275	550 129	504 821	45 308	17 625	4 154	23.6	7.8
2020	3 956 255	569 631	571 650	- 2 020	17 607	4 491	25.5	6.9
2025	3 144 166	638 004	915 864	- 277 861	17 413	5 804	33.3	3.4
2030	635 503	669 815	1 341 964	- 672 149	17 089	6 968	40.8	0.5
2031	- 148 937	652 377	1 436 818	- 784 440	16 956	7 177	42.3	- 0.1
2040	- 10 474 608	828 857	2 269 771	- 1 440 915	15 910	8 321	52.3	- 4.6
2050	- 28 479 608	1 050 054	3 114 615	- 2 064 561	15 307	8 336	54.5	- 9.1
2060	- 53 809 957	1 298 242	4 233 536	- 2 935 294	14 159	8 136	57.5	- 12.7
2070	- 87 836 241	1 614 224	5 389 523	- 3 775 299	13 015	7 729	59.4	- 16.3
2080	- 129 914 733	2 038 478	6 623 428	- 4 584 950	12 200	7 178	58.8	- 19.6

注:① $G = F/E \times 100$,$H = C/A$;

② 1995 年不变价格。

资料来源:国民年金公团,1998 年。

在这样的背景下,韩国于 1997 年 6 月成立了"国民年金制度改善企划团",该组织对国民年金制度存在的问题进行诊断、讨论,并积极摸索对策,一直活跃到 1997 年底。这一企划团将研究讨论结果向国务总理报告后,几乎一半关于国民年金制度的改革措施得以实施。

2. 改革案的形成过程

"国民年金制度改善企划团"在制度发展的基本方向、制度的基本模型、具体改革事项等方面的意见都没有能够达成一致,共提出了三个方案。第一个方案主张维持现行国民年金制度的框架,将适用对象扩大到城市个体营业者;在财政长期稳定性层面上,对年金保险费率、年金领取额,以及年金领取年龄进行调整。第二个方案主张以保险方式来运营国民年金制度,收入替代率降至 40% ,其中,基础部分占 16% ,收入比例部分占 24% ,形成二元化体制。第三个方案主张将企业加入者和个体营业者分离,导入年金计算公式中不发生收入再分配的收入比例部分。具体内容见表 3-4。

表3-4　国民年金制度改善企划团(1997年)的年金制度改善案中的重要内容对照表

项目	第1案	第2案	第3案
基本结构	维持并改善现行制度	基础部分 + 收入比例部分二元化	以积累方式运营的收入比例年金(个人年金账户)
保险费征收对象	18～60岁之间的企业员工及个体营业者(1 950万人)	基础部分:18～60岁之间的公民(3 170万人);收入比例部分:企业员工及个体劳动者(1 950万人)	18～60岁之间的企业员工及个体营业者(1 950万人);按照职业,单独分离适用① 员工年金,② 个体劳动者年金
保险率及保险费缴纳方式	3%—6%—9%	基础部分:0.4%—6%;收入比例部分:3%—6%—8%	3%—6%—9%
	企业员工及个体营业者,收入的固定比例	基础部分:定额 + 定比例;收入比例部分:定比例	企业员工:收入的固定比例;个体营业者:由定额缴纳向长期定比例缴纳转变
收入替代率及领取养老金的年龄	40%～53.3%(提出三种方案)	基础部分:10%(夫妻合计20%);收入比例部分:30%	随保险费和积累基金的收益率变化
	从2003年开始每5年上调1岁(至65岁为止)	从2006年开始每5年上向调整1岁(至65岁为止)	退休后领取(允许选择开始领取养老金的年龄)
	由政府财政来负责的公共补助部分不缴纳保险费,支付年金	基础年金部分包括无缴费敬老年金的支出(由政府财政补助一部分),1人1年金(基础部分)	由政府财政来负责的公共补助部分不缴纳保险费,支付年金
财政运营方式	修正积累方式	基础部分:9年均衡现收现付制;收入比例部分:积累方式	确定缴费型积累方式
财政稳定(本年度财政收支赤字年度)	2050年积累基金达600～1 200兆韩元	收入比例部分:无财政赤字(2050年积累基金达1 521兆韩元)	无财政赤字

续表

项目	第1案	第2案	第3案
收入再分配	存在代际、代际内收入再分配效果,但是各方案存在程度差异	基础部分:存在代际、代际内收入再分配效果;收入比例部分:无	不存在代际、代际内收入再分配效果(可以加入代际内再分配功能)
措施	渐进式下调养老金给付水平	以往年金领取者按照现行方案执行;2008年以后用20年时间下调养老金给付水平	对以往年金领取者按照现行方案支付养老金

注:① 收入再分配是指以加入40年为基准,一生平均收入的比例;
② 按照保险费计算基准年度前后4年的养老金支出来计算平均保险费。
资料来源:作者根据金容河,石在恩,《国民年金制度发展中的韩国式特征及可持续性》,《韩国社会福利学》,1999年,第37卷的相关内容翻译整理。

国民年金制度改善企划团于1997年12月向政府提交了最终报告。这一报告的具体内容公开以后,企划团还搜集了关于年金改革的各种言论、建议、意见等,并召开了国民年金制度改善听证会。在这些工作的基础上,政府确定了国民年金改革的最终方案,这一方案也成为国民年金制度发展的基石。之后又经过数次讨论,国会最终在1998年通过了《国民年金法》最终方案,并于1988年12月31日公布。这次改革掀开了韩国国民年金制度改革历史上最早的一页。

3. 1998年《国民年金法》最终改革方案的内容

1998年12月31日公布的国民年金改正法(《国民年金法》1998年12月31日通过法律5623号)的主要内容见表3-5。适用对象从1999年4月开始,从城市地区不满5人的企业员工、临时员工、按日计算工资的劳动者、小时制工作者等扩大到了全体公民。表3-5中显示了改革前的制度、国民年金制度改善企划团的改革方案以及最终改革方案。通过多个层面的比较,这次年金改革的变化可以清楚地显示出来。

表3-5 1998年改革前的国民年金制度与改革方案的比较

项目	改革前的制度	企划院方案	最终方案
基本结构	一元型:均等部分+收入比例部分	二元型:基础部分+收入比例部分	一元型:均等部分+收入比例部分
适用对象	18~60岁企业员工、农村和渔村地区的农民和渔民、个体营业者	扩大到城市地区个体营业者	扩大到城市地区个体营业者

续表

项目		改革前的制度	企划院方案	最终方案
保险费		每 5 年增加 3%，直到 9%，阶段式上调	根据财政再计算调整保险费(截至 2025 年上调至 12.65%)	根据财政再计算调整保险费(截至 2025 年上调至 13.1%)
年金	年金替代率	所在阶层平均收入的 70%	1988 年改革以前:适用现行养老金计算公式;制度改革以后:所在阶层平均收入的 40%	1988 年改革以前:适用现行养老金计算公式;制度改革以后:所在阶层平均收入的 60%
	领取年龄	60 岁	从 2013 年开始每 5 年上调 1 岁(至 65 岁)	从 2013 年开始每 5 年上调 1 岁(至 65 岁)
	最少加入年数	15 年	10 年(原则上废止一次性返还金制度)	10 年(原则上废止一次性返还金制度)
财政运营方式		修正积累方式	基础年金:积累方式;收入比例部分:积累方式	修正积累方式
财政稳定		积累基金枯竭将于 2031 年发生	2050 年以后财政仍然稳定	2050 年以后财政仍然稳定

注:年金比例以加入 40 年为基准。

资料来源:作者根据金容河、石在恩,《国民年金制度发展中的韩国式特征及可持续性》,《韩国社会福利学》,1999 年,第 37 卷的相关内容翻译、整理。

从表 3-5 中可以看出,在适用对象方面,从 1999 年 4 月开始,国民年金制度的适用对象扩大到了城市地区的个体营业者、不满 5 人的企业员工、临时工、短期工、钟点工等全体国民。

在国民年金支付金额部分,将现行加入时间为 40 年的加入者平均月收入额的 70% 下调至 60%。年金支付开始年龄也由现在的 60 岁进行了上调,具体调整方法为从 2013 年开始,每 5 年提高 1 岁,直到 2033 年满足领取老龄年金的 65 岁为止。返还一时金的支付理由中,以往"资格丧失一年后废止"这一条被废止,改为"到 60 岁以后再开始支付返还一时金"。对于中途丧失返还一时金领取资格后又重新取得领取资格的情况,更倾向于朝保障他们年金领取权的方向做改善,而非仅仅将前后两次的加入时间合计。

在筹资方面,对于企业加入者来说,废止退职金转换,改为加入者和企业主各自负担 4.5% 的形式;农村、渔村地区加入者的情况则为截至 2000 年 6 月负担率为 3%,从 2000 年 7 月开始提高为 4%,之后每年提高 1%,到 2005 年 7 月,提高到 9%,此后一直保持这一比例。此外,为了保证国民年金制度的财政稳定,导入可以进行长期检查监管的"财政再计算制度"。1999 年以后,每 5 年对国民年金的财政收支关系进行一次再计算。

在管理体制方面,对"基金运用委员会"的构成进行改革。委员会的成员数从 15 人增加至 20 人,构成成员中包括政府部门 6 人,公益委员 2 人,其余 12 人都是加入者代表。基金委员会委员长也从原来的财政经济部部长变更为由保健福利部部长来担任。此外,还新设了"基金运用实务评价委员会",重新建立了基金运用的监管体系。表 3-6 显示的是改革前现行的年金制度、国民年金制度改善企划团的改革方案,以及最终改革方案在几个层面的具体内容比较。通过这些比较,可以更清晰地看出年金改革中发生了变化的内容。

表 3-6 现行国民年金制度与改善方案的比较

项目		现行制度	企划团方案	最终方案
基本结构		一元型:均等部分 + 收入比例部分	二元型:基础部分 + 收入比例部分	一元型:均等部分 + 收入比例部分
适用对象		18 岁以上、60 岁以下的企业员工及农村、渔村地区个体经营者	扩大到适用于城市地区个体劳动者	扩大到适用于城市地区个体劳动者
保险费		每 5 年提高 3%,阶段性提高到 9% 为止	根据财政再计算制度调整保险费(截至 2025 年上调至 12.65%)	根据财政再计算制度调整保险费(截至 2025 年上调至 13.1%)
年金待遇	年金待遇率	平均收入阶层的 70%	1988 年改善以前:适用现行年金公式;制度改善后:平均收入阶层的 40%	1988 年改善以前:适用现行年金公式;制度改善后:平均收入阶层的 60%
	领取年龄	60 岁	从 2013 年开始每 5 年提高 1 岁(至 65 岁为止)	从 2013 年开始每 5 年提高 1 岁(至 65 岁为止)
	最短加入时间	15 年	10 年(返还一时金制度原则上废止)	10 年(返还一时金制度原则上废止)
财政运营方式		修正积累方式	基础年金:积累方式;收入比例部分:积累方式	修正积累方式
财政稳定		积累基金枯竭将在 2031 年发生	2050 年后财政不稳定	2050 年后财政不稳定

注:年金待遇率以 40 年为基准。
资料来源:金荣河,石在恩,《国民年金制度发展中的韩国特征及可持续性》,《韩国社会福利学》,1999 年,第 37 卷。

4. 1998 年国民年金制度改革的意义

金容河和石在恩（金容河、石在恩：1999）对 1998 年韩国国民年金制度改革给予了很高的评价，他们认为这次改革在历史上具有重大意义。具体来看，这次改革的成果主要表现在以下几个方面。第一，成立了国民年金基金运用委员会①，以加入者为中心进行改革，较大地提高了基金运用的民主性。第二，之前未能加入国民年金制度阶层中的城市个体营业者、临时或按天来付费的劳动者等也被纳入了国民年金的可加入范围之内，最终形成了覆盖全体公民的全国民年金体系。此外，通过这次改革，韩国的年金制度摆脱了以往走日本年金制度之路的嫌疑，开始走上了韩国型的年金制度之路。

但是，韩国从制度开始运营时就存在的低负担—高年金的不均衡的年金体系在这次改革中却没有得到根本的改变。实际上，这次改革并没有改变这一制度的本质，这一点也受到很多人的批评。由以往的低负担—高年金结构转为相对的高负担—高年金结构，实际上也只是将负担做了一些上向调整而已，而且这种方式在实践中是否可行也是令人怀疑的。因此，韩国国民年金制度的财政稳定性及可持续性发展仍然处于不稳定状态。而且，大部分评价还指出，这次改革在改善年金领取—负担的不均衡结构方面，措施非常有限，且模糊不清。

二、2003—2007 年的第二次国民年金制度改革

1. 改革背景

2003 年财政再计算的结果显示，从长期来看，国民年金积累基金将于 2047 年消耗殆尽。将依据 1998 年制定的《国民年金法》测算的年金耗尽年度 2031 年推迟到了 2047 年。虽然向后延迟了 16 年，但仍然不是令人满意的财政稳定状态。如果继续维持现行的国民年金制度，积累基金也将持续增加，预计到 2035 年积累基金将达到最高值 1 715 兆韩元。② 但是到 2036 年就会出现财政赤字，到 2047 年积累基金将会全部枯竭。具体预测情况见表 3-7。

---

① 国民年金基金运用委员会的委员数由原来的 15 人扩充到 20 人，其中企业及企业员工加入者代表由各 2 人扩充到各 3 人，地区加入者代表由 3 人扩充到 6 人，加入者代表超过半数。委员长也由原来的财政经济部部长变更为保健福利部部长。此外，基金运营结果向国会报告，并进行公示要实现义务化。

② 依据 2000 年不变价格计算，为 603 兆韩元。

表 3-7　现行体系下截至 2070 年的长期财政展望

年度	积累基金/千亿元	收入/千亿元			支出/千亿元		收支差/千亿元	积累率/%	保险费率/%	积累基金/千亿元
		总收入	保险费收入	利息收入	总支出	年金待遇				
2002	92 798	19 513	13 446	6 067	2 210	2 106	17 303	34.2	9.00	86 547
2005	160 395	29 687	19 024	10 663	4 219	4 093	25 468	32.0	9.00	136 897
2010	328 694	50 080	27 739	22 341	11 094	10 921	38 986	26.1	9.00	241 995
2015	571 775	74 678	37 897	36 780	19 091	18 860	55 587	27.0	9.00	363 122
2020	908 028	109 073	50 174	58 899	35 010	34 701	74 064	23.8	9.00	497 441
2025	1 256 246	135 186	64 052	71 134	64 936	64 532	70 250	18.3	9.00	593 650
2030	1 581 638	170 648	80 235	90 413	111 103	110 576	59 544	13.7	9.00	644 728
2035	1 715 359	186 032	94 311	91 721	181 177	180 504	4 855	9.4	9.00	603 168
2036	1 702 972	189 069	97 543	91 525	201 456	200 749	− 12 387	8.5	9.00	581 372
2040	1 447 808	191 224	111 041	80 184	289 188	288 329	− 97 964	5.3	9.00	439 146
2045	526 472	164 768	129 806	34 962	414 321	413 225	− 249 533	1.9	9.00	137 748
2047	− 96 159	139 326	139 326	0	473 542	472 333	− 334 216	0.5	9.00	− 23 715
2050	—	154 610	154 610	0	561 966	560 567	− 407 356		9.00	—

注:2000 年不变价格。
资料来源:金容河,2005。

　　而且,"基金规模激增,金融环境也在不断变化,基金运用委员会的常设化带来了强化责任的必要性。如果维持现有制度,基金规模以 2003 年 6 月为基准,预计将从 101 兆韩元快速增加到 2035 年的 1 715 兆韩元(可变价格),考虑到经济条件和年金财政的长期预测等,综合中长期投资战略准备及基金运用的企划、评价、监视功能的强化,也就显得非常必要了。委员会专业性不足的局限性引起了很多批评和指责,这就成为推进委员会常设的背景"。①(李晟馥, 2005)

　　此外,国民年金制度的"加入盲区"问题也是亟待解决的重要问题之一。1999 年可以说是所谓全民年金时代的开始,但是事实上没能加入国民年金制

――――――――――――

　　① 原文:기금규모가 급증하고, 금융환경이 변화하고 있어 기금운용위원회의 상설화를 통해 책임성을 강화할 필요성이 대두되고 있기 때문이다. 현행 제도를 그대로 유지할 경우 기금규모는 2003년 6월 기준으로 101조원에서 2035년에 1,715조원(경상가)으로 급증할 것으로 예상되어 경제 여건과 연금재정의 장기예측 등을 고려한 종합적인 중장기 투자전략 마련 및 기금운용의 기획·평가·감시기능의 강화가 필요하나 위원회의 전문성 부족이 한계로 지적되고 있는 것이 상설화 추진의 배경이다.

度或者实际上没有加入的人仍然很多,这成了一个遗留问题。国民年金制度的加入盲区从大的方面来看,主要包括两个阶层:一是老年人阶层,其中特别是国民年金导入时就没有机会加入的人数量很大。二是工作者阶层,那些雇用状态不稳定的人,他们中有不少人无法满足至少加入国民年金制度10年这一条件,从而导致丧失国民年金领取资格,被排除到了受惠群体之外。表3-8为2003年进行第一次财政再计算时国民年金制度加入者的情况一览表。

表3-8　2003年国民年金制度加入情况(按照年龄标准)

年龄组/岁	18岁以上人口数/人	年金加入者人数/人	年金加入比例/%	企业加入者人数/人	地区加入者人数/人	任意加入者及任意继续加入者人数/人
18~19	1 373 528	67 591	4.92	65 957	1 632	2
20~24	4 007 272	822 520	20.53	768 456	54 038	26
25~29	3 929 667	1 565 675	39.84	1 315 034	250 524	117
30~34	4 436 071	2 005 619	45.21	1 318 225	686 940	454
35~39	4 164 548	1 954 307	46.93	1 073 740	879 616	951
40~44	4 317 062	2 064 588	47.82	967 689	1 095 009	1 881
45~49	3 567 907	1 703 543	47.75	708 369	991 977	3 197
50~54	2 567 149	1 186 255	46.21	444 439	736 440	5 376
55~59	2 104 791	983 310	46.72	296 885	674 446	11 979
60以上	5 914 083	263 500	4.46	—	28 733	234 767
合计	36 380 774	12 616 899	34.69	6 958 794	5 399 355	258 750

资料来源:作者根据国民年金研究院,《2003年国民年金统计年报》(第16号),2004年8月统计厅"2003年度人口资料"制作。

　　此外,人们对于国民年金制度的不信任态度也是影响国民年金改革进程的一个因素。从2004年5月开始,网上以"国民年金的八大秘密"为题的帖子开始迅速流传开来。这个帖子反映了国民年金制度内在的矛盾和一些被忽略和疏漏的问题,为普通民众对国民年金进行批判提供了充分的证据。国民年金管理公团虽然对此做出了答辩,但是却无法回避国民年金制度实际存在的问题。因此,国民年金管理公团的答辩显得毫无说服力。此后,"新国民年金的八大秘密"之类的帖子持续在网络上出现,逐渐扩散到社会上一半以上的人都开始对国民年金制度持否定性态度。根据2007年8月国民年金研究院主导实施的国民年金信任度调查,普通公民对国民年金制度的信任比例只有12.8%,不信任比例高达52.8%,另外33%的人持中立态度。

在国民年金制度存在着财政不稳定、加入盲区等问题，以及国民对国民年金制度极度不信任的社会背景下，保健福利部为了寻找深层次年金改革方案，于2003年3月设立了"国民年金发展委员会"，负责进行第二次年金改革的具体研究。2003年3月，第二次国民年金改革正式启动。

2. 改革方案的形成过程

"国民年金发展委员会"设立之后就开始为第二次年金制度改革做具体的研究工作。"国民年金发展委员会"按照第一次国民年金制度改革的基本方式，想要通过降低养老金给付水平和提高保险费的方式来进行第二次改革，并在此思路下提出了三个调整方案。第一个方案主张维持现行60%的年金替代率，将保险费提高到19.85%；第二个方案主张将年金替代率降至50%，将保险费提高到15.85%；第三个方案主张将年金替代率降至40%，保险费提高到11.85%。最后，政府接受了第二个方案，并于2003年6月将第二个方案提交给第16届国会，但未能通过。关于政府提交的改革方案，社会各界的反应各不相同，且各个利益集团之间的态度也表现出很大的差异，支持派和反对派呈现出激烈的对立态势。

当时的在野党——大国家党随后于2004年12月向国会提交了自己的《国民年金法》改革方案。这一方案的核心内容是导入基础年金，基础年金的主要内容为从2003年开始，向65岁以上老人支付加入者平均收入9%的年金，以后每年上调0.5%，到2080年达到加入者平均收入的20%。基础年金的金额按照现在价值来计算，2006年金额为14万韩元，2028年预计为每个月30万韩元。与导入基础年金同时做出的改革还有将国民年金的保险费比例减低至7%，年金也降至20%，未来的财政方式更接近完全积累方式，基金的枯竭问题也就基本不再存在了。可以说，这种改革方案是对贫民非常具有吸引力的一种方案。但是，大国家党的基础年金还有一个决定性的问题没有解决，那就是预算问题。假定2006年支付9%的基础年金，那么马上就需要9.5兆韩元的资金，但是，很显然，立刻筹措到9.5兆韩元的资金并非易事。

民主劳动党也于2006年向国会提交了自己的《国民年金法》改革方案。该方案的核心内容是改革基础年金和国民年金。其中基础年金的年金替代率设定为15%，国民年金的年金替代率下调到40%，那么整体上公共年金的替代率就可以达到55%。此外，他们也承认国民年金的保险费需要上调是难免的，但是却没有给出明确的数字。民主劳动党的改革方案与大国家党的改革方案一样存在财政准备方面的困难，因为基础年金即便是分阶段导入，仅仅2007年就需要3～4兆韩元的资金。

当时的执政党——"开放的我们的党"对2006年又未能获得通过的2003

年就提出过的改革方案和在野党提出的基础年金意见进行了折中,提出新的改革方案,并提交给了国会。从表3-9中可以看出,与2003年政府方案相比,这次的方案在解决国民年金制度加入盲区问题方面逐渐进行了一些补充和完善。

表3-9　2003年与2006年政府执政党的国民年金改革方案比较

目标	分目标	现行	2003年改革方案	2006年改革方案
财政稳定化	年金待遇率	60%	50%	40%
	保险费率	9%	15.9%	13.0%
	积累基金维持目标年度	2047年	2070年	2070年
加入盲区	名称	敬老年金	孝道年金	基础老龄年金
	年金待遇对象率	14.1%	20.0%	45.0%(2007年)~32.2%(2030年)
	支付额	3~5万韩元	6~10万韩元	8万韩元(2007年)
	年金待遇额	2~3%	4~5%	5%
	需要财政	3 112亿韩元(2005年),今后预计提高	6 900亿韩元(2007年),约1兆韩元(2010年)	2兆832亿韩元(2007年),2兆2 987亿韩元(2010年)

资料来源:吴建豪,2006年,第93页。

大国家党和民主劳动党于2006年接受了加入者团体的要求,再次对方案进行修正,并将修正案提交给了国会。在这一修正方案中,保险费率维持9%不变,但是将年金替代率从原来的60%降到了40%,基础年金全部由国库支出。这一设计意在维持国民年金和基础年金的长期财政稳定。

同年,执政党"开放的我们的党"以财政不足为由对这一方案持反对态度,但是后来却还是朝着接受大国家党提出的导入基础老龄年金制度的方向对政府方案进行了修订。2006年11月,政府方案得到国会保健福利部的通过,12月《基础老龄年金法》改正案也在保健福利部通过,但未能被国会通过。但是,为65岁以上老人中的60%提供加入者收入的5%作为基础老龄年金这一条在正式会议上被通过了。之后,在持续的努力下,2007年7月,国会终于通过了新的国民年金改正案。这次改正案的核心内容为维持现行的9%的保险费率,养老金替代率由现行的60%逐步下降,最终到2028年降至40%。

3. 2007年《国民年金法》最终修订案的主要内容

在2007年7月国会通过的《国民年金法》修订案中,核心内容是谋求国民年金制度的财政稳定,此外还包含了与制度运营相关的其他内容。

这次修订案的目的之一就是通过下调年金替代率来实现财政稳定。保险费缴费比例仍然维持现行的9%,以平均收入者加入40年的情况为例,他所能享受到的年金替代率将从现行的平均收入额的60%逐步下调,直到2008年降至50%。具体为从2009年开始每年降低0.5%,直至2028年降至40%。这样年金基金耗尽的时间将可以从2047年延迟到2060年。

参军及生育分数制(Credit)的导入也是这次国民年金制度改革的另一个特色。这一制度的导入可以在年金制度的加入时间上给相应人群带来优惠。

遗属年金领取条件中废除了男女差别,但是领取时间从领取开始后的5年缩短为3年,之前的从50岁开始再支付变更为从55岁开始再支付。

此外,这次国民年金改正法中还有一个重要的变化就是国民年金管理机构名称的变化。因为以前的"国民年金管理公团"这一名称是站在国家机关的立场上来取的,显示出国家机关的优越性,在一定程度上含有官僚主义的意味,所以这次改革中删除了其名称中的"管理"一词,更名为"国民年金公团",旨在构筑一个更贴近公民的亲切的公团形象。

4. 2007年《国民年金法》改革的意义

截至2007年7月,只有短短19年历史的韩国国民年金制度划时代性质改革的一部分——《国民年金法》的改革部分终于画上了一个句号,标志着年金改革的一个段落正式结束。以维持国民年金制度的财政安全为主要目的而进行的这次国民年金改革,从整体上来看,通过强化财政安全化和领取权的确保,以及制度合理化等方式,为适应老龄化社会及将要到来的老龄社会做出了提前探索,在这一点上具有积极意义,也得到了各界的认可。此外,这次改革在减少国民年金制度加入盲区的问题方面,导入了基础老龄年金制度,从2009年开始以国库支援的形式,为65岁以上人群中的70%提供老龄年金,这在一定程度上也能够缓解盲区问题。

但是,从其他层面上来看,这次改革并没有充分解决以往制度中存在的问题。从国民年金的财政稳定层面来看,2008年国民年金的第二次财政再计算结果显示,基金耗尽时间将被推迟到2060年。虽然与以前的耗尽时间2047年相比,这一结果已经将耗尽时间推迟了13年,但是并没有从根本上解决财政的不稳定问题,这同时也意味着以后将不得不继续进行年金法改革。韩国迄今虽然已经进行了两次国民年金改革,但是两次改革却都没有从根本上解决财政的稳定性问题。这一点也引起了许多关于改革方式方面的争论。韩国的"老人抚养比例正以极快的速度增加着,今后这种状况将会更加严重,以确定给付方式或现收现付制运营的公共年金环境将越来越恶劣。老人持续增加,以公共年金方式扶养老人的现在正在工作的年轻人的负担只会越来越重。因此可以预测,以现收现付制运营的公共年金也只能越来越艰难"。① (韩国国民年金研究院,2008:266 –267)这样看来,"国民年金的年金水平在设计时就不是为了提供最低保障,而是设定为比最低保障高很多的目标,因此,国民年金整体上以积累方式运营有些勉强"。② (韩国国民年金研究院,267)经济合作与发展组织或世界银行等国际机构主张韩国的国民年金中的均等部分应该以基础年金形式替代,以现收现付制运营的收入比例部分则应该变更为积累方式运营。

　　总的来说,今后国民年金制度仍然需要改革这一事实是显而易见的,而且究竟是继续进行保守性改革还是进行结构性改革的争论也在持续进行中。另外,在国民年金改革过程中,政治原因可以说是最大的一个影响因素,今后改革中一个很重要任务就是尽量排除政治方面的争论和影响,争取找到最合理且在财政上具有长期稳定性的改革方案。

---

　　① 原文:급속도로 노령부양비가 증가하고 있고 향후에는 이러한 상황이 더욱 심화되어 확정급여방식이나 부과방식으로 운영되는 공적 연금의 환경이 더욱 악화될 것으로 보인다. 노인세대가 계속 증가되면 이들을 공적연금을 통하여 부양하는 근로세대의 부담이 계속 커질 수밖에 없기때문에 부과방식으로 운영하는 공적연금은 어려움이 예상된다.

　　② 原文:국민연금은 급여수준이 최저보장보다는 더 높은 목표로 설계되었으므로 국민연금을 모두 적립방식으로 운영하기에는 무리가 있을 것이다.

第四章　韩国国民年金制度的现状及存在的问题

第一节　韩国国民年金制度的现状

一、适用对象及加入者

1. 适用对象

韩国国民年金制度的适用对象是除了加入军人年金、公务员年金、私立学校教职工年金制度以外的全体韩国公民。全体公民都被纳入统一的单一年金体系内,可以预防因加入不同年金体系带来的负担和年金额度差异,还可以通过收入再分配功能,形成代际之间、代际内,以及收入阶层间、地区间的相互援助。而且,通过这一制度,还可以强化社会连带感,在一定程度上促进社会的整体融合程度。

1995 年将农民和渔民纳入到国民年金制度适用对象范围之内时,就有人主张应该将农村、渔村的农民和渔民与城市、地区加入者进行区分,另外导入独立的年金制度来运营。但是最终的结果是,农民和渔民也全都被纳入单一的国民年金制度内。因此,在之后将城市、地区加入者也纳入统一的国民年金制度加入者范围内时就没有出现大的争论。随着全体公民都被纳入到统一的单一制养老金体系内,城市个体劳动者、非正规职劳动者、小规模企业劳动者等人群的收入难以准确把握的难题就显现出来了,因此他们的保险费程度的适当性和征收中的困难等问题开始出现。对于这些难以准确掌握其收入的人,只有构筑出能够准确把握其收入的基础设施后,才能从根本上解决他们故意低报收入和回避缴费的问题。其实这一问题也是许多运营单一养老金体系的国家所共同面对的难题。在各种改革实践中,将加入者的情况进行分类,构筑出适合不同人群的年金体系的改革方向也不失为一种不错的年金制度改革方向。

2. 加入者现况

根据统计厅的资料,截至 2011 年,加入者人数已经达到 19 885 911 人,其中男性 11 769 499 人,占总加入人数的 59.19%;女性 8 116 412 人,占总加入人数的 40.81%。按照加入者种类来看,企业加入者人数为 4 150 193 人,占总加入人数的 20.87%;地区加入者中,收入申报者为 1 596 210 人,缴纳例外者为 2 184 797 人;任意加入者为 141 421 人;任意继续加入者为 43 791 人。

同样,截至 2011 年 12 月 31 日,韩国全国居民登记的总人口数为 49 779 000 人,国民年金的加入比例大约超过了 80%。表 4-1 列出了从 1988 年到 2011 年为止韩国国民年金的加入者总人数、企业加入者人数、地区加入者人数、任意加入者人数,以及任意继续加入者人数的统计数据。从这些数据中可以看出国民年金制度加入者的整体情况。表 4-2 则更清晰地列出了截至 2011 年 12 月不同种类加入者以及不同性别加入者的具体加入情况。

表 4-1 国民年金各年度加入者情况一览表

年度	性别	总加入者人数/人	企业加入者		地区加入者/人		任意加入者/人	任意继续加入者/人
			企业/个	加入者/人	收入申报者	缴纳例外者		
1988	计	4 432 695		4 431 039			1 370	286
	男	3 076 928	58 583	3 085 813	—	—	854	261
	女	1 355 767		1 355 226			516	25
1995	计	7 496 623		5 541 966	1 650 958	239 229	48 710	15 760
	男	5 538 987	152 463	4 027 112	1 290 719	173 281	34 554	13 321
	女	1 957 636		1 514 854	360 239	65 948	14 156	2 439
1999	计	16 261 889		5 238 149	5 309 735	5 512 567	32 868	15 760
	男	11 539 149	186 106	3 829 591	4 035 692	3 561 274	4 977	13 321
	女	4 722 740		1 408 558	1 274 043	1 951 293	27 891	2 439
2001	计	16 277 826		5 951 918	5 704 389	4 475 722	29 982	115 815
	男	11 251 239	250 729	4 229 393	4 126 654	2 825 589	4 108	65 495
	女	5 026 587		1 822 525	1 577 735	1 650 133	25 874	50 320
2002	计	16 498 932		6 288 014	5 754 340	4 250 449	26 890	179 230
	男	11 128 769	287 092	4 390 352	4 062 025	2 569 231	4 609	102 552
	女	5 370 163		1 897 662	1 682 315	1 681 218	22 290	76 678
2003	计	17 181 778		6 958 794	5 399 355	4 564 879	23 983	234 767
	男	11 300 507	423 032	4 732 851	3 729 122	2 699 053	4 835	134 646
	女	5 881 271		2 225 943	1 670 233	1 865 826	19 148	100 121

续表

年度	性别	总加入者人数/人	企业加入者		地区加入者/人		任意加入者/人	任意继续加入者/人
			企业/个	加入者/人	收入申报者	缴纳例外者		
2004	计	17 070 217	573 727	7 580 649	4 729 503	4 683 063	21 752	55 250
	男	11 151 951		5 121 347	3 196 291	2 804 995	5 142	24 176
	女	5 918 266		2 459 302	1 533 212	1 878 068	16 610	31 074
2005	计	17 124 449	646 805	7 950 493	4 489 216	4 634 459	26 568	23 713
	男	11 061 739		5 323 606	2 971 503	2 851 152	6 346	9 132
	女	6 062 710		2 626 887	1 517 713	1 883 307	20 222	14 581
2006	计	17 739 939	773 862	8 604 823	4 150 416	4 935 952	26 991	21 757
	男	11 293 404		5 692 740	2 699 533	2 887 197	6 612	7 322
	女	6 446 535		2 912 083	1 450 883	2 048 755	20 379	14 435
2007	计	18 266 742	856 178	9 149 209	3 956 340	5 106 803	27 242	27 148
	男	11 462 183		5 981 796	2 525 462	2 939 611	6 911	8 403
	女	6 804 559		3 167 413	1 430 878	2 167 192	20 331	18 745
2008	计	18 335 409	921 597	9 493 444	3 755 980	5 025 503	27 614	32 868
	男	11 369 032		6 156 545	2 356 164	2 839 782	7 125	9 416
	女	6 966 377		3 336 890	1 399 816	2 185 721	20 489	23 452
2009	计	18 623 845	979 861	9 866 681	3 627 597	5 052 264	36 368	40 935
	男	11 409 767		6 304 399	2 230 372	2 837 498	9 115	12 734
	女	7 214 078		3 562 282	1 397 225	2 262 285	27 253	28 201
2010	计	19 228 875	1 031 358	10 414 780	3 574 709	5 099 783	90 222	49 381
	男	11 569 468		6 560 155	2 139 452	2 837 498	16 759	15 604
	女	7 659 407		3 854 625	1 435 257	2 262 285	73 463	33 777
2011	计	19 885 911	1 103 570	10 976 501	3 775 873	4 899 557	171 134	62 846
	男	11 769 499		6 826 308	2 179 663	2 714 760	29 713	19 055
	女	8 116 412		4 150 193	1 596 210	2 184 797	141 421	43 791

资料来源:作者根据韩国国民年金研究院统计资料及《2011 年国民年金年报》制作。

表4-2 2011年12月加入者状况(按照加入种类及性别)

项目 性别	总计		企业加入者/ 人	地区加入者/人	任意加 入者/人	任意继续 加入者/人
	人员/人	比例/%				
总计	19 885 911	(100.00)	10 976 501	8 675 430(3 775 873 + 4 899 557)	171 134	62 846
男	11 769 499	(59.19)	6 826 308	4 894 423(2 179 663 + 2 714 760)	29 713	19 055
女	8 116 412	(40.81)	4 150 193	3 781 007(1 596 210 + 2 184 797)	141 421	43 791

注:地区加入者中包含收入申报者和缴纳例外者两部分人群,括号中前者为收入申报者人数,后者为缴纳例外者人数。

资料来源:韩国国民年金研究院统计资料(截至2011年12月)。

从表4-3可以看出,截至2012年7月,国民年金制度的总加入人数已经达到20 045 309人,比2011年年末的数据又增加了159 398人,同比增长0.80%。在这些加入者中,企业加入者11 292 856人;地区加入者8 469 774人,其中包括农村渔村加入者1 927 880人,城市地区加入者6 541 894人;任意加入者202 560人,比2011年12月增加了61 139人;任意继续加入者80 119人,比2011年12月增加了36 328人。

表4-3 国民年金加入者类型情况一览表

项目 年月	总加入 者/人	企业加入者		地区加入者/人			任意加 入者/人	任意继续 加入者/人
		企业/个	加入者/人	小计	农村渔村	城市		
1988.12	4 432 695	58 583	4 431 039	—	—		1 370	286
1992.12	5 021 159	120 374	4 977 441	—	—	—	32 238	11 480
1995.12	7 496 623	152 463	5 541 966	1 890 187	1 890 187	—	48 710	15 760
1996.12	7 829 353	164 205	5 677 631	2 085 568	2 085 568	—	50 514	15 640
1999.12	16 261 889	186 106	5 238 149	10 822 302	2 083 150	8 739 152	32 868	168 570
2002.12	16 498 932	287 092	6 288 014	10 004 789	2 007 196	7 997 593	26 899	179 230
2003.12	17 181 778	423 032	6 958 794	9 964 234	2 062 011	7 902 223	23 983	234 767
2004.12	17 070 217	573 727	7 580 649	9 412 566	2 009 142	7 403 424	21 752	55 250
2005.12	17 124 449	646 805	7 950 493	9 123 675	1 969 017	7 154 658	26 568	23 713
2006.12	17 739 939	773 862	8 604 823	9 086 368	1 972 784	7 113 584	26 991	21 757
2007.12	18 266 742	856 178	9 149 209	9 063 143	1 976 585	7 086 558	27 242	27 148
2008.12	18 335 409	921 597	9 493 444	8 781 483	1 940 510	6 840 973	27 614	32 868
2009.12	18 623 845	979 861	9 866 681	8 679 861	1 925 023	6 754 838	36 368	40 935

续表

项目 年月	总加入 者/人	企业加入者		地区加入者/人			任意加 入者/人	任意继续 加入者/人
		企业/个	加入者/人	小计	农村渔村	城市		
2010.12	19 228 875	1 031 358	10 414 780	8 674 492	1 951 867	6 722 625	90 222	49 381
2011.12	19 885 911	1 103 570	10 976 501	8 675 430	1 986 631	6 688 799	171 134	62 846
2012.07	20 045 309	1 156 536	11 292 856	8 469 774	1 927 880	6 541 894	202 560	80 119

资料来源:韩国国民年金公团资料室统计资料。

　　表4-4列出的则是不同类型及不同年龄段加入国民年金制度的人数的情况。从表4-4可以看出,截至2012年7月,国民年金制度的加入者中,不满30岁的人数为3 472 355人,占加入总人数的17.3%;30~39岁的加入人数为5 646 117人,占加入总人数的28.2%;40~49岁的加入人数为5 891 618人,占加入总人数的29.4%;50~59岁的加入人数为4 955 073人,占加入总人数的24.7%;大于60岁的加入人数为80 146人,占加入总人数的0.4%。从这些数据中可以看出,在国民年金制度的加入者中,30~39岁、40~49岁两个年龄组的人加入比例最大,接下来是50~59岁年龄段的人。从这一比例分布也可以看出,在不久的将来,国民年金制度将面临出现大量领取年金的人的现实压力。

表4-4　2012年7月不同类型及不同年龄段加入者状况

项目 年龄	总计		企业加 入者/人	地区加 入者/人	任意加 入者/人	任意继续 加入者/人
	人员/人	比例/%				
总计	20 045 309	100.0	11 292 856	8 469 774	202 560	80 119
小于30岁	3 472 355	17.3	2 313 320	1 153 997	5 038	—
30~39岁	5 646 117	28.2	3 627 750	1 993 028	25 339	—
40~49岁	5 891 618	29.4	3 284 181	2 539 138	68 299	—
50~59岁	4 955 073	24.7	2 067 605	2 783 584	103 884	—
大于60岁	80 146	0.4	—	27	—	80 119

资料来源:韩国国民年金研究院统计资料(截至2012年7月)。

　　另外,还可以通过收入水平这个维度来考察国民年金的加入者情况。从表4-5可以看出,如果将收入水平按照表4-5中所列的情况进行细分,就会清晰地看到不同收入的人加入国民年金制度的人数和比例也呈现出比较明显的差异。在所有有收入的国民年金加入者中,占据最大比例,即13.5%的群体是收入在389万韩元以上的人群。加入者比例第二高的是收入在95.5~

102.4 万韩元的人群,这个人群占国民年金制度加入者的 8.9%。位列第三的是收入在 82.0~88.4 万韩元的人群,他们占国民年金加入者的 5.0%。除了这三个群体之外,其他收入群体在国民收入加入者中所占的比例都不太高。

表 4-5　2012 年 7 月不同收入人群加入者状况

收入水平/千韩元	总计/人	比例/%	企业/人	地区/人	任意/人	任意继续/人
总计/人	15 430 291	100	11 292 856	3 854 756	202 560	80 119
0~234	—	0.0	—	—	—	—
235~244	51 438	0.3	38 554	8 323	4 141	420
245~254	2 172	0.0	1 413	725	26	8
255~264	1 924	0.0	1 163	740	7	14
265~279	3 112	0.0	2 180	907	15	10
280~299	6 793	0.0	5 553	1 186	25	29
300~324	13 097	0.1	9 308	3 607	111	71
325~354	13 440	0.1	8 748	4 576	45	71
355~384	18 223	0.1	10 054	8 047	17	105
385~419	36 906	0.2	21 996	14 567	76	267
420~459	32 441	0.2	21 188	10 965	53	235
460~499	39 290	0.3	27 547	11 430	66	247
500~544	89 832	0.6	43 573	45 400	142	717
545~594	105 986	0.7	39 996	64 901	31	1 058
595~644	159 502	1.0	52 922	104 510	299	1 771
645~699	190 900	1.2	64 350	124 379	100	2 071
700~759	357 914	2.3	96 840	255 856	210	5 008
760~819	348 280	2.3	156 036	186 543	143	5 558
820~884	777 335	5.0	145 477	622 961	34	8 863
885~954	564 037	3.7	333 207	226 507	55	4 268
955~1 024	1 380 528	8.9	636 473	613 279	115 347	15 429
1 025~1 094	564 883	3.7	278 813	279 932	1 584	4 554
1 095~1 169	578 284	3.7	299 344	246 464	26 629	5 847

续表

收入水平/千韩元	总计/人	比例/%	企业/人	地区/人	任意/人	任意继续/人
1 170~1 249	629 507	4.1	436 915	185 618	2 707	4 267
1 250~1 334	506 559	3.3	391 601	111 507	1 045	2 406
1 335~1 424	563 927	3.7	413 599	125 851	19 604	4 873
1 425~1 514	563 609	3.7	474 950	85 413	1 457	1 789
1 515~1 609	430 845	2.8	374 750	54 575	520	1 000
1 610~1 709	462 185	3.0	385 050	68 563	7 087	1 485
1 710~1 809	400 298	2.6	352 578	45 143	1 804	773
1 810~1 914	370 643	2.4	337 023	32 826	290	504
1 915~2 029	456 627	3.0	416 960	38 328	668	671
2 030~2 134	313 216	2.0	288 627	23 980	240	369
2 135~2 244	332 150	2.2	297 932	30 166	3 408	644
2 245~2 359	317 451	2.1	280 092	32 341	4 312	706
2 360~2 474	291 075	1.9	275 195	15 458	161	261
2 475~2 599	296 590	1.9	279 467	16 501	340	282
2 600~2 729	282 999	1.8	269 162	13 480	130	227
2 730~2 869	272 675	1.8	256 877	14 643	873	282
2 870~3 009	279 335	1.8	267 140	11 774	170	251
3 010~3 149	221 110	1.4	212 666	8 258	58	128
3 150~3 309	245 172	1.6	235 578	9 112	315	167
3 310~3 449	191 017	1.2	179 944	9 623	1 211	239
3 450~3 599	188 012	1.2	183 037	4 849	45	81
3 600~3 679	111 147	0.7	89 369	20 314	1 032	432
3 680~3 749	90 616	0.6	73 048	15 303	1 944	321
3 750~3 889	194 171	1.3	173 014	16 659	3 671	827
3 890 以上	2 083 038	13.5	2 053 547	28 666	312	513

资料来源:韩国国民年金公团资料室统计资料(截至 2012 年 7 月)。

在这些加入者中,存在着大量的缴纳例外者。从表 4-6 可以看出,截至 2011 年 12 月 31 日,共有缴纳例外者 4 899 557 人。对于这些缴纳例外者的种类,可以再进行详细区分,主要有服兵役、上学、失业等。其中因失业形成的缴纳例外者人数最多,达到了 3 764 123 人,占总缴纳例外者人数的 76.83%。此外,因上学而进入缴纳例外者行列的有 368 259 人,占总数的 7.52%。如果减去 18~19 岁在校的学生人数 9 181 人,还有 359 078 人仍然处于接受更高教育的阶段。这些数据反映出,随着高等教育的普及化和因就业压力的加大导致年轻人大学在读时间明显延长的趋势,越来越多的韩国年轻人进入职场的时间越来越晚。

表 4-6 2011 年缴纳例外者情况一览表

单位:人

种类	缴纳例外者人数	18~19 岁缴纳例外者人数
总计	4 899 557	30 244
失业	3 764 123	19 265
服义务兵役	62 569	1 688
上学	368 259	9 181
监狱中服刑	8 216	4
使用保护(治疗)监护设施	160	0
失踪	28 177	2
住院超过 3 个月	6 616	1
因自然灾害沦为受保护(支援)对象	501	0
事业中断	358 460	19
休职	59 958	21
维持基础生活困难	8 555	0
其他	233 963	63

资料来源:作者根据韩国国民年金公团《2011 国民年金统计年报》制作。

此外,表 4-7 则从国籍、加入类型的角度列出了加入韩国国民年金的外国国籍加入者的情况。从表 4-7 中可以看出,截至 2011 年 12 月 31 日,加入国民年金制度的外国国籍人士来自世界上四十多个国家和地区,其中加入人数最多的是中国大陆人员,总数为 92 043 人,其中企业加入者为 91 285 人,地区加入者为 758 人。在地区加入者中,收入申报者为 443 人,缴纳例外者为 315 人。此外,台湾地区加入国民年金制度的人数为 3 088 人,全部为企业加入者。其实这部分人中绝大部分并非真正来自台湾地区的人员,而是在韩华侨及其后裔。因第一代华侨前往韩国时还是在中华人民共和国成立前,因此这部分华侨拥有的是"中华民国"身份。之后,他们的后代也就自然而然延续使用了"中华民国"护照。虽然中华人民共和国成立了,但这部分在韩华侨的国籍归属却依然没能得到解决,因此形成了在韩华侨非常特殊而又尴尬的身份困境:手持"中华民国"护照,但却因从未在台湾生活过而无法获得台湾身份证。当然,在韩国政府的计算中,是将这个群体的人看作台湾人来计算的。此外,加入韩国国民年金制度的香港特区人员有112人,其中111人为企业加入者,另外1人是地区加入者,而且实际上属于缴纳例外者。

除中国以外,其他加入韩国国民年金制度人数较多的国家分别是印度尼西亚(19 459人)、菲律宾(17 652人)、美国(16 377人)、泰国(16 258人)、斯里兰卡(16 289人),剩余其他国家加入者的人数都不足一万。这些加入者人数较多的国家中,除了美国以外,都是东南亚相对落后的国家。这一方面反映出近年来大量涌入韩国的东南亚劳工潮现象,另一方面也反映出随着韩国老龄化现象的加速,韩国国内劳动力不足问题越来越严重,在很大程度上要依赖外国劳工的问题。

表4-7　2011年12月韩国国民年金制度的外国国籍加入者情况一览表

单位:人

国家或地区		加入者总人数	企业加入者	地区加入者		
中文名	英文名			小计	收入申报者	缴纳例外者
希腊	Greece	33	33	0	0	0
尼日利亚	Nigeria	13	13	0	0	0
荷兰	Netherlands	61	56	5	1	4
挪威	Norway	44	44	0	0	0
新西兰	New Zealand	894	877	17	6	11
丹麦	Denmark	36	35	1	1	0
德国	Germany	357	346	11	7	4
罗马尼亚	Romania	22	22	0	0	0
马来西亚	Malaysia	156	156	0	0	0
墨西哥	Mexico	29	29	0	0	0
摩洛哥	Morocco	16	14	2	1	1
摩尔多瓦	Moldova	1	1	0	0	0
蒙古	Mongolia	1 782	1 782	0	0	0

续表

国家或地区		加入者总人数	企业加入者	地区加入者		
中文名	英文名			小计	收入申报者	缴纳例外者
美国	United States of America	16 377	16 010	367	208	159
比利时	Belgium	42	40	2	1	1
保加利亚	Bulgaria	20	20	0	0	0
巴西	Brazil	60	59	1	1	0
斯里兰卡	Sri Lanka	16 289	16 289	0	0	0
瑞典	Sweden	62	62	0	0	0
瑞士	Switzerland	54	54	0	0	0
西班牙	Spain	59	59	0	0	0
阿根廷	Argentina	22	20	2	0	2
爱尔兰	Ireland	451	449	2	2	0
英国	United Kingdom	2 064	2 051	13	9	4
澳大利亚	Australia	1 252	1 225	27	9	18
奥地利	Austria	42	42	0	0	0
乌兹别克斯坦	Uzbekistan	2 634	2 624	10	5	5
以色列	Israel	18	18	0	0	0
意大利	Italy	78	77	1	0	1
印度	India	1 613	1 613	0	0	0
印度尼西亚	Indonesia	19 459	19 459	0	0	0
日本	Japan	2 441	2 376	65	44	21
中国(大陆)	China(Main Lands)	92 043	91 285	758	443	315
哈萨克斯坦	Kazakhstan	263	263	0	0	0
加拿大	Canada	5 762	5 603	159	99	60
克罗地亚	Croatia	13	13	0	0	0
吉尔吉斯斯坦	Kyrgyzstan	759	759	0	0	0
泰国	Thailand	16 258	16 258	0	0	0

续表

国家或地区		加入者总人数	企业加入者	地区加入者		
中文名	英文名			小计	收入申报者	缴纳例外者
中国台湾地区	Taiwan	3 088	3 088	0	0	0
土耳其	Turkey	80	80	0	0	0
秘鲁	Peru	18	18	0	0	0
波兰	Poland	36	35	1	0	1
法国	France	504	500	4	2	2
芬兰	Finland	29	29	0	0	0
菲律宾	Philippines	17 652	17 640	12	5	7
匈牙利	Hungary	8	8	0	0	0
中国香港地区	Hong Kong	112	111	1	0	1
其他	The others	1 420	1 403	17	6	11

注：① 表中将中国大陆、香港地区、台湾地区分开处理是因这三部分与韩国的相互谅解协议内容不同，因而造成在给付、中途退保的处理方法等问题上的不同处理方式；
② 表中数据截至 2011 年 12 月 31 日。
资料来源：作者根据韩国国民年金公团资料室，《2011 年国民年金年报》资料制作。

二、筹资方式及费用负担

1. 筹资方式

韩国国民年金制度的筹资方式采取社会保险方式，从大的方面来看，由两个方面的收入来源构成，一是加入者缴纳的保险费收入，二是国民年金基金的运营收益。保险费的缴纳比例从国民年金制度导入时所依据的标准就不是实际收入，而是另外设计的一套标准收入登记体系。1988 年设立的标准收入登记体系分为 53 个等级。缴纳保险费的收入下限是 7 万韩元，上限是 200 万韩元。也就是说，加入者并不是按照其实际收入来缴纳保险费，而是按照与代表价格的代表收入等级相对应的保险费率来缴纳保险费的。1995 年将国民年金制度扩大到农村、渔村地区时，考虑到农村和渔村农民、渔民的实际收入水平，对这一标准收入登记体系的上、下限进行了一定的调整，上限调整为 360 万韩元，下限调整为 22 万韩元，等级也由原来的 53 个等级缩小为 45 个等级。2007 年《国民年金法》进行第二次改革时，废止了这一标准收入等级体系，开始按照加入者的实际收入来缴纳保险费。

　　国民年金保险费以外的管理费用的全部或一部分由国库负担。制度导入初期,管理费用的一半由国库负担,之后持续减少,到2007年,国库只负担5%。此外,随着农村和渔村地区国民年金制度的导入,农民和渔民应缴纳的保险费中的一部分开始由国库负担。

　　2. 保险费征收现状

　　从表4-8中可以看出,截至2012年7月,国民年金保险费的征收率情况为国民年金制度的企业加入者占99.3%,地区加入者占88.8%,任意加入者和任意继续加入者占100%。

表4-8　国民年金保险费征收率状况

项目　　年月	企业		地　　区						任意/任意继续	
			小计		城市		农村和渔村			
	件数	征收率/%	件数	征收率/%	件数	征收率/%	件数	征收率/%	件数	征收率/%
1995.12	98.3	99.3	67.3	66.7	—	—	67.3	66.7	100.0	100.0
1999.04	97.6	98.8	72.3	68.4	56.3	59.6	73.1	69.1	100.0	100.0
1999.12	98.0	99.1	75.3	73.5	77.9	78.5	74.3	70.3	100.0	100.0
1902.12	98.1	99.3	80.4	75.1	78.1	74.8	83.6	75.9	100.0	100.0
1903.12	97.9	99.2	82.2	75.1	79.4	74.5	86.6	77.0	100.0	100.0
1904.12	97.2	99.1	84.1	76.0	81.6	75.4	88.3	77.7	100.0	100.0
1905.12	97.0	99.1	84.6	75.7	82.3	75.2	88.6	77.1	100.0	100.0
1906.12	97.0	99.1	85.6	76.7	84.0	76.8	88.6	76.3	100.0	100.0
1907.12	97.2	99.2	87.4	79.4	86.0	79.5	90.0	79.1	100.0	100.0
1908.12	97.4	99.2	89.4	82.6	88.1	82.6	91.7	82.6	100.0	100.0
1909.12	97.7	99.3	90.8	85.2	89.7	85.1	92.8	85.3	100.0	100.0
1910.12	97.9	99.3	91.9	87.2	91.0	87.1	93.7	87.3	100.0	100.0
1911.12	97.9	99.3	92.4	88.1	91.5	88.0	94.1	88.3	100.0	100.0
1912.07	97.9	99.3	92.8	88.8	91.9	88.7	94.4	89.1	100.0	100.0

　　资料来源:韩国国民年金公团资料室月统计资料。

　　表4-9列出了2000年至2011年各年度国民年金保险费征收的月份数及实际征收金额情况。截至2011年12月31日,应缴纳国民年金保险费月数为2 478 190 118个月,金额为277 023 692万韩元;实际征收到的保险费月数为2 417 567 915个月,实际征收到的金额为270 779 389万韩元;未缴纳的月份数为60 622 203个月,未征收到的金额为6 244 303万韩元。

表 4-9　各年度国民年金保险费缴纳情况一览表

| 年度 | 通知 | | 征收 | | 征收率/% | | 未缴纳 | |
	月份数/个	金额/百万韩元	月份数/个	金额/百万韩元	月份数	金额	月份数/个	金额/百万韩元
2000	983 825 249	54 598 593	932 332 232	53 001 946	94.87	97.08	51 493 017	1 596 647
2001	1 118 353 289	67 623 555	1 054 275 881	65 177 078	94.27	96.38	64 077 408	2 446 477
2002	1 245 471 494	82 342 311	1 178 805 276	79 082 329	94.65	96.04	66 666 218	3 259 982
2003	1 374 145 227	99 198 035	1 303 698 059	94 787 715	94.87	95.55	70 447 168	4 410.319
2004	1 502 053 567	117 335 086	1 431 825 525	111 953 869	95.32	95.41	70 228 042	5 381 218
2005	1 629 069 145	137 056 829	1 522 675 266	130 512 356	95.31	95.22	76 393 879	6 544 472
2006	1 760 861 633	157 872 454	1 683 160 680	150 627 776	95.59	95.41	77 700 953	7 244 677
2007	1 893 703 570	179 434 321	1 820 264 850	172 268 124	96.12	96.01	73 438 720	7 166 197
2008	2 027 677 910	201 824 100	1 960 101 110	195 090 407	96.67	96.66	67 576 800	6 733 693
2009	2 149 499 846	224 989 649	2 086 411 363	218 704 862	97.06	97.21	63 088 483	6 284 786
2010	2 317 724 178	249 642 052	2 258 217 601	243 665 958	97.43	97.61	59 506 577	5 976 093
2011	2 478 190 118	277 023 692	2 417 567 915	270 779 389	97.55	97.75	60 622 203	5 244 303

资料来源：作者根据韩国国民年金公团资料室，《2011 年国民年金年报》资料制作。

三、年金内容及年金领取

1. 年金收益决定方式

国民年金制度与大部分公共年金制度一样,采取的是确定收益方式。韩国的国民年金制度从导入时开始,就被设计为一种低负担—高收益的体系,所以势必带来长期财政不稳定问题。从保障收入的角度来看,收益确定型方式的优势是明显的。但是,为了解决财政的长期稳定问题,也有人提出应该采用确定缴费方式或者个人账户方式。

2. 年金计算方式

"年金金额是基本年金额和抚养家庭成员金额两部分的和。基本年金额是由领取年金前一年加入者平均月收入额加上加入者个人全部加入年限中标准月收入额平均数的约40%(标准月收入为平均值的情况)。年金就是在这一基本年金额的基础上,再加上抚养家庭成员年金额(2007 年改革前称为加级年金额),进行支付。"①(林美英,2008:37)以 2007 年年金法修订以后为基准,基本年金的计算公式如下:

$$基本年金额 = 1.2(A+B)(1+n/240)$$

式中,1.2 为 2028 年基准,是加入国民年金 40 年、平均收入与 A 值相等者的收入替代率为 40% 的常数;A 为领取年金前三年全部加入者的平均月收入;B 为加入者本人加入国民年金期间的平均收入;1 为加入时间为 20 年;n 为加入时间每增加一个月的数,因此,如果增加 20 年加入时间,该数字即为 $n/240$。

但是,2008 年收入替代率为 50%,以后每年都将下降 0.5%,按照上面的年金计算公式,年金将依次乘以 5/4,4.95/4 等随之变化的常数来计算。2007年年金法改革之前的收入替代率为 70%,是 1988—1998 年之间的替代率;1999—2007 年之间的替代率是 60%。据此,年金的计算公式②则为

---

① 原文:급여는 기본연금액과 부양가족연금액을 합한 금액이다. 기본연금액은 연금수급 전년도 전 가아비자의 평균소득월액과 가입자 개인의 전체 가입기간 중 표준소득월액의 평균액에 대해 약 40%(표준소득월액이 평균에 해당하는 경우)정도를 수급할 수 있도록 구성되어 있다. 이 기본연금액에 부양가족연금액(2007년 법 개정 전에는 가급연금액으로 부름)를 더하여 지급한다.

② 参考:按照不同年度来支付年金的支付率及反映 credit 的综合计算公式应为

$[2.4(A+0.75B) \times P_1/P + 1.8(A+B) \times P_2/P + 1.5(A+B) \times P_3/P + 1.485(A+B) \times P_4/P +$

(1988—1998 年 70%)　(1999—2007 年 60%)　(2008 年 50%)　　(2009 年 49.5%)

$1.485(A+B) \times P_4/P + \cdots + 1.2(A+B) \times P_{23}/P + X(A+1/2A) \times 6/P] \times (1+0.05n/12)$

(2010 年 49%)

1988—1998 年：

$$基本年金额 = 2.4(A + B)(1 + n/240)$$

1999—2007 年：

$$基本年金额 = 1.8(A + B)(1 + n/240)$$

"所谓抚养家庭成员年金是指有领取权的人取得这一权利时(如果是遗属年金的情况,指的是加入者及曾经加入者),靠此保险加入者维持生活;或者领取老龄年金或残疾年金者取得该权利后,给予依靠他维持生活者的定额年金。"[1](韩国国民年金研究院,287)抚养家庭成员年金的对象包括适用对象的配偶、未满 18 岁或者二级残疾以上的子女、60 岁以上或者二级残疾以上的父母(配偶的父母)。需要注意的是,年金领取者本人不被包括在年金额的计算中;重复年金领取者不能成为抚养家庭成员年金额计算对象;以加入国民年金基本年金 20 年为基准计算。

3. 年金种类

国民年金可以分为老龄年金、残疾年金、遗属年金,以及属于一次性返还的返还一时金、残疾一时金、死亡一时金。其中,老龄年金包括减额老龄年金、早期老龄年金、在职者老龄年金、分割年金、特例老龄年金。残疾年金根据残疾等级进行支付,残疾等级中的 1~3 级以年金形式支付,4 级以上的以一时金形式支付。遗属年金则是老龄年金领取者、残疾年金领取者、加入者以及曾经是加入者的人死亡以后,当时依靠他维持生活的遗属可以领取到的年金形式。

(1) 老龄年金

原则上,老龄年金需要缴费满 10 年,从 60 岁开始可以领取。但是经过 1998 年《国民年金法》的修订,变更为从 2013 年开始到 2033 年,每 5 年上调 1 岁,而且加入的最短时间由 15 年缩短为 10 年也是在这次修订中确立的。在国民年金制度导入初期,因为考虑到存在年龄较大者,所以设立的最短加入时间为 5 年的特例老龄年金也将在一定期限内继续运营。到 2009 年 3 月以后,将不会再有特例年金的新加入者产生。

减额年金指的是加入时间为 10 年到 20 年之间的人所能得到的年金。早期老龄年金是指提前退休的人在 55~60 岁之间,可以由本人自由选择领取年金开始时间的年金形式。在 2007 年韩国年金法再次改革之前,早期老龄年金每提前 1 岁领取,能领取到的年金金额将减少 5%。如果选择 55 岁开始领取年金,能领

---

[1] 原文：부양가족연금이란 수급권자가 그 권리를 취득할 당시 그(유족연금의 경우에는 가입자 또는 가입자이었던 자)에 의하여 생계를 유지하고 있거나 노령연금 또는 장애연금 수급권자가 그 권리를 취득한 후 그 자에 의하여 생계를 유지하는 자에 대한 정액급여를 의미한다. 资料来源于韩国国民年金研究院,《公共年金的理解》,首尔：国民年金研究院,第 287 页。

取到的年金金额只有全额的85%。如果在55～64岁之间仍然从事有收入的经济活动,则对其停止年金的发放。通过2007年年金法的再一次修订,变更为每提前1岁领取早期老龄年金,被减少的年金金额比例从原来的5%上升到6%。这一变化旨在鼓励大家继续工作,不要提前退休。第二个变化是60岁以上的人即便从事有收入的经济活动,也仍然可以领取在职者老龄年金,这体现出政府鼓励高龄劳动者继续劳动的用意。所谓在职老龄年金指的是年龄在60～64岁之间的人如果从事有收入的经济活动,政府将减少其老龄年金一定金额的年金形式。在这一制度下,如果60岁的人从事有收入的经济活动,无论个人收入水平如何,一律只能领取原老龄年金金额的50%,61岁的人可以领取原金额的60%,64岁的人则可以领取到原金额的90%。由此可以看出,减去的金额比例是由年龄来决定的,领取年龄越早,被减去的金额比例就越高。

分割年金是指将婚姻存在期间发生的年金额支付给前配偶的制度。这里所指的婚姻存在期间最低限度是5年。在支付年金时,国民年金公团是将支付给前配偶的分割年金和本人可以领取到的老龄年金合计支付的。表4-10中详细列出了各种老龄年金的领取条件和可领取到的年金的水平。

表4-10 老龄年金的领取条件及年金水平

种类	领取条件		支付额
	加入时间	年龄等	
减额老龄年金	10年以上,不满20年	60岁以上的退休者	基本年金额的50%～99.6%(19年11个月)+抚养家庭年金额
在职者老龄年金	10年以上	60～64岁在职时	基本年金额的50%(60岁领取)～90%(64岁领取)
延期老龄年金	10年以上	60～64岁在职时	每延期1年,增加基本年金额的65%
早期老龄年金	10年以上	55～60岁的退休者	基本年金额的70%(55岁)+附加年金额
分割老龄年金	离婚+前配偶者加入时间中的婚姻时间	60岁以上	与前配偶对半分配年金加入时间内,且处于婚姻状态时间内的老龄年金
特例老龄年金	5年以上	60岁以上的退休者	基本年金额的25%(5年)～70%(14年加入)+附加年金额

资料来源:韩国国民年金研究院,《公共年金的理解》,2008年,第209页。

(2)残疾年金

如果加入国民年金制度且在保险费通知期间缴纳保险费的2/3以上(最少一个月以上),有明确记载因疾病或负伤造成残疾的初诊记录,并得到残疾判定,则国家将向此人支付残疾年金。支付的残疾年金依据判定的残疾等级,支付方式也各不相同。残疾等级共分为四个等级,判定为1~3等级的,支付基本年金额的60%~100%;如果判定为4级,则一次性支付残疾一时金。发生残疾者加入国民年金不满20年的情况看作加入20年。如果残疾永久无法痊愈,将每年对残疾等级重新进行一次认定,然后根据新认定的残疾等级支付残疾年金。表4-11列出了不同残疾等级领取年金的条件和可领取到的年金金额情况。

表4-11　残疾年金的领取条件及领取金额

种类	领取条件	支付金额
残疾年金	加入国民年金期间由于疾病或负伤引起的; 治愈后身体或精神上仍然存在障碍者; 如果从初诊日开始算起,经过一年半仍未治愈者,以经历的日期为基准决定残疾程度	残疾等级1级: 基本年金额的100% + 抚养家庭年金额; 残疾等级2级: 基本年金额的80% + 抚养家庭年金额; 残疾等级3级: 基本年金额的60% + 抚养家庭年金额
残疾一时金	满足领取残疾年金的条件,且残疾等级为4级	基本年金额的225%

资料来源:作者制作。

（3）遗属年金与死亡一时金

加入国民年金制度且在保险费通知期间缴纳保险费的2/3以上(最少一个月以上)者或者曾经加入满10年者、领取老年年金者、2级以上残疾年金领取者死亡以后,根据其加入国民年金制度时间的长短,政府将支付给其遗属一定金额的遗属年金。遗属年金的金额为死亡的加入者基本年金额(加入不满20年的情况,视同加入20年计算)的40%~60%。遗属年金支付对象按照以下顺序发放:第一,配偶;第二,不满18岁或残疾等级在2级以上的子女;第三,60岁以上或残疾等级在2级以上的父母(也包含配偶的父母);第四,不满18岁或残疾等级在2级以上的孙子、孙女;第五,60岁以上或残疾等级在2级以上的祖父母(也包含配偶的祖父母)。遗属年金的领取权发生以后,政府将连续支付三年残疾年金,之后停止支付。当领取遗属年金者年满55岁后,再次开始支付遗属年金。但如果有不满18岁的子女,或者残疾等级在2级以上的子女或者领取者本人残疾等级在2级以上,或者不从事按照总统令认定的有收入的工作时,不得停止支付遗属年金。

此外,加入者或曾经是加入者的人死亡后,如果没有合适的领取遗属年金的人存在,年金将以死亡一时金的形式支付。死亡一时金的领取顺序如下:配偶、子女、父母、孙子或孙女、祖父母、兄弟姐妹及具有表或堂关系的旁系血缘关系者。死亡一时金的支付额有上限,也就是说不能超过加入者或曾经是加入者的人经过再评价的基准月收入或加入期间整体平均基准月收入额(经过再评价的金额)中较高金额的四倍。

但是,如果具有遗属年金领取权者和年金加入者或曾经是年金加入者的身份关系发生变化,不再需要对其的生计进行保护时,遗属年金的领取权将消失。具体来看,遗属年金领取权在下列情况下将会丧失:第一,具有领取权的人死亡时;第二,作为配偶的领取权所有者再婚时;第三,作为子女或孙子女的领取权所有者被别人领养或者寄养给他人时;第四,无残疾2级以上情况的子女或孙子女领取权所有者年满18岁以后;第五,死亡者死亡当时有婴儿出生时(加入者或曾经是加入者的人有婴儿出生,承认其依靠加入者或曾经是加入者的人维持生活,但排序在子女后面的,遗属年金领取权将消失)。具体情况见表4-12。

表4-12　遗属年金的领取条件及年金额

种类	领取条件	支付额
遗属年金	符合以下情况的人死亡时: ① 加入者; ② 加入期间超过10年的曾经的加入者; ③ 老龄年金领取者; ④ 残疾等级在2级以上的残疾年金领取者; ⑤ 加入时间不满10年的曾经加入者在加入期间因疾病、负伤引起的从初诊日或加入资格丧失后一年内的初诊日起,2年之内死亡	加入时间不满10年: 基本年金额的40%+抚养家庭成员年金额; 加入时间超过10年但不满20年: 基本年金额的50%+抚养家庭成员年金额; 加入时间超过20年: 基本年金额的60%+抚养家庭成员年金额;
死亡一时金	加入者或曾经的加入者死亡或没有可领取遗属年金者的情况	相当于返还一时金的金额,但仅限于领取前一年基准,现在价格换算出的最终月收入额的四倍以内

资料来源:作者制作。

(4) 返还一时金

不满足年金领取条件者年满60岁,或者死亡,或者永久移民国外居住的情况下,曾经缴纳过的保险费总额加上既定的利息进行支付的年金形式称为返还一时金。具体领取条件和支付额见表4-13。

表4-13　返还一时金的领取条件及支付额

种类	领取条件	支付额
返还一时金	① 加入时间不满10年,且年满60岁者; ② 加入者或曾经的加入者死亡时(但加入超过10年者死亡时不支付遗属年金); ③ 丧失国籍或移民国外的人	年金保险金额+法定利息: ① 利息率适用; ② 缴纳时间满3年的情况适用于定期存款利息; ③ 资格丧失期间满1年的情况适用于定期存款利息

资料来源:作者制作。

4. 年金支付现况

在韩国，最早发生的国民年金制度领取权是 1988 年出现的返还一时金。1989 年出现了最早的遗属年金和残疾年金领取者。老龄年金的情况则是特例老龄年金领取者最早于 1993 年出现，当时领取的是减额老龄年金。早期老龄年金和在职者老龄年金领取者最早出现在 1999 年。分割年金领取者最早出现在 1999 年。死亡一时金最早于 1995 年开始支付。

截至 2011 年 12 月 31 日，总年金支出 9 819 296 百万韩元，其中老龄年金为 7 905 180 百万韩元，约占总体年金支出的 80.51%；遗属年金为 1 062 312 百万韩元，约占总体年金支出的 10.82%；返还一时金支出 475 051 百万韩元，约占总体年金支出的 4.84%；残疾年金支出为 347 466 百万韩元，约占总体年金支出的 3.54%；支出最少的就是死亡一时金，金额为 29 287 百万韩元，约占总体年金支出的 0.30%。具体情况如图 4-1 所示。

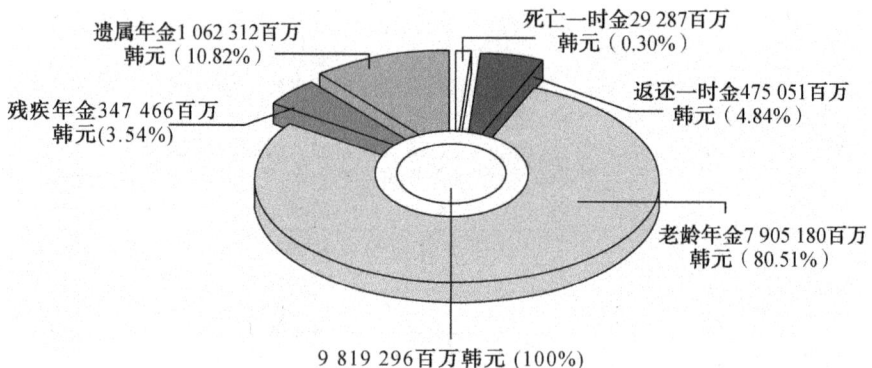

图 4-1　2011 年国民年金支出的状况

资料来源：国民年金研究院，《国民年金统计年报 2011》（第 24 号）。

表 4-14 列出的则是从 1988 年到 2012 年 7 月为止的国民年金支出情况。从表中的数据可以看出，领取年金的人数呈持续上升趋势。截至 2012 年 7 月 31 日，领取年金金额已经达到 6 511 097 万韩元，其中占绝大部分的是老龄年金，金额达到 6 100 719 万韩元。截至 2012 年 7 月，年龄领取者已经达到 12 447 182 人，领取年金金额总数为 72 978 955 万韩元。

表4-14　各年度年金种类支付情况

项目		总计	年金				一时金			
			小计	老龄	残疾	遗属	小计	残疾	返还	死亡
总计	领取者/人	12 447 182	3 496 868	2 854 295	126 064	516 509	8 950 314	58 347	8 793 845	98 122
	金额/百万韩元	72 978 955	57 842 158	47 187 951	2 705 208	7 948 999	15 136 797	460 067	14 458 300	218 430
2012 年	领取者/人	3 278 805	3 169 452	2 627 778	73 295	468 379	109 353	1 664	101 280	6 409
	金额/百万韩元	6 511 097	6 100 719	5 236 778	182 407	681 534	410 378	19 768	372 359	18 251
2011 年	领取者/人	3 166 983	3 015 244	2 489 614	75 895	449 735	151 739	3 480	136 628	11 631
	金额/百万韩元	9 819 296	9 273 039	7 905 180	305 547	1 062 312	546 257	41 919	475 051	29 287
2010 年	领取者/人	2 975 336	2 820 649	2 330 128	76 280	414 241	154 687	3 447	141 347	9 893
	金额/百万韩元	8 635 467	8 107 420	6 861 876	296 305	949 239	528 047	37 299	465 123	25 625
2009 年	领取者/人	2 770 344	2 602 630	2 149 168	74 535	378 927	167 714	3 836	154 119	9 759
	金额/百万韩元	7 471 934	6 946 490	5 814 825	287 016	844 649	525 444	40 940	460 476	24 028
2008 年	领取者/人	2 517 579	2 366 626	1 949 867	72 166	344 593	150 953	4 902	137 654	8 397
	金额/百万韩元	6 180 804	5 764 986	4 765 528	268 100	731 358	415 818	47 921	348 026	19 871
2007 年	领取者/人	2 244 477	2 110 519	1 731 560	67 091	311 868	133 958	5 167	121 200	7 591
	金额/百万韩元	5 182 611	4 748 988	3 857 709	245 878	645 401	433 623	48 325	368 374	16 924
2006 年	领取者/人	1 985 502	1 858 769	1 517 649	61 762	279 358	126 733	4 898	115 394	6 441
	金额/百万韩元	4 360 239	3 899 369	3 103 161	225 607	570 601	460 870	44 239	400 674	1 595

续表

	项目	总计	年金				一时金			
			小计	老龄	残疾	遗属	小计	残疾	返还	死亡
2005 年	领取者/人	1 757 674	1 651 681	1 349 62	54 467	247 588	105 993	4 147	96 078	5 768
	金额/百万韩元	3 584 901	3 210 044	2 531 53	193 931	484 577	374 857	35 713	324 885	14 259
2004 年	领取者/人	1 533 059	1 424 083	1 156 09	47 260	220 725	108 976	3 609	99 750	5 617
	金额/百万韩元	2 914 015	2 568 966	1 987 45	163 629	417 886	345 049	29 297	303 194	12 558
2003 年	领取者/人	1 169 441	1 052 414	819 800	39 727	192 887	117 027	2 853	108 740	5 434
	金额/百万韩元	2 328 449	2 017 911	1 533 33	131 921	352 651	310 538	21 978	278 232	10 328
2002 年	领取者/人	1 052 327	916 630	717 488	32 876	166 266	135 697	2 194	129 239	4 264
	金额/百万韩元	1 915 255	1 652 529	1 254 73	103 849	293 950	262 726	16 419	238 685	7 622
2001 年	领取者/人	948 164	770 568	602 197	27 456	140 915	177 596	2 469	170 542	4 585
	金额/百万韩元	1 569 257	1 301 142	973 630	83 583	243 929	268 115	18 286	243 445	6 384
2000 年	领取者/人	927 545	618 232	482 042	21 914	114 276	309 313	2 170	304 27	3 016
	金额/百万韩元	1 607 035	924 518	651 368	70 098	203 052	682 517	15 799	662 420	4 298
1999 年	领取者/人	1 249 257	282 407	175 572	16 906	89 929	966 850	1 944	962 578	2 328
	金额/百万韩元	3 871 969	477 350	299 592	45 740	132 018	339 461	11 887	3 378 752	3 980
1988— 1998 年	领取者/人	6 240 248	206 523	115 008	15 273	76 242	6 033 725	11 567	6 015 169	6 989
	金额/百万韩元	7 026 628	848 686	411 251	101 596	335 839	6 177 942	30 276	6 138 606	9 060

资料来源：韩国国民年金公团统计资料。

　　表4-15列出了截至2012年7月一时金领取者人数的具体情况。从表中可以看出,截至2012年7月31日,领取一时金的总人数为16 434人,其中,领取残疾一时金的有263人;领取返还一时金的最多,有15 225人;领取死亡一时金的人数为946人。从年龄段的角度来看,30~39岁年龄段的人领取一时金的最多。但是,具体到种类,又有些细微的差别。领取残疾一时金最多的年龄段是50~59岁,领取返还一时金最多的年龄段是30~39岁,领取死亡一时金最多的年龄段是50~59岁。根据这些数据可以看出,之所以总计数字上30~39岁领取一时金的人数最多,是因为这个年龄段的人领取返还一时金的人数相比较其他年龄段人数来说最多。

表4-15　一时金领取者情况

单位:人

年龄 领取者	总计	不满 20岁	20~29 岁	30~39 岁	40~49 岁	50~59 岁	60~64 岁	66~69 岁	70岁 以上
总计	16 434	125	1 215	2 942	1 973	1 202	8 690	93	194
残疾一时金	263	—	9	38	77	127	12	—	—
返还一时金	15 225	105	996	2 780	1 775	831	8 611	44	83
死亡一时金	946	20	210	124	121	244	67	49	111

资料来源:韩国国民年金公团内部资料。

　　表4-16列出了按照年金领取者的年龄段来考察的年金领取者情况。从大的方面看,现在领取的年金包括老龄年金、残疾年级,以及遗属年金三大类。表中列出的是根据每一类年金的领取者分别根据加入时间长短和领取者的年龄两个维度进行考察的年金领取情况。

　　表4-17则从最高和平均两个维度列出了月支付年金的具体金额情况。从表中可以看出,截至2012年7月31日,月平均支付的年金额最高达到1 435 970韩元,平均为296 260韩元。其中老龄年金支付的月最高金额为1 435 970韩元,残疾年金月最高支付金额为1 299 860韩元,遗属年金月支付最高金额为791 880韩元。月平均支付金额方面,老龄年金为303 160韩元,残疾年金为411 910韩元,遗属年金为241 310韩元。

表 4-16　年金领取者情况（按领取者年龄段）

单位：人

领取者		年龄	总计	小于20岁	20~29岁	30~39岁	40~49岁	50~59岁	60~64岁	65~69岁	70岁以上
总计		计	3 143 050	10 217	1 198	14 405	63 107	275 340	1 066 288	904 764	807 731
		男	1 899 008	5 256	489	5 292	16 077	111 144	714 212	573 408	473 130
		女	1 244 042	4 961	709	9 113	47 030	164 196	352 076	331 356	334 601
老龄	小计	计	2 607 749	—	—	—	—	119 971	975 317	819 178	693 283
		男	1 805 777	—	—	—	—	83 835	703 823	563 825	454 294
		女	801 972	—	—	—	—	36 136	271 494	255 353	238 989
	加入时间20年以上	计	106 105	—	—	—	—	851	105 088	166	—
		男	97 516	—	—	—	—	851	96 515	150	—
		女	8 589	—	—	—	—		8 573	16	—
	加入时间10~19年	计	622 260	—	—	—	—	907	472 514	148 788	51
		男	467 218	—	—	—	—	907	341 682	124 586	43
		女	155 042	—	—	—	—		130 832	24 202	8
	早期	计	281 464	—	—	—	—	118 213	102 587	46 098	14 566
		男	198 856	—	—	—	—	82 077	72 448	33 031	11 300
		女	82 608	—	—	—	—	36 136	30 139	13 067	3 266
	特例	计	1 590 661	—	—	—	—	—	291 012	621 875	677 774
		男	1 041 327	—	—	—	—	—	192 966	405 748	442 613
		女	549 334	—	—	—	—	—	98 046	216 127	235 161
	分割	计	7 259	—	—	—	—	—	4 116	2 251	892
		男	860	—	—	—	—	—	212	310	338
		女	6 399	—	—	—	—	—	3 904	1 941	554
残疾		计	69 933	—	461	5 682	15 856	27 841	9 902	6 621	3 570
		男	59 739	—	320	4 506	14 317	24 379	8 076	5 393	2 748
		女	10 194		141	1 176	1 539	3 462	1 826	1 228	822
遗属		计	465 368	10 217	737	8 723	47 251	127 528	81 069	78 965	110 878
		男	33 492	5 256	169	786	1 760	2 930	2 313	4 190	16 088
		女	431 876	4 961	568	7 937	45 491	124 598	78 756	74 775	94 790

资料来源：韩国国民年金公团统计资料（截至2012年7月）。

表 4-17　年金月平均支付情况

单位:韩元

项目	统计	老龄年金							残疾年金				遗属年金
		统计	完全	减额	在职者	早期	特例	分割	统计	1 级	2 级	3 级	
最高	1 435 970	1 435 970	1 435 970	1 333 370	1 303 230	1 306 030	930 420	602 700	1 299 860	1 299 860	1 062 480	949 790	791 850
平均	296 260 (396 040)	303 160 (467 580)	821 740	412 890	498 140	469 360	198 960	154 450	411 910	563 580	447 110	346 180	241 310

注:① 部分数值不包含特例;
② 以相应月支付基本加上抚养家庭成员月年金额为基准,为重复年金待遇及处于同顺序位置调整前的金额,社会保障协商期间保有者从最高,最低年金额中排除,在计算"统计"及"老龄年金统计"平均额时排除了分割年金;
③ 返还一时金平均支付额为 3 777 250 韩元(最高 83 351 350 韩元);死亡一时金平均支付额为 2 891 330 韩元(最高 17 524 800 韩元);残疾一时金平均支付额为 10 867 650 韩元(最高 29 235 800 韩元)。

资料来源:韩国国民年金公团统计资料(截至 2012 年 7 月)。

四、基金运营方式

1. 基金运营方式

国民年金基金中占主要份额的是保险费和年金运营收益,除此之外,还包括国库补助金收入部分、公团出租保证金收入、结算盈余金部分,以及调动资金。基金运营投资部门包括公共部门、金融部门、福利部门,以及其他部门。基金运营方式按照发生额,可以分为现收现付制(Pay-as-you-go System)和完全积累制(Full Funded System)。

此外,关于基金运营的争论也主要集中在两个问题上:一是既然国民年金基金是"公共资金管理基金",因此政府将年金基金挪作他用是否是一种违宪行为;二是基金运营委员会的构成是否合理。

首先,就国民年金基金委托给公共资金管理基金的法律是否违宪这个问题,1996年由宪法裁判所进行了裁判。裁判结果是9名裁判长中,8人认为符合宪法,仅1人认为违宪(1996 21024 96宪甲6全员裁判所)。但是对于"符合宪法"这一判定持反对意见的少数人认为,年金是由加入者缴纳的保险费形成的纯粹民间基金,应该只能作为责任年金准备金来使用。将这些基金强制委托给公共资金管理基金,仅仅交付与此相关的预收证书这一点无法让人认可其立法目的及立法手段的正当性。因此,作为公共资金管理基金,其较低的收益率对加入者将来年金领取权或现在对于年金领取的期待权造成了严重的侵害,《公共资金管理基金法》第5条第1款及第2款第1号摆脱了《宪法》第37条第2项的基本权,限制了公民追求本人财产权及幸福的权利,所以它被认为违宪也是有道理的。

其次是关于基金运用委员会成员的构成问题。在2007年年金法改革之前,"当时财政经济院院长同时兼任'国民年金基金运用委员会'委员长一职和'公共资金管理基金运用委员会'委员长一职,国民年金基金运用委员会的委员构成中,除了五位经济类部委长官以外,还包括将来具有年金领取权的人,也就是缴纳保险费最多的加入者代表,即劳动者代表1人,该名额由财政经济院院长任命。上述国民年金基金运用委员会的人员构成体现了经济企划院院长不但希望能管理更多的年金基金,而且希望能主导年金基金运用委员会的运营,而对此必须尊重的年金加入者对于基金的管理、运用的决策参与权被剥夺的可能性很大"。①（林美英,2008：51）从表4-18 可以看出 2008 年以后基金运用委员会成员构成与 1996 年的成员构成发生的具体变化。

表4-18　基金运用委员会成员构成比较

年度\\构成	2008	1996
政府	企划财政部部长、农林水产食品部部长、知识经济部部长、劳动部副部长、国民年金公团理事长(5 人)	经济企划院院长、保健社会部部长、财务部部长、农水产部部长、劳动部部长
专家	2 人	2 人
企业主	3 人	2 人
加入者	劳动者代表(3 人)、个体加入者(6 人)共 9 人	劳动者代表(1 人)、地区加入者代表(3 人)、领取权拥有者代表——国民年金公团理事长(1 人)共 5 人

资料来源:林美英,《有关国民年金的三对探讨:现在、过去,女性》,2008 年,第 51 页。

2. 基金运营现状

从时间维度来看,国民年金基金一直呈持续增加态势。根据韩国国民年金研究院的统计年报,截至 2012 年 7 月 31 日,国民年金基金保有额为 4 181 763 亿韩元(买入价,下同),其中保险费收入为 2 880 290 亿韩元,占总体金额构成的 68.88%;基金运营收益金为 1 295 144 亿韩元,占总体金额构成的 30.97%;国库补助金为 5 812 亿韩元,占总体金额构成的0.14%;公团出租保证金为 309 亿韩元,占总体金额构成的 0.01%;结算盈余金为 205 亿韩元,不足总体金额的 0.01%;最后是转入资金 3 亿韩元,在总体金额构成中所占的比例微乎其微。

国民年金基金的增长趋势从图 4-2 中可以看得非常明显。

---

① 原文:당시 재정경제원장관이 "국민연금기금운용위원회"의 위원장과 "공공자금관리기금운용위원회"의 위원장을 겸직하고 있고, 국민연금기금운용위원회의 나머지 위원도 경제부처장관 5인 외에 장래의 연금수급관자로서 가장 많은 보험료를 납부하고 있는 가입자, 즉 근로자를 대표하는 자로서는 1인만을 위원장인 재정경제원 장관이 위촉하도록 되어있다. 이러한 국민연금 기금운용위원회의 구성은 관리기금에 되도록 많은 연금기금이 예탁되기를 원하는 경제기회원 장관 국민연금기금운용위원회의 운영까지 주도하기에 존중되어야 할 연금가입자들의 기금 관리・운용에 관한 의사결정 참여권을 사실상 박탈할 개연성이 크다고 보았다.

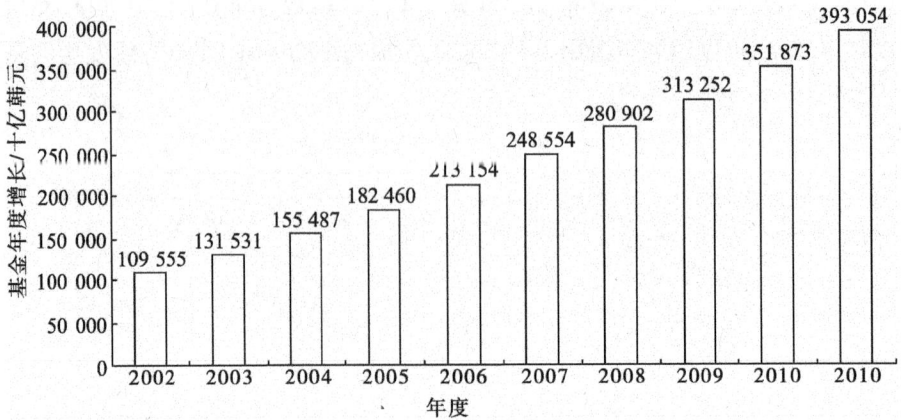

图 4-2　2011 年国民年金基金构成状况

资料来源：韩国国民研究院统计年报 2011。

　　截至 2012 年 7 月，在基金的运营方面，在公共部门运营的年金基金为 0，在福利部门运营的有 1 485 亿韩元，在金融部门运营的为 3 399 534 亿韩元，在其他部门运营的有 8 207 亿韩元。由此可以看出，在基金的运营方面，现在主要集中在金融部门。具体情况见表 4-19。

　　表 4-20 列出了以时价为基准的各年度基金管理情况。由表 4-20 可知，截至 2012 年 7 月 31 日，共拥有年金基金 4 522 789 亿韩元，运营收益为 1 635 516 亿韩元，占总体基金总额的 36.16%。基金在运营方面，同样可以很明显地看出主要集中在金融部门。

　　表 4-21 对国民年金基金的投资状况进行了详细考察。从表 4-21 中可以看出，2004 年时仍然有 63 770 亿韩元的基金用于公共部门投资，但是之后公共部门的投资就全部被取消了。投资于福利部门的基金截至 2011 年底一直呈下降趋势，到 2012 年 7 月又呈现出上升趋势。总体来看，投资于福利部门的年金基金越来越少。此外，在金融部门的投资所呈现出来的急速增长趋势是伴随着公共部门投资取消和福利部门投资减少同时出现的。最明显的是 2004 年的数据，截至 2004 年 12 月底，金融部门的投资增长率高达 30.66%，之后的增长率降到 10% 左右；其他部门的投资也呈现出小范围的上升趋势，但是截至 2012 年 7 月底的数据显示，2012 年上半年在其他部门的投资额增长很快。

　　同样，表 4-22 列出了时价基准的国民年金基金投资状况。在时价基准下，投资的趋势和增减率所表现出来的趋势与买入价基准下的情况是一样的。具体数值见表 4-22。

表 4-19　各年度基金管理状况（买入价基准）

单位：亿韩元

项目 \ 年月	2004.12	2005.12	2006.12	2007.12	2008.12	2009.12	2010.12	2011.12	2012.07
拥有	1 554 872	1 824 597	2 131 545	2 485 535	2 809 018	3 132 516	3 518 728	3 930 539	4 181 763
（增减率）/%	18.21	17.35	16.82	16.61	13.01	11.52	12.33	11.70	6.39
年金保险费	1 109 545	1 294 981	1 496 504	1 713 206	1 943 061	2 181 642	2 434 496	2 708 842	2 880 290
运营收益	443 954	526 987	630 760	766 683	860 113	944 840	1 078 099	1 215 422	1 295 144
转入金	3	3	3	3	3	3	3	3	3
结算盈金	178	190	194	198	205	205	205	205	205
国库补助金收入	1 192	2 436	3 798	5 168	5 357	5 549	5 650	5 758	5 812
公团租赁保证金			286	277	279	277	275	309	309
支出	222 103	261 768	309 403	365 468	431 518	510 668	601 478	704 598	772 537
（增减率）/%	17.12	17.86	18.20	18.12	18.07	18.34	17.78	17.14	9.64
年金待遇支出	212 326	248 175	291 777	343 604	405 412	480 131	566 486	664 679	729 875
公团运营费	9 544	13 294	17 257	21 366	25 527	29 881	34 263	39 098	41 801
福利营管理运营费	233	299	369	498	579	656	729	821	861
运用	1 332 769	1 562 829	1 822 142	2 120 067	2 377 500	2 621 848	2 917 250	3 225 941	3 409 226
（增减率）/%	18.40	17.26	16.59	16.35	12.14	10.28	11.27	10.58	5.68
公共部门	63 770	—	—	—	—	—	—	—	—
福利部门	3 752	3 145	2 576	2 138	1 993	1 710	1 480	1 294	1 485
金融部门	1 261 851	1 556 151	1 815 936	2 114 265	2 371 745	2 616 239	2 911 667	3 220 36	3 399 534
其他部门	3 396	3 533	3 630	3 664	3 762	3 899	4 103	4 281	8 207

资料来源：韩国国民年金公团统计资料（截至 2012 年 7 月）。

表 4-20 各年度基金管理状况（时价基准）

单位：亿韩元

项目 \ 年月	2004.12	2005.12	2006.12	2007.12	2008.12	2009.12	2010.12	2011.12	2012.7	总计
拥有(A)	275 612	269 074	304 216	355 261	225 853	500 843	554 822	351 888	329 5-4	4 522 789
年金保险费	171 433	185 436	201 523	216 702	229 855	238 582	252 857	274 342	171 4-8	2 880 290
运营收益	102 989	82 378	101 043	137 190	-4 191	262 462	301 467	76 717	157 8?5	1 635 516
其他	1 190	1 260	1 650	1 370	189	-200	498	829	2口	6 983
支出(B)	32 406	39 600	47 570	55 936	66 978	78 719	91 342	103 118	67 9?9	772 537
年金支出运营费等	29 140 326	358 493 751	436 023 968	518 264 110	618 085 170	747 194 000	863 594 983	981 894 930	651 972 7?2	72 987 542 662
增加(A−B)	243 206	229 474	256 646	299 325	158 875	422 124	463 484	248 769	261 575	3 750 252
运用	1 410 080	1 639 486	1 896 065	2 195 400	2 354 325	2 776 424	3 239 908	3 488 67	3 750 252	3 750 252
公共部门	63 840	—	—	—	—	—	—	—	—	—
福利部门	3 654	3 025	2 483	2 036	1 842	1 540	1 282	1 081	1 272	1 272
金融部门	1 340 415	1 633 508	1 890 596	2 190 099	2 350 015	2 772 519	3 235 975	3 484 681	3 742 423	3 742 423
其他部门	2 171	2 953	2 986	3 264	2 468	2 365	2 650	2 915	6 558	6 558

资料来源：韩国国民年金公团统计资料（截至 2012 年 7 月）。

表4-21　国民年金基金投资状况（买入价基准）

单位：亿韩元

年月 项目	2004.12	2005.12	2006.12	2007.12	2008.12	2009.12	2010.12	2011.12	2012.07
公共部门	63 770	—	—	—	—	—	—	—	—
（增减率）/%	58.19	100.00	—	—	—	—	—	—	—
财政资金	—	—	—	—	—	—	—	—	—
公共基金	63 770	—	—	—	—	—	—	—	—
国债（公共）	—	—	—	—	—	—	—	—	—
福利部门	3 752	3 145	2 576	2 138	1 993	1 710	1 480	1 294	1 485
（增减率）/%	-14.67	-16.18	-18.09	-17.00	-6.78	-14.20	-13.45	-12.57	-14.76
福利塔建立	885	885	885	885	885	885	885	885	885
保育设施出租	2 509	1 963	1 435	1 047	797	556	349	218	161
老人福利出租	301	264	240	200	124	85	71	57	43
生活稳定资金	51	29	13	4	—	—	—	—	—
生计资金	6	4	3	2	1	1	—	—	—
信用恢复出租金	—	—	—	—	186	183	175	134	111
老后紧急资金	—	—	—	—	—	—	—	—	285
金融部门	1 261 851	1 556 151	1 815 936	2 114 265	2 371 745	2 616 239	2 911 667	3 220 366	3 399 534
（增减率）/%	30.66	23.32	16.69	16.43	12.18	10.31	11.29	10.60	5.56
债券	1 147 555	1 417 524	1 626 405	1 764 546	1 819 211	2 078 780	2 159 325	2 227 086	2 330 008
①国内	1 107 864	1 294 983	1 462 741	1 587 844	1 732 803	1 973 791	2 028 203	2 089 300	2 169 476

续表

项目＼年月	2004.12	2005.12	2006.12	2007.12	2008.12	2009.12	2010.12	2011.12	2012.07
直接	1 067 864	1 244 983	1 412 741	1 508 484	1 651 889	1 887 523	1 899 379	1 923 473	1 973 649
间接	40 000	50 000	50 000	79 360	80 914	86 268	128 824	165 827	195 827
②海外	39 691	122 541	163 664	176 702	86 408	104 989	131 122	137 786	160 532
直接	39 691	119 391	153 514	153 638	60 422	62 862	72 518	65 190	78 218
间接		3 150	10 150	23 064	25 986	42 127	58 604	72 596	82 314
股票①国内	101 306	124 356	161 388	290 642	450 001	405 112	557 059	719 421	767 856
直接	98 006	118 056	149 634	238 728	350 835	280 968	380 838	529 477	527 432
间接	48 769	53 627	58 868	91 415	151 415	128 621	191 675	263 460	263 073
委托投资	49 237	64 429	90 766	147 313	199 420	152 347	189 163	266 017	264 359
货币信托	49 153	64 354	90 766	147 313	199 420	152 347	189 163	266 017	264 359
收益证券	84	75	—	—	—	—	—	—	—
②海外	3 300	6 300	11 754	51 914	99 166	124 144	176 221	189 944	240 424
直接		—	—	—	—	—	22 923	21 400	30 120
间接	3 300	6 300	11 754	51 914	99 166	124 144	153 298	168 544	210 304
定期存款	5 500	—	2 000	2 000					
交易投资	4 378	7 471	21 524	53 220	85 676	129 083	188 549	260 155	285 666
风险投资	2 380	2 920	3 639	3 379	3 227	2 673	3 271	3 669	4 208
CRC投资	1 076	2 022	2 667	4 594	4 047	3 338	2 784	2 278	2 150

续表

项目＼年月	2004.12	2005.12	2006.12	2007.12	2008.12	2009.12	2010.12	2011.12	2012.07
SOC投资	—	336	8 000	17 504	32 787	41 161	61 817	86 131	92 015
私募投资	—	392	2 625	15 292	22 432	32 256	49 021	72 369	68 856
房地产投资	922	1 801	4 593	12 451	22 613	48 149	67 910	92 030	111 164
承兑融资	—	—	—	—	570	1 506	3 746	3 678	7 273
短期资金	3 112	6 800	4 619	3 857	16 857	3 264	6 734	13 704	16 004
其他部门	3 396	3 533	3 630	3 664	3 762	3 899	4 103	4 281	8 207
(增减率)/%	13.31	4.03	2.75	0.94	2.67	3.64	5.23	4.34	91.71
公团会馆取得费	2 688	2 826	2 925	3 020	3 118	3 282	3 494	3 691	3 716
租赁保证金	708	707	705	644	644	617	609	590	608
基金保管金	—	—	—	—	—	—	—	—	3 883

注：① 本表中的计算数据为相应月月末基准计算得出，"增减率"的参照基准是上一年度12月底；
② 基金保管金是指当日公法运用的资金存入主要交易银行一天的金额。
资料来源：韩国国民年金全公团统计资料(截至2012年7月底)。

表 4-22 国民年金基金投资状况（时价基准）

单位：亿韩元

年月 项目	2004.12	2005.12	2006.12	2007.12	2008.12	2009.12	2010.12	2011.12	2012.07
投资金额计	1 410 080	1 639 486	1 896 065	2 195 400	2 354 325	2 776 424	3 239 908	3 488 67	3 750 252
公共部门	63 840	—	—	—	—				—
福利部门	3 654	3 025	2 483	2 036	1 842	1 540	1 282	1 08	1 272
金融部门	1 340 415	1 633 508	1 890 596	2 190 099	2 350 015	2 772 519	3 235 975	3 484 681	3 742 423
债券	1 205 967	1 414 824	1 644 324	1 748 442	1 910 538	2 150 866	2 291 663	2 380 719	2 536 250
国内直接	1 121 747	1 243 858	1 425 816	1 494 034	1 728 776	1 948 133	2 009 885	2 039 489	2 125 212
国内委托	41 168	51 356	54 217	80 780	89 620	97 563	148 896	195 602	235 345
海外直接	43 052	116 416	154 299	150 689	60 296	59 674	68 532	63 277	77 644
海外委托	—	3 194	9 992	22 939	31 846	45 495	64 350	82 351	98 049
股票	127 016	203 949	219 863	384 704	339 737	495 051	748 939	818 600	896 606
国内直接	66 841	103 181	101 301	152 408	140 111	183 041	293 474	319 484	329 305
国内委托	56 743	93 954	105 924	178 484	142 943	180 062	256 280	301 911	307 614
海外直接	—	—	—	—	—	10	24 557	21 519	31 558
海外委托	3 432	6 814	12 638	53 812	56 683	131 938	174 628	175 686	228 129
交易投资	4 376	7 798	21 678	54 061	88 025	125 222	188 981	271 940	293 571
短期资金	3 056	6 685	4 478	3 726	16 908	3 422	6 391	13 422	15 997
海外租赁损益	—	252	253	-835	-5 193	-2 042	—	—	—
其他部门	2 171	2 953	2 986	3 264	2 468	2 365	2 650	2 91	6 558

资料来源：韩国国民年金公团统计资料（截至 2012 年 7 月）。

五、财政方式及管理体系

1. 财政方式

韩国的国民年金财政方式属于修正积累方式。"所谓'修正积累方式'是指在年金制度运行初期,加入者比领取年金者多,这就会在运行初期形成一个基金积累期。以后随着年金领取者的增加,基金的支出也不断增加,仅仅依靠运行初期所设定的较低的年金保险费率势必会产生赤字,这一赤字可能将转嫁到下一代人身上。"[①](林美英,2008:48)事实上,修正积累方式这一表达方式本身的含义就是含糊不清的。这一表达方式来源于日本厚生年金的财政方式,当时在日本也没有明确的定义,"仅仅是表达虽然没有采取积累方式,但是却会在相当长一段时间内保有相当数额的积累基金的意思"。[②](韩国国民年金公团,2008:270)但是,究竟积累基金到底要保有多少才算修正积累方式,对于这一标准,至今仍然处于模糊状态。

2. 管理体系

韩国的国民年金制度发展及政策判断工作由韩国保健福利家庭部负责,而具体年金事务的一半则由特殊法人——韩国国民年金公团负责执行。成立国民年金公团的目的是为了在国民因老年、疾病、负伤或死亡等引起收入丧失或收入中断时,国家能够以支付年金的方式来保证国民生活稳定,并对增进福利做出贡献。国民年金公团接受保健福利家庭部的委托,作为国民年金事业运营执行机关,具体负责对加入者进行记录、管理及维持、年金保险费征收、年金水平决定及发放等业务,同时还负责对加入者、曾经的加入者、有权领取年金者的资金贷款及福利设施的设置、运营等福利增进事业等保健福利家庭部部长委托的具体事项。

根据韩国国民年金公团的资料,国民年金公团的构成情况如图 4-3 所示[③],包括本部 1 个,支社 91 个,电话中心(Call Center)5 个,残疾审查中心 1 个,国际业务中心 1 个。国民年金公团人员的状况见表 4-23。从表4-23可以看,国民年金公团的职员数比定员要少一些,略微有些缺员。

---

① 原文:소위 "소정적립방식"은 가입자가 수급자보다 더 많은 시행 초기에 기금축적기간을 갖지만, 점차 수급자가 늘어나면서 기금의 지출이 진행되고 시행 초기의 낮은 연금보험료에 의한 적자부분은 미래 세대에게 전가될 수 있다.

② 原文:다만 적립방식을 취하지는 않지만 상당한 적립금을 상당 기간 보유한다는 의미라고 할 수 있다.

③ 更多资料请参考韩国国民年金公团主页 http://www.nps.or.kr/中关于公团情况介绍部分的内容。

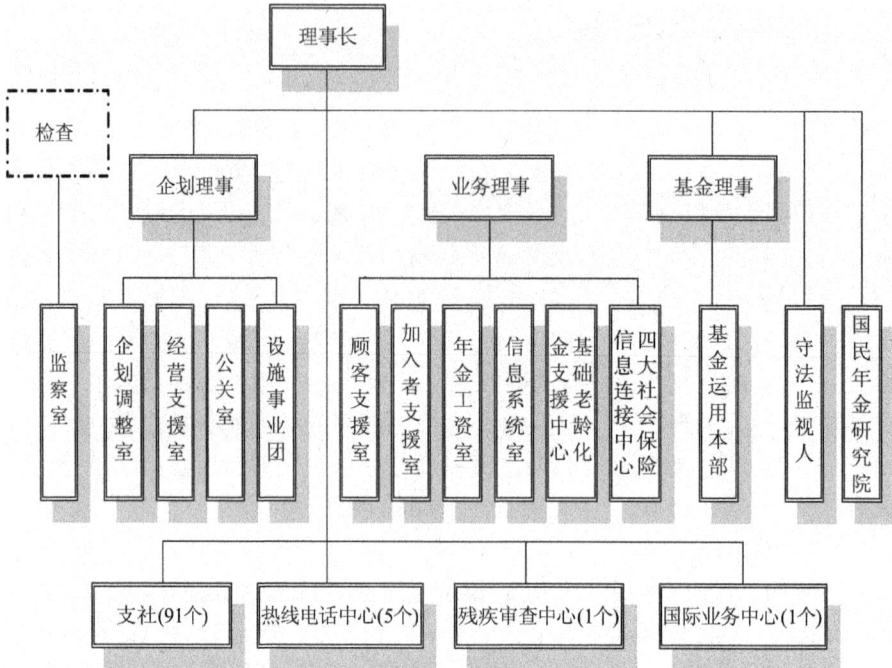

图4-3 韩国国民年金公团组织结构

资料来源：作者依据韩国国民年金公团资料制作。

表4-23 韩国国民年金公团人员岗位构成情况

单位：人

项目	总计	人员	普通岗							研究岗	基金运用岗	技能岗
			小计	1级	2级	3级	4级	5级	6级			
定员	4 930	5	4 795	64	234	684	1 314	1 323	1 176	30	95	5
现员	4 812	5	4 683	70	237	681	1 754	1 459	482	30	92	2

资料来源：韩国国民年金公团。

　　国民年金公团负责运营的业务主要包括：对加入者的加入记录进行管理，吸引加入者加入，征收年金保险费，计算年金待遇额并支付年金，为曾经是加入者的人和具有领取权的人提供老后设计咨询，支持有收入的工作并提供相应资金的借贷和运营等增进福利的事业，为加入者和曾经的加入者的资金增值提供资金借贷业务，以及其他与国民年金事业相关的保健福利家庭部部长委托的业务事项。

第二节 国民年金制度存在的问题

1988 年正式开始实行的韩国国民年金制度经历了 1992 年、1995 年两次加入对象扩大后,分别于 1999 年和 2007 经历了年金法的两次改革。1988 年最初开始执行年金制度时,当然加入对象为 10 人以上的企业员工,直到 1999 年 4 月韩国终于进入全体公民年金时代。之后,由于年金制度的财政不稳定问题进行了两次改革,但是迄今为止,财政的可持续性问题仍然没有得到彻底解决。除此之外,韩国的国民年金制度还存在严重的加入盲区问题、年金基金运营问题、由于各种原因引起的公民对于年金的不信任问题,以及阻碍人力资源在劳动力市场自由移动的年金制度之间无法衔接等问题。

一、财政方式及稳定性

1. 财政不稳定问题

根据国民年金公团的观点,"国民年金制度导入 20 年以来,为了谋求财政稳定,进行了两次改革,与其他以现收现付制运营的公共年金制度相比,财政处于相当稳定的状态。但是,因为预测到人口老龄化速度将以极快的速度增长,将来老人的抚养费用也会随之剧增。如果始终维持现有制度,将会给后代带来非常沉重的费用负担"。[①](韩国国民年金公团,2008;311) 实际上,这种判断与民间学者的观点相比,体现的是一种极度乐观的态度。因为 1988 年开始实施的国民年金制度要求满足最少加入 20 年这一条件才有资格领取老龄年金,所以直到 2008 年之前,事实上正式开始领取年金的大批人员还没有出现。也就是说,这 20 年以来基本上还没有发生大批量的年金领取,只是积累基金在不断增加。在这种情况下,即便现在保有一定数量的积累基金,也很难说现在的年金制度就处于良好运行的状态中。

截至 2008 年 5 月,财政推计委员会共召开会议 13 次,与运营改善委员会共同召开研讨会 1 次,推计模型小委员会召开会议 11 次,再评价小委员会召开会议 9 次,共同来探讨财政计算必要的主要任务,并计算出了财政推

---

① 原文:국민연금은 제도 도입 20년 이내에 두 차례 재정안정화를 위한 제도개혁을 단행함으로써 부과방식으로 공적 연금을 운영하는 다른 나라에 비하여 상당히 재정이 안정된 상태이다. 그러나 인구고령화가 급격히 진행되는 것으로 예측되기 때문에 장래 노인의 부양을 위한 비용이 급증하고 이로 인하여 제도를 현행 그대로 유지하게 되면 후세대가 큰 비용부담을 하게 된다.

计结果。根据这次计算出来的结果[①]，今后 20～30 年间，国民年金制度将从未成熟阶段向成熟阶段过渡，并且将继续维持收入大于支出的状态。但是随着支出的逐渐增加，2031 年将会出现支出大于保险费收入的情况，到 2044 年将会出现支出大于总收入（保险费收入＋基金投资收入）的情况，发生赤字。根据这一预测，在发生收支赤字的前一年，也就是 2043 年，积累基金将会达到历史最高值 2 465 兆韩元（1 056 兆韩元，2005 年不变价格），之后将快速减少，到 2060 年消失殆尽。所以，2007 年年金法改革带来了结构的部分好转，但是从长期看，国民年金制度仍然处于一种财政不稳定状态中。2003 年第一次进行财政再计算时，预测到财政赤字最早将会出现在 2036 年，到 2047 年基金将会耗尽。通过这次调整，虽然基金耗尽时间从 2047 年被推迟到 2060 年，但是到了基金耗尽的 2060 年，保险费收入只能占到总支出的 39%。为了维持支付能力，国家势必要大幅度加大保险费缴纳比例，或者采用大规模国库补助的形式来维持制度运行。财政收支展望的具体数值见表 4-24[②] 和表 4-25[③]。

表 4-24 财政收支展望——基本假定

年度	积累基金／十亿韩元	收入／十亿韩元			支出／十亿韩元		收支差／十亿韩元	积累倍率／%	保险费率／%	积累基金／十亿韩元
		总收入	保险费收入	投资收益	总支出	年金支出				
2008	248 133	41 374	23 808	17 566	6 792	6 373	34 582	31.4	9.00	228 854
2010	325 294	50 851	27 629	23 222	10 328	9 852	40 523	27.6	9.00	282 798
2015	575 098	75 710	39 147	36 562	17 623	17 283	58 087	29.3	9.00	437 613
2020	923 985	109 949	53 421	56 528	31 818	31 364	78 131	26.6	9.00	624 472
2025	1 304 447	135 363	69 007	66 356	55 202	54 614	80 161	22.2	9.00	798 498
2030	1 738 946	176 064	87 150	88 913	86 287	85 525	89 777	19.1	9.00	964 123
2035	2 131 048	204 311	105 365	98 946	129 556	128 588	74 755	15.9	9.00	1 070 136
2040	2 413 567	240 844	127 764	113 080	198 670	197 440	42 174	11.9	9.00	1 097 752

① 韩国国民年金公团，《2008 财政计算最终报告书——合本》，2008 年。
② 参见韩国国民年金公团，《2008 财政计算最终报告——合本》"概述"，2000 年。
③ 参见韩国国民年金公团，《2008 财政计算最终报告——合本》"概述"，2008 年。

续表

年度	积累基金/十亿韩元	收入/十亿韩元			支出/十亿韩元		收支差/十亿韩元	积累倍率/%	保险费率/%	积累基金/十亿韩元
		总收入	保险费收入	投资收益	总支出	年金支出				
2043	2 464 507	252 055	140 901	111 154	244 861	243 454	7 194	10.0	9.00	1 056 269
2044	2 459 151	257 173	145 974	111 198	262 529	261 057	− 5 356	9.4	9.00	1 033 307
2045	2 440 482	262 100	151 441	110 659	280 770	279 230	− 18 669	8.8	9.00	1 005 355
2050	2 110 154	278 988	181 417	97 571	377 879	375 952	− 98 891	5.8	9.00	787 331
2055	1 286 378	265 034	205 048	59 986	475 969	473 567	− 210 935	3.1	9.00	434 721
2060	− 214 225	231 684	231 684	0	596 793	593 799	− 365 108	0.3	9.00	− 65 571
2065	—	266 860	266 860	0	725 918	722 188	− 459 058	—	9.00	—
2070	—	308 703	308 703	0	743 119	838 471	− 534 416	—	9.00	—
2075	—	356 299	356 299	0	963 934	958 141	− 607 635	—	9.00	—
2078	—	387 432	387 432	0	1 044 438	1 037 827	− 657 006	—	9.00	—

注:积累基金为2005年不变价格。

资料来源:韩国国民年金公团,《2008年财政计算最终报告书——合本》,2008年。

表4-25 财政收支展望——方案假定

年度	积累基金/十亿韩元	收入/十亿韩元			支出/十亿韩元		收支差/十亿韩元	积累倍率/%	保险费率/%	积累基金/十亿韩元
		总收入	保险费收入	投资收益	总支出	年金支出				
2008	248 133	41 374	23 808	17 566	6 792	6 373	34 582	31.4	9.00	228 854
2010	325 294	50 851	27 629	23 222	10 328	9 852	40 523	27.6	9.00	282 798
2015	575 098	75 710	19 147	36 562	17 623	17 283	58 087	29.3	9.00	437 613
2020	923 985	109 949	53 421	56 528	31 818	31 364	78 131	26.6	9.00	624 472
2025	1 310 035	136 621	68 681	67 939	55 186	54 600	81 435	22.3	9.00	701 918
2030	1 753 004	177 978	86 603	91 375	86 080	85 325	91 898	19.3	9.00	971 917

续表

年度	积累基金/十亿韩元	收入/十亿韩元			支出/十亿韩元		收支差/十亿韩元	积累倍率/%	保险费率/%	积累基金/十亿韩元
		总收入	保险费收入	投资收益	总支出	年金支出				
2035	2 174 102	211 179	105 909	105 269	128 799	127 845	82 379	16.2	9.00	1 091 756
2040	2 519 325	255 136	132 235	122 902	196 368	195 162	58 768	12.5	9.00	1 145 853
2045	2 669 443	288 284	162 393	125 891	276 055	274 552	12 229	9.6	9.00	1 099 675
2046	2 670 265	295 506	169 303	126 203	294 684	193 113	822	9.1	9.00	1 078 445
2047	2 658 519	302 462	176 514	125 948	314 208	312 567	− 11 746	8.5	9.00	1 052 648
2050	2 552 871	323 077	201 271	121 806	370 466	368 593	− 47 389	7.0	9.00	952 515
2055	2 074 552	335 676	236 742	98 933	466 087	463 753	− 130 411	4.7	9.00	701 078
2060	1 076 842	333 729	278 089	55 640	584 788	581 879	− 251 059	2.3	9.00	329 605
2064	− 219 842	318 587	318 587	0	687 143	683 687	− 368 556	0.2	9.00	− 62 166
2065	—	330 558	330 558	0	712 625	709 017	− 382 067	—	9.00	—
2070	—	395 344	395 344	0	829 769	825 294	− 434 424	—	9.00	—
2075	—	466 528	466 528	0	968 101	962 551	− 501 573	—	9.00	—
2078	—	513 319	513 319	0	1 087 765	1 081 450	− 574 446	—	9.00	—

注：积累基金为 2005 年不变价格。

资料来源：韩国国民年金公团，《2008 年财政计算最终报告书——合本》，2008 年。

2. 原因分析

依据郑奎明的研究，"国民年金制度最大的问题就是年金财政的长期稳定性问题，其根本原因是年金—保险费结构的不均衡问题"。[①]（郑奎明，2005：121）这一问题历经 1998 年和 2007 年两次《国民年金法》改革，但都没有得到彻底解决。造成这种长期财政不稳定的深层次原因是国民年金制度导入时就不是为了满足福利需求，而是为了当时的内资动员需要和政治上总

---

① 原文：국민연금제도의 가장 큰 문제점은 연금재정의 장기적 불안정성에 있으며, 그 근본적인 원인은 제도의 급여·보험료 구조의 불균형에 있다.

统大选的需要而导入的。

国际劳工组织(ILO)以两口人家庭为基准,将退休以后生活保障必需的收入替代率设定为45%。环顾世界上众多国家的年金制度,其收入替代率大都超过了这条线,但是超过的比例比韩国小得多。表4-26 对美国、英国、德国、日本、意大利、瑞士、奥地利、智利各国的年金制度完整加入时间和最大收入替代率进行了比较。当然,加入时间不同,替代率肯定也不同。但是尽管如此,从表4-26 中的比较中还是可以看出,韩国的收入替代率仍然是非常高的。这种过高的收入替代率虽然具有充分保障劳动者退休以后生活的优点,但是它所带来的社会经济方面的副作用也是不容忽视的。

表 4-26   各国公共年金制度的收入替代率比较

比较项目	韩国	美国	英国①	德国	日本	意大利	瑞士	奥地利	智利②
年金完整加入时间	40 年	35 年	50 年	40 年	40 年	40 年	30 年	40 年	40 年
最大收入替代率	80%	41%	20% (25%)	60%	30% (30%)	80%	60%	80%	70%

资料来源:郑烘原,《国民年金制度改革政策方案设计:以年金待遇的适合性和年金财政的稳定化为中心》,延世大学行政学系博士论文,1999 年,第 13 页。

此外,与其他国家相比,韩国在国民年金导入时,保险费缴纳比例就属于比较低的水平,这一点是不容否认的。以 1988 年企业加入者的情况为例,1988—1992 年加入者缴纳的保险费是当时工作人群标准月收入额的1.5%,企业主缴纳 1.5%,合起来共缴纳标准月收入额的 3.0%。1992 年适用对象扩大及 1995 年适用对象扩大到农村、渔村的农民及渔民以后,保险费虽然稍稍上升了一些,但是总体来看,仍然处于较低的水平。再以 1993—1997 年的企业加入者为例,加入者缴纳 2.0%,企业主缴纳 2.0%,合计共缴纳4.0%,再加上退职金转换金中也有 2.0% 自动纳入国民年金保险费中,所以三项合计缴纳保险费为 6.0%。而到了 1998 年以后,加入者和企业主各自缴纳 3%,退职金转换金中也有 3% 自动纳入国民年金保险费中,所以三项合计缴纳保险费比例为 9%。之后,保险费比例一直维持 9% 的比例,但是退职金转换金中

---

① 英国和日本的情况中,括号内指的是收入比例年金的收入替代率。在这两个国家中,加入者如果愿意加入,收入比例年金可以选择适用例外(Contracting-out)。

② 在智利的新年金体系中,收入替代率随利息和工资上升率变化而变化。例如,利率和工资上升率都为 3% 时,收入替代率则为 56%。根据情况不同,收入替代率会表现出较大的偏差。(Barrientos, 1997:348 - 350)

自动纳入3%这一制度被废止，而改为由加入者和企业主各自缴纳4.5%，具体内容见表4-27。

表4-27 各年度年金保险费负担水平

单位:%

项目 \ 年月		1988—1992	1993—1997	1998—1999.03	1999.04以后
企业加入者	小计	3.0	6.0	9.0	9.0
	加入者	1.5	2.0	3.0	4.5
	企业主	1.5	2.0	3.0	4.5
	退职金转换金	—	2.0	3.0	—
企业任意继续加入者		3.0	6.0	9.0	9.0

资料来源：韩国国民年金公团，《2010年企业实务编览》，2010年1月，第32页。

上述这种缴纳得少、领取得多的低负担—高收入年金结构是韩国国民年金制度财政不稳定的根本原因，这一点也被众多学者所认同，并达成了共识。迄今为止，韩国的国民年金制度实行仅仅二十多年就已经进行过两次改革的原因也正是源于此。

二、收入再分配

1. 逆向收入再分配现象

从是否需要收入再分配功能这一争论的角度来看，韩国的国民年金制度在是否具有收入再分配功能上并没有问题。通过国民年金领取的公式可以得知，保守性比较强的韩国国民年金制度具有非常明显的阶层间收入再分配功能。也就是说，国民年金制度在设计时是本着从高收入者向低收入者进行收入转移的目的来设计的。但是，现在韩国国民年金制度在再分配功能角度上的问题是事实上的逆向收入再分配的存在。具体来说，就是地区加入者，特别是地区加入者中的高收入个体营业者群体故意隐瞒或少报收入，由此引起的收入再分配朝着逆向再分配的方向运行。这种被歪曲的收入再分配功能引起了公民的很多不满，也引起了公民对国民年金制度强烈的不信任情绪。

2. 原因分析

"关于收入再分配的逆进性有两种观点，一种观点认为这不是收入阶层间收入再分配本身的问题，这一问题实际上是由于无法准确把握城市地区加入者的收入，所以导致城市地区加入者有可能故意隐瞒或压低申报自己的收入，根本原因是城市地区加入者中的高收入者故意压低申报自己的收入，从而导致收入转移的再分配功能被歪曲。"①(夏尚根,2008:106)事实上,尽管有收入,但是回避加入、回避申报收入,以及即便进行了收入申报,但是申报不诚实、故意压低收入进行申报的情况非常普遍。为了解决这一问题,学者提出了两种解决办法:① 通过强化行政能力,加强对城市地区加入者收入的把握;② 主张在政策执行阶段把握城市个体营业者的收入是不可能实现的,因此,在强制将个体营业者也纳入国民年金体系之前首先应该设计出如何把握这些人的收入的纳税体系这一根本性措施,之后才能将国民年金制度的适用对象也扩大到这些城市个体营业者。

"此外,另外一种观点是,年金待遇中起着收入再分配功能的基础年金的比重过高,使人们一般认为平均收入较高的个体营业者的年金收入反而更高,这就形成了收入逆向分配问题,这一点才是问题的关键所在。"②(夏尚根,2008:106)

因此,在没有充分准备的情况下,进入全民年金时代,而且是在即便通过强化行政执行,也无法完全把握城市个体营业者收入的情况下,弱化收入再分配功能或者将收入再分配功能单独分离出来以别的制度形式运行,更符合韩国的现实情况。

三、基金的管理运营

1. 国民年金基金的基本特性

一直受到批评的国民年金制度的基金运营方面也存在不少问题。为了解决投资过分集中于公共部门和投资收益率过低的问题,首先必须明确国民年金基金的特性。国民年金基金究竟是加入者的信托财产还是政府的公共资金,针对这一问题,有相互对立的两种观点存在。

根据《国民年金法》第82条第1款规定,国民年金基金是为了充分确保国民年金事业必要的财政来源,也是保证年金待遇发放的"责任准备金"。因此,确保现金流动性的变现性和确保年金财政稳定而要求的提高收益率是非常重要的两个目标。在这样的背景下,从政府的立场上看,年金基金就是公共资金,即强调它是国家财政的一部分。因为国民年金与医疗保险类似,最

---

① 原文：소득 재분배의 역진성에 대해서는 두 가지 견해가 있는데, 한 가지는 소득계층 간 소득 재분배 자체가 문제가 아니라 실제로 소득파악이 제대로 되고 있지 않는 도시지역가 입자가 실제보다 낮게 소득을 신고했을 가능성이 제기되면서, 부당하게 하향 신고한 고소득자 에게 소득이 이전되는 재분배의 왜곡 가능성이 문제점으로 제기되고 있다.

② 原文：또 한 가지 견해는 연금 급여 중 소득 재분배 기능을 수행하는 기초연금의 비 중이 매우 높아, 평균적으로 소득수준이 높을 것으로 예상되는 자영업자들에게 소득 재분배가 일어나는 소득역분배의 문제점이다.

终责任要由国家来负担,万一国民年金财政情况恶化,就必须由国家来承担最后的财政负担,因此,国家当然可以将年金基金当作公共资金的一部分来使用。此外,还有一点需要注意的是,国民年金基金不同于普通的储蓄或信托基金,它无法自由提取,而且本人所缴纳的保险费金额和本人今后将领取到的年金金额是不一致的。

与上面的观点相对立,另外一种观点认为,年金基金是加入者的长期信托财产。因为年金基金主要是年金加入者和企业主缴纳的保险费积累下来的资金,所以年金基金绝不是政府财产,反而使政府负债的特征更加明显。

考虑到现行国民年金制度的实际执行情况,实际上"大部分人并不赞成以上两种比较极端性的观点。在认可两种特征同时存在的前提下,国民年金基金的性质问题就成为了一个强调哪一边、就加大哪一边权重系数的问题"。[1] (郑烘原,1998:85)

表4-28列出了截至2011年12月31日韩国国民年金基金筹资情况。从表4-28中可以看出,截至2011年年末,韩国国民年金已经筹集到393 053 871百万韩元,与2010年相比,呈持续增长态势。如果从资金构成的角度来看,目前的国民年金基金的来源包括年金保险费、基金运用收益金、积累基金、国库补助金、公团租赁保证金,以及结算盈余金,其中年金保险费为主要收入来源,其次是基金运用收益金。

表4-28 国民年金基金筹资状况

单位:百万韩元

年度	总计	年金保险费	基金运用收益金	积累基金	国库补助金	公团租赁保证金	结算盈余金
1999	58 361 462	41 954 385	16 397 093	335	0	0	9 649
2000	73 662 467	52 313 268	21 336 267	335	0	0	12 597
2001	90 373 579	64 382 249	25 976 113	335	0	0	14 882
2002	109 555 488	78 200 241	31 337 543	335	0	0	17 369
2003	131 531 118	93 811 148	37 701 844	335	0	0	17 791
2004	155 487 273	110 498 079	44 395 425	335	119 195	0	17 823

---

① 原文:대부분 어느 한 쪽을 극단적으로 고집하기보다는 두 가지 성격이 혼재되어 있다는 점을 인정하면서 어느 쪽을 강조하는가 하는 가중치의 문제로 논의하고 있다.

续表

年度	总计	年金保险费	基金运用收益金	积累基金	国库补助金	公团租赁保证金	结算盈余金
2005	182 459 726	129 498 079	52 698 688	335	243 609	0	19 015
2006	213 154 486	149 650 383	63 076 037	335	379 827	28 556	19 348
2007	248 553 526	171 320 564	76 668 250	335	516 799	27 750	19 828
2008	280 901 814	194 306 104	86 011 340	335	535 664	27 835	20 536
2009	313 251 653	218 164 254	94 484 016	335	554 860	27 652	20 536
2010	351 872 834	243 449 560	107 809 942	335	565 038	27 422	20 537
2011	393 053 871	270 884 167	121 542 196	335	575 761	30 875	20 537

资料来源：韩国国民年金公团，《2011 年国民年金年报》。

2. 存在的问题

虽然不同的学者站在不同的角度上，对国民年金基金运营指出了不同的问题，但是大部分学者都认为国民年金投资过分关注于公共性部门，因此带来了收益性和财政稳定性过低的问题。此外，学者还指出国民年金基金运营的民主性、透明性、效率性，以及运营组织的管理方面都存在不少亟待解决和提高的问题。

面对这些批评和指责，国民年金公团积极进行投资改善，开始将偏重于公共部门的投资转向其他部门。随着投资领域的转换，投资收益率也随之逐渐增加。表4-29 和表4-30 分别从买入价和时价两个层面列出了韩国国民年金基金运用的具体情况。以买入价为例，从基金运用的几个领域来看，投资于公共部门的基金数量从 2003 年开始急剧下降，从 2005 年起就没有继续在公共部门投资。福利部门的基金运营数量总体上也呈下降趋势。与之相反，金融部门的投资额却呈现出持续上升的趋势。具体来看，金融部门投资的债券和股票两部分中，目前仍然主要集中在债券的投资上。从 2011 年年底的数据可以看出，截至 2011 年年底，债券投资总额为 222 708 562 百万韩元，而股票的投资总额却只有 71 942 139 百万韩元，投资水平仅是债券投资总额的三分之一。除此之外，其他部门的投资数量也较小。基金金额和不同投资部门的详细情况在上述两个表中也列得非常清楚，同时从表中的数据也可以看出韩国国民年金运营的整体情况。

表 4-29　国民年金基金

年度	总计	公共部门	福利部门	金融部门小计	金　　融				
					债　券				
					债券小计	国内投资		海外投资	
						直接运用	委托运用		
1999	58 361 462	31 857 319	989 927	14 145 034	10 013 486	9 020 631	992 855	0	
2000	73 662 467	34 511 390	716 012	25 387 365	19 893 345	19 593 345	300 000	0	
2001	90 373 579	30 784 652	632 548	44 223 243	38 591 062	38 521 961	0	69 101	
2002	109 555 488	30 198 894	525 911	62 048 883	56 412 923	56 243 307	0	169 616	
2003	131 531 118	15 251 210	439 724	96 576 972	88 791 325	88 205 373	0	585 952	
2004	1 554 273	6 377 000	375 175	126 185 107	114 755 499	106 786 441	4 000 000	3 969 058	
2005	182 459 726	0	314 505	155 615 093	141 752 381	124 498 244	5 000 000	12 254 137	
2006	213 154 486	0	257 630	181 593 578	162 640 478	141 274 061	5 000 000	16 366 417	
2007	248 553 526	0	213 769	211 426 467	176 454 630	150 848 461	7 935 983	17 670 186	
2008	280 901 814	0	199 325	237 150 738	181 921 038	165 188 854	8 091 445	8 640 739	
2009	313 251 653	0	170 951	261 623 934	207 877 949	188 752 326	8 626 773	10 498 850	
2010	351 872 834	0	147 951	291 166 759	215 932 514	189 937 968	12 882 383	13 112 163	
2011	393 053 871	0	129 368	322 036 606	222 708 562	192 347 236	16 582 736	13 778 590	

注：① 数据为相应年度或月份的最后一天资料；

② 其他部门指的是公团会馆取得费、投票保证金、基金保管金（为了第二天资金的运营存在主要交易银行的资金）。

资料来源：韩国国民年金公团，《2011 年国民年金年报》。

运用状况（买入价）

单位:百万韩元

部门								其他部门	年金支出等支出
股票				另类投资	定期储蓄	短期资金			
股票小计	国内投资		海外投资						
	直接运用	委托运用							
2 406 861	1 372 146	1 034 715	0	0	154 100	1 570 587		247 274	11 121 908
3 408 264	1 959 852	1 448 412	0	0	210 000	1 875 756		255 073	12 792 627
3 929 657	2 338 444	1 591 213	0	0	0	1 702 524		268 738	14 464 398
5 041 510	2 951 604	1 999 906	90 000	45 500	0	548 950		281 556	16 500 244
7 095 039	3 864 673	3 080 366	150 000	240 450	0	450 158		299 783	18 963 429
10 130 563	4 876 872	4 923 691	330 000	437 850	550 000	311 195		339 635	22 210 356
12 435 553	5 362 660	6 442 893	630 000	747 175	0	679 984		353 266	26 176 862
16 138 787	5 886 844	9 076 592	1 175 351	2 152 365	200 000	461 948		362 994	30 940 284
29 064 212	9 141 504	14 731 274	5 191 434	5 321 900	200 000	385 725		366 509	36 546 781
45 000 022	15 141 475	19 941 937	9 916 610	8 567 743	0	1 661 935		376 194	43 175 557
40 511 160	12 862 059	15 234 663	12 414 438	12 908 465	0	326 360		389 937	51 066 831
55 705 931	19 167 491	18 916 327	17 622 113	18 854 894	0	673 420		410 347	60 147 777
71 942 139	26 345 986	26 601 693	18 994 460	26 015 465	0	1 370 440		428 080	70 459 817

表 4-30　国民年金基金

| 年度 | 总计 | 公共部门 | 福利部门 | 金融部门小计 | 债券 | | | 海外投资 |
| | | | | | 债券小计 | 国内投资 | | |
						直接运用	委托运用	
1999	47 239 600	31 857 300	989 900	14 145 000	10 167 500	9 174 600	992 900	0
2000	6 187 600	34 860 800	717 600	25 750 100	20 906 800	20 596 500	310 300	0
2001	78 056 500	29 505 500	630 800	47 690 500	41 113 000	41 043 200	0	69 800
2002	96 339 600	30 335 100	520 800	65 049 100	58 898 200	58 725 700	0	172 500
2003	116 694 500	15 274 000	432 300	100 797 600	90 984 800	90 387 000	0	597 800
2004	141 008 000	6 384 000	365 400	134 041 500	120 596 700	112 174 700	4 116 800	4 305 200
2005	163 948 600	0	302 500	163 350 800	141 482 400	127 385 800	5 135 600	11 961 000
2006	189 606 500	0	248 300	189 059 600	164 432 400	142 581 600	5 421 700	16 429 100
2007	219 540 000	0	203 600	219 009 900	174 844 200	149 403 400	8 078 000	17 362 800
2008	235 432 526	0	184 204	235 001 500	191 053 789	172 877 628	8 961 962	9 214 199
2009	277 642 385	0	153 961	277 251 888	215 086 587	194 813 338	9 756 284	10 516 965
2010	323 990 750	0	128 214	323 597 490	229 166 338	200 988 538	14 889 593	13 516 965
2011	348 867 692	0	108 095	348 468 066	238 071 869	203 948 914	19 560 174	14 562 781

注：① 数据为相应年度或月份的最后一天资料；

② 其他部门指的是公团会馆取得费、投票保证金、基金保管金（为了第二天资金的运营存在主要交易银行的资金）。

资料来源：韩国国民年金公团，《2011 年国民年金年报》。

运用状况（时价）

单位：百万韩元

部门							其他部门
股票				另类投资	短期资金	海外借贷	
股票小计	国内投资		海外投资				
	直接运用	委托运用					
2 406 900	1 372 200	1 034 700	0	0	1 570 600	0	247 300
2 968 500	1 688 600	1 279 900	0	0	1 874 700	0	259 100
4 859 200	2 960 200	1 899 000	0	0	1 718 300	0	229 700
5 557 800	3 343 300	2 124 500	90 000	45 500	547 600	0	414 600
9 125 800	5 452 000	3 517 000	156 800	240 400	446 600	0	190 600
12 701 600	6 684 100	5 674 300	343 200	437 600	305 600	0	217 100
20 394 900	10 318 100	9 395 400	681 400	779 800	668 500	25 200	295 300
21 986 300	10 130 100	10 592 400	1 263 800	2 167 800	447 800	25 300	298 600
38 470 400	15 240 800	17 848 400	5 381 200	5 406 100	372 600	− 83 500	326 400
33 973 704	14 011 099	14 294 265	5 668 341	8 802 476	1 690 807	− 519 300	246.822
49 505 099	18 304 103	18 006 242	13 194 754	12 522 187	342 187	− 204 172	236 536
74 893 935	29 347 450	19 918 469	19 918 469	18 898 084	639 132	0	265 047
81 859 983	31 948 373	19 720 461	19 720 461	27 193 987	1 342 227	0	291 531

如果深入研究目前占据国民年金投资比重最大的部门——金融部门的情况，从表4-31中可以看出近三年和近五年的投资收益情况。债券这一部分无论是国内还是海外，无论是直接运营还是委托运营，三年的平均收益率为5.81%，五年的平均收益率为6.20%，差别不大。而相对风险较高的股票投资这部分，国内投资的收益率却明显要高很多，国内外股票合计三年平均收益率为18.71%，五年平均收益率为6.49%。具体来看，国内股票投资的三年平均收益率为20.96%，五年平均收益率为8.81；海外股票投资的三年平均收益率为9.2%，五年平均收益率却是负数，为-6.73%。从收益率的角度来看，股票的收益率比债券部分要高很多，但是从表4-31可以看出，股票的投资额仍然过少，而且从表4-32也可以看出，从2011会计年度为基准的国民年金的投资分配来看，债券投资占68.24%，而股票投资却只有23.46%，股票投资仍然明显不足的现象表现得很明显。因此，如何扩大股票投资所占比例，以实现国民年金基金增值的最大化是国民年金公团面对的重大压力之一。

表4-31　国民年金基金投资时价评价收益率

单位:%

项目		年度	2006	2007	2008	2009	2010	2011	三年平均 (2009— 2011)	五年平均 (2007— 2011)
债券	国内	直接	5.86	2.73	11.00	4.11	7.67	5.62	5.79	6.19
		委托	5.81	2.67	10.94	4.57	7.81	5.72	6.02	6.30
	国内小计		5.86	2.73	11.00	4.13	7.68	5.63	5.80	6.19
	海外	直接	7.32	2.57	14.15	1.85	7.25	6.92	5.31	6.46
		委托	1.19	0.42	5.18	5.50	6.91	7.03	6.48	4.98
	海外小计		7.18	2.33	12.46	3.25	7.15	6.96	5.77	6.37
债券合计			5.98	2.69	11.07	4.09	7.64	5.72	5.81	6.20
股票	国内	直接	5.97	36.41	-37.51	59.99	24.82	-10.54	21.34	8.78
		委托	3.61	41.69	-38.68	57.09	23.77	-9.58	20.69	8.84
	国内小计		4.85	39.25	-38.13	58.45	24.32	-10.15	20.96	8.81
	海外	直接	—	—	—	0.51*	6.93	-4.11	—	—
		委托	16.87	6.41	-49.07	24.87	12.56	-7.35	9.20	-6.73
	海外小计		16.87	6.41	-49.07	24.88	12.12	-6.97	9.21	-6.73
股票合计			5.32	36.39	-39.98	53.11	20.73	-9.49	18.71	6.49

续表

年度 项目	2006	2007	2008	2009	2010	2011	三年平均 (2009—2011)	五年平均 (2007—2011)
其他投资	6.33	7.73	2.93	0.32	8.22	9.65	5.98	5.71
短期资金	3.75	5.04	5.98	-2.6	1.22	3.26	0.60	2.53
基金全部**	5.87	6.98	-0.21	10.84	10.57	2.32	7.84	6.01

注:① 海外资产收益率为韩元化收益率,为计算时间加权收益率的日收益率,计算方式存在时间上的差异:2006 年以前的收益率计算方式使用的是假定开盘价投资与收盘价回收的方法,2006 年的收益率计算方式使用的是假定在开盘价下,投资与回收同时发生,考虑到纯投资额的基准价格,2007 年以后采用的收益率计算方式是反映将纯投资额适用基准价的借贷手续费和分红分离的方式;

② * 表示这一数据为 2009 年 12 月设定以后没有年利率化的期间收益率;

③ ** 表示从 2007 年开始,海外借贷交易的现金担保金再投资评价损益在基金全部收益率的计算中开始反映。

资料来源:韩国国民年金研究院,《2011 年国民年金基金运用成果评价》。

表 4-32 2011 年会计基准国民年金积累基金状况

项目	福利	金融					其他	积累基金
		短期资金	债券	股票	其他投资	金融合计		
金额/亿韩元	1 081	13 422	2 380 719	818 600	271 940	3 484 681	2 915	3 488 677
比重/%	0.03	0.38	68.24	23.46	7.79	99.89	0.08	100

注:① 福利部分包括福利塔建设、保育及老人设施的租赁、生活稳定资金、维持生计资金、恢复信用支援资金;

② 其他部分包括一般会计资产、基金保管金,以及公团租赁保证金等的合计。

资料来源:韩国国民年金资金运用本部内部资料。

此外,还可以从国民年金基金运用的计划与现实执行情况的对比来考察韩国国民年金的投资情况。表 4-33 列出了 2011 年年底与 2010 年年底韩国年金基金运用计划与执行的对比情况。从比重增减可以看出,由于国际金融危机的影响,国际股市处于极度不稳定状态,因此,海外股票投资的目标比重计划扩大 1.5%,但实际上却减少了 0.5%,没有达到预期计划水平。国内股票计划增加比重 1.4%,实际上也只增加了 0.9%,没有实现计划目标。而债券部分则显示出不同的状态。海外债券部分超过计划比重 0.1%,数额微小,可以看作几乎没有变化,而国内债券部分计划减少比重 4.3%,但是实际上只减少了 1.7%,与计划差异形成较大的差异。由此可以看出,截至 2011 年年底,国内及国外的债券部分比重都超过目标比重很多,而国内外股票及其他投资的比例却没有达到预定目标比重。目标比重的变化反映了国民年金公团旨在增大收益率较高的股票市场投资的决心,但实际的投资结果却没有完全实现这一目的,实际投资仍然过多地集中于债券部分。

表4-33　国民年金基金运用计划与执行状况对照表

单位:%

资产群	2010 年末基准			2011 年末基准			比重增减	
	实际比重(A)	目标比重(B)	差异(C=A-B)	实际比重(D)	目标比重(E)	差异(F=D-E)	实际比重(G=D-A)	目标比重(H=E-B)
国内债券*	66.9	67.8	-0.9	65.2	63.5	+1.7	-1.7	-4.3
海外债券	4.1	4.1	+0.0	4.2	4.1	+0.1	+0.1	0.0
国内股票	17.0	16.6	+0.4	17.9	18.0	-0.1	+0.9	+1.4
海外股票	6.2	5.1	+1.1	5.7	6.6	-0.9	-0.5	+1.5
其他投资	5.8	6.4	-0.6	7.8	7.8	0.0	+2.0	+1.4

注:＊表示短期资金包含在国内债券部分中。
资料来源:韩国国民年金研究院,《2011 年国民年金基金运用成果评价》。

国民年金基金运营的另一个问题就是基金运营的管理费用过高,这一点同样受到了很多批评。以 2008 年为例,国民年金公团的管理运营费用占整体支出的 6.5%,管理运营费用在国民年金制度导入初期由国库支援一半以上,但是后来国库负担的比例逐渐下降,到 2007 年,下降了 38%。表4-34 列出了 2007 年和 2008 年国民年金公团支出中管理运营费所占比例。从表中可以看出,2007 年的管理运营费用占全部支出的 7.5%,2008 年虽然减少到 6.5%,但是与其他国家相比,仍然属于比较高的比例。

从表4-35 中可以看出,在 OECD 主要成员方的公共年金制度管理运营占全部支出的比例中,韩国属于最高。第二位比利时的比例也与韩国差异比较大,只占全部支出的 4.55%。由此可见,韩国国民年金管理运营费用过高是韩国国民年金制度改革必须要解决的一个问题。

表4-34　国民年金公团年金管理运营费占公团总支出的比例

年度	支出小计		年金待遇支出		管理运营费		资产取得比例	
	金额/亿韩元	比例/%	金额/亿韩元	比例/%	金额/亿韩元	比例/%	金额/亿韩元	比例/%
2008	68 639	100.0	63 927	93.2	4 484	6.5	228	0.3
2007	56 374	100.0	51 916	92.1	4 252	7.5	206	0.4

注:2008 年的一般管理运营费中,基金占 95.0%,国库支援占 5.0%(2007 年国库支援 38%)。
资料来源:国民年金公团,2008 年,第 303 页,作者有修改。

表 4-35　　OECD 主要成员方社会保险管理运营费占支出总额的比例

国家	管理运营费比例/%	国家	管理运营费比例/%
美国	3.28	比利时	4.55
日本	1.79	荷兰	3.10
加拿大	2.8	芬兰	3.36
英国	3.1	瑞典	4.24
德国	2.86	西班牙	2.81
法国	4.18	葡萄牙	4.81
奥地利	2.48	平均	3.12

资料来源：Mitchell(1997)，国民年金研究院，2008 年，第 303 页，作者有修改。

四、可行性问题

1. 政治上的可行性

正如前面已经分析过的,年金改革方案的可行性取决于政治上的可接受性和经济上的负担两个层面。韩国已经进行过的两次年金改革都采取了参数式改革的方式,即通过持续的提升保险费比例和降低年金收入替代率的方式来试图达到年金体系的财政稳定。通过前面对于这两次国民年金改革过程的分析,从政治的层面上可以看出,国民年金制度改革一直是作为一种政治工具来进行的。每到选举时,国民年金制度改革就成为一种政治斗争的工具被政治人物利用。在这种背景下提出的国民年金制度改革方案,势必不是出于福利政策的考虑,更多的是出于政治目的和政治需要,这也是韩国国民年金改革始终无法从根本上解决其财政不稳定问题的原因之一。因此,国民年金制度已经沦为政治势力斗争的武器,而非单纯的福利制度。

基于以上情况,提出韩国国民年金制度的改革方案时,所要考虑的不仅仅是制度本身的合理性,还要考虑这一改革方式在政治上能否被执政党和在野党接受,改革方案是不是会触动执政党或在野党的基本利益。如果具体的改革措施在政治上无法得到执政党和在野党的认可和支持,那么就算理论上再合理的改革方案都不可能被通过。这是韩国的国民年金改革中不可忽视的一点。

2. 经济上的负担

从经济层面来看,选择部分式或者参数式改革方式在经济上虽然没有太大的负担,但是在执行时具有局限性。第一,在确保年金制度财政稳定性的层面上,部分式或参数式改革方式不是解决年金问题的根本方式,而只是一种将资金枯竭时间稍微推迟一些的方式而已,而且这种推迟也是有限度的。第二,提升保险费比例的方式也是有限度的,不可无限度提升。按照同样的逻辑,降低年金收入替代率的方式同样也有限度,达到一定的程度以后,就无法再使用这样的改革方式。

部分式或参数式改革的继续使用体现出明显的局限性。今后韩国在进行国民年金制度改革时,究竟应该采取什么样的方式仍然是一个难题。

五、其他问题

1. 国民年金的加入盲区问题

(1) 加入盲区问题

国民年金加入盲区问题是韩国国民年金制度问题中非常严重的问题之一。当然,西方发达福利国家的公共年金制度也因为经济不景气和失业而存在加入盲区。韩国的国民年金制度导入二十多年来,现在经历的问题正是西方发达福利国家已经经历过的问题。依据 2012 年韩国国民年金公团的国民年金统计年报,截至 2010 年 12 月 31 日,韩国 18 岁以上就业者共有 23 801 000 人,而加入公共年金制度的总人数为 20 549 000 人,其中加入国民年金制度的有 19 227 000 人,加入公务员年金制度的有 1 052 000 人,加入私立学校教职员工年金制度的有 267 000 人。由此可知,加入公共年金制度的 18 岁以上就业者的比例是 86.3%,而去除公务员年金制度和私立学校教职员工年金制度的加入人数后,剩下的基本可以看作为 18 岁以上就业者,人数为 23 801 人。在这个人群中,加入国民年金制度的比例为 85.5%,也就意味着,仍然有将近 15% 的 18 岁以上就业者被排除在国民年金制度之外。

国民年金加入对象中,全体加入人数为 19 885 911 人,年龄在 18 ~ 59 岁之间的经济活动人口中加入国民年金的人口为 14 924 000 人,是总加入人数的 75%,60 岁以上的加入者为 55 000 人,可以认为,除了加入特殊职业年金制度的人以外,几乎全体公民都加入了国民年金制度。但是,在地区加入者中,加入对象与经济活动人口的比例不足 60%,也就是说,实际上公民年金制度存在一个不小的加入盲区。

(2) 原因分析

从表面上来看,出现严重的加入盲区问题是因为地区加入者的收入难以准确把握,这一点也是许多学者共同承认的。特别是由于难以把握地区加入者的收入,带来了公民对国民年金制度的不信任,同时也带来了地区加入者故意压低申报自己收入的现象。"根据 1999 年保健福利部申报接收结果来看,城市个体营业者中进行收入申报的为 4 025 千人,申报的平均收入为 842 千韩元,还不到一般工作者(142 万韩元)平均申报收入的 60%。由此可以看出,个体营业者故意压低申报收入的现象比较严重。"①(郑奎明,2005:122)如果始终找不到有效方法来准确地了解和掌握地区加入者的收入,那么,国民年金的收入再分配功能只会被渐渐歪曲,最后反而导致诚实申报的人遭受损失。

此外,国民年金出现加入盲区问题更深层次的原因,与当初在没有充分的准备下就匆忙进入全公民年金时代有关。地区加入者作为个体营业者,西方发达福利国家都很难把握其收入,而韩国将企业员工加入者和个体营业者纳入统一的年金体系中,势必会带来地区加入者保险费征收困难,并且因地区加入者会故意压低申报收入,所以会带来收入再分配制度被歪曲,以及公民对年金制度的不信任等问题。与此同时,还会带来今后劳动市场柔软化导致的非正规职从业者增加,从而引起加入者管理及收入判断困难等一系列问题。表 4-36 列出了地区加入者的国民年金加入率和缴纳例外率的情况。由表 4-36 可知,实际上地区加入者的年金加入比例是比较低的。所谓全体公民年金时代仅仅是一种标榜意义上的提法,实际上缴纳例外者人数很多,收入申报率又很低,所以形成国民年金加入盲区是必然的。

表 4-36　缴纳例外者状况

年月	地区加入者 (A)/千人	收入申报者 (B)/千人	缴纳例外者 (C)/千人	收入申报率 (B/A)/%	缴纳例外率 (C/A)/%
1998.12	2 129	1 583	546	74.4	25.6
2000.12	10 419	5 973	4 446	57.3	42.7
2002.12	10 005	5 754	4 250	57.5	42.5
2004.12	9 413	4 730	4 683	50.2	49.8
2006.12	9 086	4 150	4 936	45.7	54.3
2008.12	8 782	3 756	5 026	42.8	57.2
2010.12	8 675	3 575	5 100	41.2	58.8
2011.12	8 676	3 776	4 900	43.5	56.5

资料来源:作者根据国民年金研究院年报统计资料计算制作。

---

① 原文:1999년 보건복지부의 신고접수결과에 의하면, 도시자영업자 중 소득신고자 4,025 천명의 평균 신고소득은 842천원으로 기존 피용자(142만 원)에 비해 60% 수준에 미달하고 있어 자영업자의 소득 하향신고의 정도가 매우 심각한 상황으로 나타났다.

2. 国民的不信任问题

（1）不信任问题的形成

韩国公民对于韩国国民年金制度的不信任程度越来越深。这种不信任从数年前网络上流行一时的《国民年金的八大秘密》开始，很短时间内就在全社会蔓延开来。公民以往对于国民年金制度的不满因这次契机被进一步放大，之后又连续出现的《新国民年金的八大秘密》等书的出版，激发了公民对于国民年金的强烈不满情绪。尤其是历经两次改革仍然没有从根本上解决国民年金的财政不稳定问题这一点，更是大部分公民对于国民年金制度最大不满的所在。

加入国民年金制度的目的和保险费缴纳的动力层面也明显体现出公民对于国民年金制度的不信任态度。因为地区加入者与企业加入者的情况不同，他们的收入具有不稳定性的特征，因此，正如前面指出的那样，地区加入者的加入率相对较低，而且地区加入者中故意压低申报收入的现象也是非常普遍的。而企业加入者因为是强制性加入，且收入容易掌握，所以加入率很高；但是在采访企业加入者时发现，企业加入者对国民年金的不满情绪也相当高。

（2）原因分析

人们对于国民年金的不信任态度的本源性原因，应该从国民年金制度导入时的低负担—高收益结构中来寻找。正是当初这种不合理的结构，造成之后国民年金制度持续陷入财政不稳定状态，不得已进行了两次改革。两次改革都采取了保守的改革方式，虽然公民缴纳的保险费比例持续上升，但是其退休后所能享受到的年金收益却持续下降，而且这种保守性方式实质上是无法从根本上解决财政不稳定问题的。所以，这种既得利益持续减少的改革方式只能引起公民对制度和政府更多且更强烈的不满和不信任，广大公民一旦知道依靠数量很少的国民年金是根本无法保证退休后的老年生活这一事实，就会形成一种全社会都不再信任国民年金制度的氛围。经过两次年金制度改革，越来越多的公民开始了解到，虽然他们缴纳的保险费在持续上升，但是预计可以享受到的年金利益却在大幅减少。因此，在这种情况下，如果不对年金制度的结构进行根本上的改革，其结果只能是保险费继续上升，加入者将来可领取的养老金却日益减少，而且根本无法维持老后的基本生活。

从另一个角度来看，国民年金制度对加入者没有进行类型区分，企业加入者、地区加入者、农村和渔村的农民、渔民加入者都被纳入到同一个体系内，这种做法也是引起公民不信任的另一个重要原因。这些加入者各自的工作特征、收入情况、收入的准确把握等方面都存在着非常大的差异，在没有进行严谨的研究和探讨的情况下就将这些人通通纳入同一个体系之内进行统一管理,是非常不慎重的。由此引起的把握地区加入者的收入困难、地区高收入者故意压低收入进行申报等问题,引起了国民年金制度中收入再分配功能被歪曲,从而成为导致公民对于国民年金制度的不信任的另一个因素。

(3)国民年金制度与其他公共年金制度的衔接问题

迄今为止,韩国国内关于年金制度的研究中,还鲜有将国民年金制度与其他三种公共年金制度的衔接性作为一个研究主题的。究其原因,主要是因为除了国民年金以外的其他三种公共年金制度,即公务员年金制度、军人年金制度、私立学校教职员工年金制度的加入对象与国民年金制度的加入对象相比,专业性更强,因此职种转换的情况也少有发生。再加上之前社会整体上的就业氛围比较稳定,从国民年金加入者对象转换到其他三种公共年金加入者对象的情况较少,反过来的情况就更少了。在如此背景下,国民年金制度与其他三种公共年金制度的衔接性没有成为影响人们生活和工作的一个大问题。

但是,随着社会的飞速发展,人们工作场所的变化也随之增加,不但社会整体氛围开始渐渐突破以往偏保守的状态,而且年轻人自我实现和对于自身的满意度等观念也在发生着巨大变化。因此,这样的变化会导致个人职场移动性的增加。例如,一个年轻的大学毕业生在28岁时加入到公务员队伍中,成为一名公务员,加入了公务员年金制度。经过几年的公务员生活之后,他有可能认为自己不适合公务员这一工作,所以辞职后重新进入求职队伍寻找新的工作。假设他之后进入商业性公司工作,在这种情况下,他以公务员身份缴纳的公务员年金当然无法满足他今后领取公务员年金的加入时间要求,而且也因其脱离了公务员身份,无法再继续缴纳公务员年金制度的保险费。并且由于他进入商业性公司的时间也比较晚,达到国民年金至少20年缴纳保险费的基本要求也比较困难。因此,他将陷入两种年金制度的领取资格都无法取得的情况。当然,这种从领取额度较高的公务员年金或私学年金转入国民年金的情况相对比较少,但也是现实存在的。

反过来,由于近年来经济不景气,越来越多的人开始追逐如公务员等能够给人带来稳定感的工作,所以从国民年金转入公务员年金的情况越来越多。例如,某大学毕业生在一家公司工作的同时,一直在准备进入公务员队伍的考试。若干年后,如果他成功进入了公务员队伍,那么之前他在公司工作时缴纳过的国民年金保险费自然无法达到今后退休后领取国民年金的加入时间要求条件,只好退出。而公务员年金的领取资格可能也由于他加入公务员年金的时间比较晚而无法完全取得。再加上近年来由于经济不景气造成的就业难现象,又在无形中延长了学生毕业的时间。在毕业之前,由于要准备就业所必需的语言研修、各种资格证的取得等,韩国现在大学生的平均在校时间已经比以前延长了很多,统计资料也可以证明这一点。因此,在学生毕业时间和初次就业时间都整体推后的情况下,一到两次的改变就业领域的时间就进一步被推后了。在这种背景下,如果就业领域发生变化,为了保证老后年金领取资格的获取,不同年金制度之间的相互衔接就显得非常重要了。

在现代社会,人力资源只有自由流动才能更好地促进社会经济的正常运行,对于个人来说,个人能力和个人发展也才会更加完备。为了促进现代社会的整体健康发展,国家就要创造可以帮助人力资源自由流动的配套环境。因此,韩国如何建立起国民年金制度和其他三种公共年金制度之间的衔接制度,做到不同年金制度之间互相认可在别的年金制度中的加入年限,确定今后领取年金的方式及比例等,是目前涌现出来的一个新的有待解决的课题。

第五章 瑞典、智利、日本的
公共年金制度改革比较

第一节 瑞典、智利、日本的公共年金制度改革概况

一、瑞典的公共年金制度改革

1. 改革背景及发展过程

（1）改革背景

瑞典作为一个从20世纪初就在普遍主义的前提下建立福利社会的典型国家，早在1913年就导入了公共老龄年金制度。但是，瑞典在公共年金制度导入不到70年的时间，也就是从20世纪80年代开始，其公共年金制度就开始陷入财政可持续性无法维持下去的困境。究其原因，主要是因为瑞典和其他西方发达福利国家一样，当时正好处于老龄化速度极快的阶段。当时，"65岁以上人口与15~64岁人口的比例在1990年就已经高达27.6%，预计这一比例到2030年将达到39.4%。因此，2000年每100名劳动者抚养30名领取年金者的情况预计到2025年将变为每100名劳动者抚养41名领取年金者。如果仍然不进行公共年金制度改革，并且到2025年还维持现行年金水平，那么劳动群体工资总额的36%都得用于缴纳年金保险费"。① （梁在镇，2007）为了解决年金制度的长期财政可持续性问题，瑞典开始了公共年金制度的改革。

除了各国都面对的财政可持续性无法维持的问题以外，瑞典不得不进行年金制度改革的主要原因在于瑞典有必要提高其旧公共年金制度中再分配的均衡性。之前瑞典的收入比例年金（Allmän Tklläggspension，简称 ATP）的

---

① 原文：15-64세 인구대비 65세 이상 인구비중이 이미 1990년 27.6%에 이르는 등 높은 수준이고, 2030년에는 39.4%로 증가될 것이 예상되고 있다. 이에 따라 2000년에 100명의 근로소득자가 30명의 연금생활자를 부양하던 것이, 2025년 에는 41명을 부양해야 하는 상황이 되었다. 만약 개혁이 이루어지지 않는다면 2025년에 현 수준의 연금급여를 유지하기 위해서 노동세대가 임금총액의 36%까지 연금 갹출료를 올려야 했다.

年金计算公式是按照加入者收入最高的15年的平均收入来计算年金领取额的。很显然,这种制度安排有利于一生工作时间短,但收入高的职业人群,因此,这种制度设计受到了很多人的批评。一般来说,从事体力劳动者进入劳动市场的时间比较早,一生劳动的时间也相对较长,但是他们一生中工资收入上升的幅度很小。而与之相对应的脑力劳动者因为受教育的时间相对较长,进入劳动市场的时间相对较晚,其工资收入却要比体力劳动者高很多。因此,公共年金制度在体力劳动者和脑力劳动者之间就会发生不均衡的再分配现象。从这一点来看,瑞典的年金制度很有必要进行改革。

（2）发展过程

1913年,作为老龄人口的收入保障,瑞典的老龄年金制度成为世界上最早出现的公共年金制度。1935—1946年,这种早期始于以老龄劳动者为对象的年金制度根据《基础年金法》的修订,发展为一种其财政来源于税收,由国家进行预算,对于67岁以上瑞典公民或者在瑞典居住者,无论本人是否有收入都统一支付定额年金的基础年金制度(Folkpension,简称FP)。

1959年,瑞典的年金制度发生了第二次重要变化,即导入了附加年金制度。这种被称为ATP的附加年金的金额是在收入保障原则的基础上,以加入者一生收入最高的15年内的收入为标准,即按照所谓15/30制度进行计算的。如果加入年限不满30年,则领取的年金中将会扣除不足的年数。1969年瑞典又在ATP年金全部或者小额的情况下,在基础年金的基础上又导入了另外一种名为"补充年金(Pensionstillskott)"的补助金。大部分女性和移民老龄者都被纳入了这一范围之内。

最近的第三次年金改革是20世纪90年代进行的。改革方案于1994年通过,正式改革从1998年开始,到2001年结束。关于年金改革的争论开始于20世纪90年代,当时吸引了社会上众多人的关心和注意。当时的工会组织TCO、LO、女性团体,以及其他利益集团都积极地参与到了这场争论当中。改革方案的所有具体内容在提交给国会之前,都必须先经过由五大政党代表组成的"年金实务作业班(PAG)"的同意。这一"年金实务作业班"于1994年得到了国会85%的人员支持,双方就年金改革的基本方向达成了一致。这一组织的名称也在1998年由"年金实务作业班"改成了"推进委员会(GG)"。新的年金法案也实现了法制化,新法从1999年开始进入试验适用阶段,从2000年开始正式实施,其中的保障年金从2003年开始实施。

2. 瑞典新年金制度的内容及现状

（1）年金的种类

旧年金制度的结构是以基础年金(FP)和附加年金(ATP)为中心,再辅之以补充年金、残疾年金、住房年金、遗属年金。而新年金制度则由保障年金（Garnatipension，简称 GP）和收入比例年金（Inkomstgrundad Iderspension）两部分构成,其中收入比例年金又可以分成两部分,一部分是由现收现付制运营的收入年金（Inkomstpension，简称 IP）,另一部分是由积累方式运营的股票储蓄形式的高级年金（Preniepension,简称 PP）;以往的早期年金、残疾年金、遗属年金（一部分）被归入老龄年金的范畴。改革前后内容所发生的具体变化如图 5-1 所示。

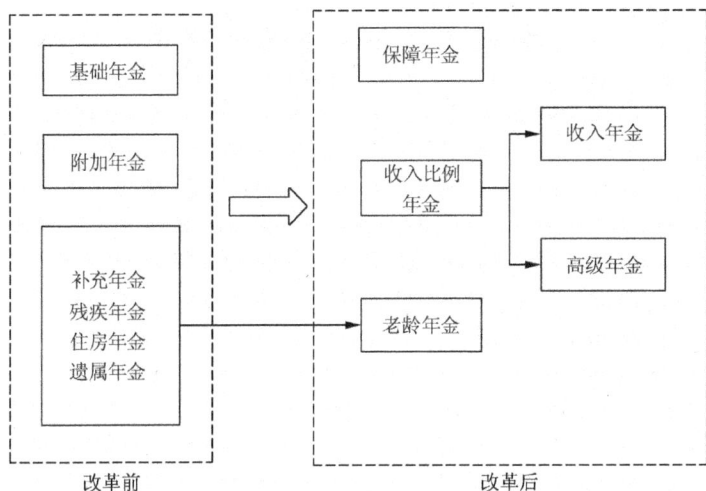

图 5-1　瑞典公共年金制度改革后内容变化对照图

资料来源:作者绘制。

　　瑞典每年年金决定年金的基本水平,依据收入检验来发放的保障年金是在保障所有公民稳定的老年生活的前提下,替代既有的基础年金,领取人到 65 岁就可以领取的年金制度。依据税收,保障年金是由一般预算来筹资的,未婚独居者可领取到的金额为物价联动基准额（Prisbasbelopp）的 2.13 倍,夫妇都生存时比这一水平稍低。

　　按照收入比例来运营的收入年金（IP）中,加入者要缴纳的保险费比例为总收入的 18.5%,其中 16% 被划入收入年金,另外 2.5% 则存入保险费积累账户,加付利息,并给予账户主选择基金管理者的权利,这就是积累为股票储蓄形态的私有化特性很强的"高级年金制度（Primiepensionsmyndigheten，简称 PPM）"。加入的个人可以在 778 个（2006 年的情况）运营基金组织中选择一个来管理自己的年金基金。如果个人没有做选择,则该基金自动由国家运营的"高级储蓄基金（Premium Saving Funds）"来进行管理,此时该基金就是一种股票投资基金。这里要注意的是,瑞典的高级年金制度虽然是私有化基金,但是其征收和管理却是由公共机关进行统一管理的,管理运营费用也只占其所运营的基金的0.4%左右,非常低廉。

此外,为了阻止新年金制度导入时可能并发的其他一些混乱状况,瑞典还同时导入了一种名为过渡期的补助年金(TP)制度。这一制度是将既往旧年金法中的基础年金和附加年金统合在一起的一个概念,特别适用于年金加入者中出生于1938—1954年的人,起到补充年金的作用。

（2）保险费和费用负担

"政府将加入者税前收入的17.21%被征收为保险费,其中加入者缴纳7%,剩下的10.21%由企业主来负担。在17.21%的保险费中,除了加入者本人负担的7%以外,以剩余收入(After-contribution Income)为基准来换算,实际比例应为18.5%,为了方便,可以按照18.5%来理解。在这18.5%中,16%作为NDC收入比例年金的财政来源,分成四份分别进入四项缓冲基金(Buffer Fund)中,剩下的2.5%则进入高级年金的个人账户中。"[1]（梁在镇,2007）瑞典年金制度改革以后的变化如图5-2所示。

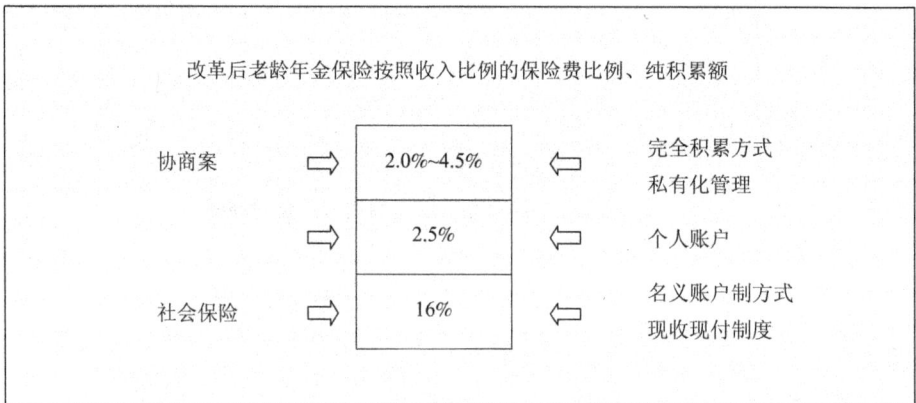

改革后老龄年金保险按照收入比例的保险费比例、纯积累额

图 5-2　瑞典年金制度改革以后的变化

资料来源：Edward Palmer, The Swedish Pension Reform Model-framework and Issue. Working Papers in Social Insurance 2000, The National Social Insurance Board, 2000.

（3）年金领取方法

在瑞典,只要在瑞典居住的年数或加入年数等方面满足要求,基本上在领取

---

① 原文：정부는 가입자 세전 소득의 17.21%를 보험료로 징수하는데, 기입자가 7%, 나머지 10.21%는 사용자가 부담한다. 17.21%의 보험료는 가입자가 부담하는 7%를 제외하고 남은 소득 (after-contribution income)대비로 환산하면 18.5%가 되는데, 편의상 18.5%가 연금 보험료로 이해된다. 이 18.5% 중에서 16%는 NDC소득비례연금의 재원으로 4개의 완충기금(buffer fund)에 1/4씩 나누어 들어가고, 나머지 2.5%는 프리미엄연금의 개인계좌에 입금이 된다.

年金时,按照年金的种类,年龄条件在一定程度上呈柔性特征。保障年金需要加入者年满 65 岁才可以领取;与之相反的是收入年金的领取年龄是按照本人的意愿,从 61 岁开始可以领取,年金的领取额度可以选择 25%,50%,75%,100%。瑞典的正式退休年龄为 65~67 岁,可以由本人选择。收入年金按照本人的申请进行支付,本人如果不主动申请,年龄达到 70 岁后,国家将自动开始支付。

表 5-1 中列出了 1999 年瑞典年金制度改革前后的内容。可以看出,在相关法律的基础上,旧年金制度与新制度在基本结构、使用范围、筹资方式、财政方式、领取资格,以及年金水平等方面都存在显著的差异。

表 5-1　1999 年瑞典年金制度改革前后内容比较

项目	旧制度	新制度
法律根据	1998 年 6 月改革方案得到议会通过,从 1999 年 1 月开始新制度生效(但根据年龄过渡期式适用) 1937 年以前出生者:适用旧制度; 1938—1953 年出生者:从旧制度到新制度渐进式适用; 1954 年以后出生者:适用新制度	
制度的基本结构	① 基础年金(Universal Pension); ② 收入比例年金 (Earnings-related Pension); ③ 部分年金(Partial Pension)	① 确定缴纳年金(Income Pension); ② 积累式个人年金 (Premium Pension); ③ 最低保障年金 (Guaranteed Pension)
适用范围	① 基础年金:所有居住在瑞典的人; ② 收入比例年金:基准收入额(Base Amount)以上收入的所有企业员工及个体劳动者; ③ 部分年金:同收入比例年金	① 确定缴纳年金:所有企业员工及个体劳动者; ② 积累式个人年金:所有企业员工及个体劳动者; ③ 最低保障年金:所有居住在瑞典的人
保险费	① 基础年金 企业员工:不缴纳; 个体劳动者:评价收入的 6.03%; 企业主:工资(Payroll)的 5.86%; 政府:费用的约 25% ② 收入比例年金 企业员工:评价收入的 1%; 个体劳动者/企业主:13.0%; 政府:不缴纳 ③ 部分年金 企业主/个体劳动者:0.2%; 政府:不缴纳	① 企业员工:收入在超过基准收入额 24% 的收入到基准收入额的 7.5 倍之间的收入者的评价收入的 9.25%; ② 企业主/个体劳动者:工资(Payroll)的 9.25%; ③ 政府:负担最低保障年金的费用 ※ 保险费的构成:企业主和企业员工保险费合计 18.5%,其中确定缴费年金部分为 16%,积累式个人年金(个人账户)为 2.5%

续表

项目	旧制度	新制度
财政方式	现收现付制(Pay-as-you-go)	名义账户制(Notional Defined Contribution)
领取资格	① 领取资格年龄:基础年金和收入比例年金都为65岁(加入者在60~70岁,可以选择早期领取或推迟领取); ② 基础年金:最少在瑞典居住满3年,完全基础年金的领取资格条件是16~64岁,在瑞典居住满40年或30年,但30年内一直从事有收入的经济活动,不满足上述条件者,领取的年金减少1/40或者1/30; ③ 收入比例年金:最少加入满3年; ④ 部分年金:61~64岁的从事按小时计算劳动的加入者,但需在45岁以后至少加入年金制度10年	① 开始领取年金年龄:从61岁开始可以适用; ② 收入年金:从16岁开始记录的整个职业生涯中有超过每年基准收入额24%的收入者,因为收入不满基准收入额的24%的情况无须缴纳保险费; ③ 积累式个人年金(个人账户):与确定缴纳年金相同; ④ 最低保障年金:因没有收入而几乎没有领取年金资格者,要求最少在瑞典居住满3年
年金水平	① 基础年金:完全年金的情况下,个人为基准收入额的96%,夫妇各自为78.5%,但如果达不到领取基础年金资格者将减少年金的1/40或1/30; ② 收入比例年金:职业生涯期间收入最高的15年之间平均收入的60%(基础年金和收入比例年金在早期支付的情况下,都采取每个月减少0.5%,延期支付的情况则每个月增加0.7%); ③ 部分年金:按小时来工作转换的收入丧失者的55%	① 确定缴纳年金:年金水平由退休时发生的年金财产除以期待寿命来计算; ② 积累式个人年金(个人账户):个人积累的缴纳保险费与运营收益的和; ③ 最低保障年金:保障年金水平独身者为基准收入额的2.13倍,夫妇每人为基准收入额的1.90倍

注:① 收入基准额(Income Base Amount)是每年在考虑消费者物价指数的情况下由政府发布的,2003年的基准收入额为SEK 40 900;

② 保险费缴纳的上限:基准收入额的24%(月SEK 818),基准收入额的750%(月SEK 25 562);

③ 年金水平根据每年调节的收入基准额(Income Base Amount)自动调节。

资料来源:作者根据韩国国民年金公团资料修改制作。

3. 瑞典年金制度改革的成果及对改革的评价

(1)瑞典年金制度改革的成果

瑞典选取名义账户制(NDC)进行年金改革究竟是成功还是失败,由于改革后所经历的时间还不太长,因此很难用一句话来断定。但至少这一改革方式得到了世界银行和世界上大多数国家的肯定性评价。下面将对这一改革的财政负担、政治上的妨碍因素，以及年金水平的适宜度进行具体分析。

（2）瑞典年金制度改革的评价

首先，瑞典通过采取"名义账户制"的改革方式，减轻了国家的财政负担，被评价为保障了瑞典年金制度的财政可持续性。瑞典的年金制度"基本上是一种个人缴纳多少年金就领取多少年金的结构，即便在现在和未来没有过去那样的经济快速成长的前提下，也仍然是一种可以维持下去的年金模型。而且该年金制度还具有按照相应一代人的期待寿命及预测死亡率等来自动调节年金额的功能，可以说是一种具有应对人口老龄化带来的财政负担装置的年金制度"。[①]（金秀珍，2006:44-45）这一点也是"名义账户制"得到很多国家认可的最主要原因。

其次，瑞典的年金制度改革在最大程度上减少了对于年金制度改革的政治性抵抗或者使年金制度改革沦为政治斗争化工具的可能性。现在，虽然许多国家都在对陷入危机的年金制度进行着改革，但显而易见的是，公民对损害自己预期利益的行为会强烈反对，特别是缴纳年金保险费比例的持续上升和年金替代率的持续下降会导致公民对年金制度的强烈不满。而"名义账户制"与之前上调保险费和降低年金替代率的方法不同，它虽然是一种名义上的账户，但是个人所缴纳的保险费直接记录在个人账户上，今后即便保险费比例上调，个人退休后也因为自己缴纳得越多，领取得就越多，所以这不会引起公民对于提高保险费缴纳比例的反感，从而也不会使公民对年金制度产生不信任情绪。

第三，采纳"名义账户制"的结果之一是可以确保年金水平保持在比较适宜的水平上。这一点可以通过对在以前的年金制度和名义确定缴纳方式下年金收入替代率的差异进行比较，从而得出结论。"以前通常领取年金的年龄是65岁。如果在65岁以前退休，收入替代率不足50%。与改革以前的年金水平相比，在名义确定缴费方式下，如果在61岁以后领取年金，所能领取到的年金水平会相当低，而且与以前能够领取得到的年金水平的差异也会随着退休年龄的推迟而增大。"[②]（金秀珍，2006:44-45）因此可以说，名义确定缴

---

① 原文:기본적으로 개인이 낸 만큼 연금급여를 받는 구조이므로 과거와 같은 고도의 경제성장이 전제되지 않는 현시점과 장래에 있어서도 유지 가능한 연금 모형인 것이다. 아울러 해당 세대의 기대여명 및 추정 사망률 등에 따라 급여액이 자동으로 조정되는 장치를 갖춤으로써 인구노령화가 초래하는 재정 부담에 대한 대응장치를 갖추게 되었다고 평가할 수 있다.

② 原文:기존의 통상적 연금 수급연령인 65세 이전에 퇴직하는 경우 소득 대체율은 50% 미만이다. 개혁 이전의 급여수준과 비교해 볼 때 명목확정기여방식하에서 61세 이후 급여를 수급할 경우 급여수준은 상당히 낮아지는 것을 알 수 있다. 아울러 기존 급여수준과의 격차도 퇴직연령이 증가할 수록 커지고 있다.

纳方式将以往过高的收入替代率降低,在一定程度上解决了因过高的替代率带来的财政不稳定问题。

另外,"这次年金改革最重要的政治目标是得到广大范围内包括左派政党和右派政党政治方面的支持,而获得国会85%的支持率这一结果就显示了这次改革在这方面是成功的"。① (Robert Holzmann and Edward Palmer, 2006:462)

二、智利的公共年金制度改革

1. 改革背景及过程

(1) 改革背景

虽然智利不属于像欧洲国家那样的发达国家,但是却是很早就进入公共年金制度发达行列的国家之一。智利于1818年从西班牙独立出来以后就导入了公共年金制度,从1890年开始实施公务员及国营企业员工年金制度。智利在军事政权下,早在制定年金法的1924年就将民间企业员工纳入了年金制度的适用对象范围。当时的年金制度属于公共年金制度,是按照职业种类分别缴纳不同保险费,并领取金额不同的年金待遇的一种职能型年金制度,采取的是现在工作的人群抚养领取年金待遇者的现收现付制。

历史相对较悠久的智利的年金制度也于20世纪70年代开始,由于急速增长的老年人口和全球性的经济生长速度放慢等原因陷入了危机。特别是到了20世纪70年代末,智利的公共年金制度的财源不足问题和制度的非效率性问题开始凸显,"旧制度最明显的问题就是高额的保险费负担和年金基金的财政不足,以及运营上所表现出来的非效率性"。② (金镇永,2002:151)

(2) 改革过程

在这样的背景下,1973年凭借军事政变上台的皮诺切特(Augusto José Ramón Pinochet Ugarte)政府接受新自由主义的典型代表——芝加哥大学经济学系出身的学者和官僚们的提案,开始实施各种形态的经济自由及活跃民间部门的政策。伴随着国营企业民营化和贸易自由化、社会保障部门的激进式改革等,1981年智利的公共年金制度也被强制性转变为完全由民间部门管理的私有化保险性质强烈的个人账户制。根据郑英勳的观点,"自从皮诺切特执政以后,智利成了芝加哥新自由主义学派学者主导自由市场改革的实验

---

① 原文:The overriding political goal of the reform was to create broad political support for the reform, with the support of parties both on the right and left of the political spectrum. The reform was successful in this respect, gaining around 85 percent of the votes in parliament.

② 原文:구제도의 가장 두드러진 문제점은 높은 갹출금 부담과 연금기금의 재정 부족, 그리고 운영상의 비효율 문제로 정리할 수 있다.

场。1981 年年金民营化措施就是 20 世纪 70 年代以来持续进行的大范围的新自由主义改革措施之一"。[①]（郑英勳,2002:91）

之后,智利又于 2008 年 1 月导入了新的年金制度——连带年金(Solidarity Pension),并于 2008 年 7 月开始实施。

2. 改革后新年金制度的内容

1981 年 5 月 1 日开始实施的智利年金制度改革将以现收现付制运营的公共年金制度改为以积累方式运营的个人年金制度,这是这次年金制度改革最显著的特征。并且,之前的确定给付型也变成了确定缴纳型。智利的年金制度改革后的具体内容主要如下。

（1）年金的种类

智利的年金制度是除军人之外,其他所有公民都包括在内的单一制年金制度。年金改革之后,从 1982 年开始要求除军人之外,其他在公共部门工作的所有人员都必须加入新的个人年金制度。对于改革之前已经加入年金制度者或者仍然留在旧制度中的人,将是否移动到新制度中的选择权交给加入者自己。而且,政府会支付给愿意移动到私有化年金制度中的人一种由政府支付的"年金认证债券"(Recognition Bonds),以此来保障这些人已经积累下来的既得权,从而解决了处于新旧制度过渡期间的人们既得利益的保障问题。这些债券将积累在个人的年金储蓄账户上,随物价指数变化相应进行调整,并保障个人实际上获得4%的利息率。最终,除了接近退休年龄的一小部分人之外,95%的人都选择了转换到新制度当中去。

这一新的个人年金制度是年金加入者每人都有的、唯一的一个个人投资账户(Individual Capitalization Acounts, 简称 ICA),为了对积累在 ICA 上的资金进行投资及投资管理,政府将运营权交给了专门成立的称为 AFP(Pension Fund Administrator)的民间公司。

为了减少加入盲区问题,智利政府还另外准备了补充制度。根据郑英勳的研究,智利政府保证为至少加入年金制度 20 年以上,但却没有能够积累充分金额的人提供最低老龄年金,其金额为平均工资水平的 22% ~ 25% 或者最低工资水平的 85%。同时,一直没有加入年金制度者则可以得到国家提供的相当于平均工资水平的约 12% 的公共补助。（郑英勳,1998:185）2008 年 1 月智利政府又通过了连带年金法案,并加以实施。

---

① 原文:칠레는 피노쳇 집권 이후 보이스가 주도하는 자유시장 개혁의 실험장이 되어왔으며,1981년의 연금민영화 조치는 1970년대 동안 지속되어온 광범한 신자유주의 개혁조치들 가운데 하나였다.其中的"보이스"指的是"Chicago Boys",即芝加哥大学的新自由主义经济学者。

连带年金制度的导入也是智利政府对于加入盲区问题的解决方式。根据韩国国民年金研究院介绍的智利的政府改革方案,智利的连带年金可以分为 PBS(Pension Basica Solidaridad)和 APS(Aporte Rrecisional Solidaridad)两种。连带年金的适用对象是完全没有加入过社会年金和个人年金的人,保险费最低从 125 US $ 开始,分阶段提高,政府在个人缴纳的保险费和运营收益基础上给他们支付年金待遇。从 2008 年 7 月开始,个体劳动者成为连带年金制度的义务加入对象,开始缴纳保险费。连带年金导入以后,即便有人没有缴纳够保险费,但是从制度设计上就为已经年满 65 岁及 65 岁以上、在智利国内居住满 20 年以上且收入较低的低收入者(2008 年为 40% ,2012 年为 60%)提供最低生活费(以 2008 年 7 月为基准,约 531 US $)。为了全社会所有的人都能维持最低生活水平,起到社会安全网作用的连带年金制度同样适用于外国人。

智利的年金种类可分为老龄年金、残疾年金以及遗属年金。本文中主要探讨的是其中占据主要地位的老龄年金。

(2)保险费和费用负担

智利的年金财政只依靠加入者缴纳的保险费来充当,废除了以往企业主负担一部分保险费的做法。一般来说,个人缴纳的保险费是个人工资收入的 10%,个体劳动者也同样缴纳个人收入的 10%。除了这 10% 强制性缴纳的保险费之外,如果个人愿意,可以追加缴纳 10%。但是缴纳的保险费设有上下限,1998 年的基准是 60 UF(大约月 180 US $)左右。

(3)年金领取方法

老龄年金的领取条件是缴纳保险费满 20 年,且男性年满 65 岁、女性年满 60 岁。领取时,个人账户中积累的资金(已缴纳的保险费 + 运营收益)通过 AFP 进行计算,每个月可以支取一定金额。如果与生命保险公司签订了合同,则可以以终生年金(Life Annuity)的形态领取。如果年金金额低于国家规定的一定额度,则由政府来支付保障年金(Guaranteed Pension)。

3. 对于改革成果的评价

(1)改革方向问题

关于智利年金制度的改革方式,"不仅年金加入是强制性的,而且需要 AFP 监督管理,并为年金制度提供财政补助,从这些方面来看,智利的年金改革就不能说是完全意义上的民营化改革。但是,从智利的公共年金制度阶段化弱化,直至取消,年金基金的管理和运营主体转化为由相互竞争的民间企业这一点来看,智利的年金改革明显又是向着社会保障民营化方向前进的改革中最激进的"。① (郑英勳,1998:185)作为世界上最早试图将年金制度向民营化方向改革的智利,其年金制度改革的结果究竟会怎样,新自由主义者和持反对论者的观点正好相反,呈现出一种对立的态势。

(2)存在争议的问题

新自由主义者认为,通过民营化方式进行的智利的年金制度改革,可以引起促进经济生长、减少社会不平等等正面的社会经济效果。但反对者却从以下颇具争议性的几个方面提出了质疑,具体的争论问题如下:

第一,关于年金收益率的评价问题。根据统计数据,智利的年金收益率在20世纪80年代非常高,进入90年代以后,稍微降低了一些。整体来看,在过去的21年里,智利的年金收益率约为10.7%。如此高的年金收益率在全世界来看都是极其少见的,这一成绩是不能否认的。而且,新自由主义者理所当然地认为如此之高的年金收益率是年金改革的功效。

但是,从反对者的观点来看,又会有新的解释。他们认为,"20世纪80年代,年金收益率高的原因在于皮诺切特政府推进的公共企业民营化带来的股市兴盛,利息率提高,而当时年金基金的财产规模相对较小"。② (曹英勳,2002:95)而且更不能忽视的是个人年金加入者缴纳年金保险费之外,还另外缴纳管理运营费,而这部分在计算年金基金收益率时是被排除在外的。根据SAPF(Superintendencia de Administradoras de Fondos de Pensiones)提供的资料,"1981—2001年的年平均收益率是7.32%,但这一收益率到1996—2001年已经降低到了4.60%"。③ (曹英勳,2002:96)1982—1998年,智利当时银行的定期存款收益率为6%。从这个层面来看,所谓智利在年金改革以后,获得了很高的年金基金运营收益率的说法,是有些夸大的。

第二,关于收入替代率的问题。智利旧公共年金体系下的收入替代率是退休前三年间收入的50%左右。而新年金制度体系下,没有提前确定好替代率,而要根据年金基金运营的收益情况来决定,基本上目标定为退休前10年间收入的70%。因为民营年金的收益率比旧年金制度下的收益率要高,所以

① BORDEN K. "Dismantling the Pyramid: The Why and How of Privatizing Social Security", Studies in the Social Security Privatization Series. No. 1. Washington, D. C." CATO Institute. 曹英勳的研究中为再引用。사회보장제도 민영화의 문제점: 칠레연금개혁 사례분석을 통한 신보수주의의 비판", 〈한국사회학〉, 제 32집, 1998년 봄호, p.185.

② 原文:1980년대의 수익률이 높았던 것은 피노쳇 정부가 추진한 공기업 민영화로 인해주식시장이 활성화되어 있었고 이자율도 매우 높았던 반면에 연금기금의 자산이 규모가 상대적으로 작았기 때문이었다.

③ 原文:1981-2001년 사이의 연 평균 수익률은 7.32%, 그리고 1996-2001 사이의 수익률은 4.60%로 크게 낮아진다.

新民营年金制度下收入替代率也高,这也是新自由主义者认为智利的年金制度改革非常成功的证据,而且实际的统计资料也显示确实如此。

但是如此高的收入替代率真的仅仅是由改革带来的吗?其实直到现在,智利比较高的年金替代率也仍然主要依靠政府提供的认证债券来实现。而且迄今为止,新年金制度下年金领取者人数还不太多。今后政府的认证债券减少,年金领取者能够领取到的年金金额也很有可能会减少。综合来看,现在还很难判断智利的新年金制度改革到底是带来了收入替代率的提高还是降低。

第三,关于收入再分配的评价。收入再分配的作用是年金制度改革反对论者所持有的最重要的"武器"之一。在这一点上,年金改革的支持者认为,通过改革,智利看到了明显的经济效果,同时他们更强调民营年金制度的社会性,甚至强调民营年金制度也同样具有收入再分配效果等。

但是,年金制度改革以后,加入者退休以后能领取到的年金金额就是自己缴纳过的保险费和保险费基金收益之和。很显然,这一制度本身并不具备收入再分配功能。智利的年金制度具有的唯一的再分配功能就是国家为未能加入年金制度者提供的相当于平均收入12%的补助金这一制度。通过这一制度,可以实现为不具备收入再分配功能的民营化年金制度提供补充的作用。

此外,智利的新年金制度还有加入者在缴纳保险费的同时,还要缴纳手续费的规定。加入者所缴纳的手续费与收入水平无关,所有加入者都缴纳同样的金额。这一点使民营年金制度的收入再分配制度进一步恶化。

三、日本的公共年金制度改革

1. 改革的背景及过程

日本属于导入公共年金制度较早的国家之一,1875年就导入了适用于海军的隐级制度。1876年,该制度又扩大到适用于所有陆军。到1884年,隐级制度的适用对象进一步扩大,涵盖了所有的文官。1923年,这些制度全部合并成为日本覆盖面最广的公共年金制度,直到现在。

民间部门最早加入公共年金制度的时间是1939年。1940年,日本开始实施船员保险法,1941年根据《劳动者年金保险法》的规定,正式开始实施以男性生产职劳动者为适用对象的年金保险制度。到了1944年,该年金保险制度的适用对象扩大到了女性及事务职劳动者,同时,该制度的法律名称也变更为"厚生年金"。"从厚生年金将适用对象扩大到民间部门的从业者这一点来看,它的意义是划时代的。该制度开始实施以后,日本就面临战后速度惊

人的通货膨胀现象。在这种情况下,社会保障的作用是无法充分发挥出来的。"(武川省吾,2005:229)

(1)改革背景

从发展过程来看,日本的厚生年金制度主要可以分为萌芽期、扩充期以及改革期三个阶段。萌芽期和扩充期的发展情况为后来进入改革期打下了基础,同时也成为日本厚生年金制度改革的背景。

第一阶段为萌芽期。1954年,通过对《厚生年金法》的全面修订,日本的公共年金制度重新出发。这次改革废除了从1941年年金制度开始运营时就采取的完全积累方式,改为修正积累方式,决定每5年提升一次保险费缴纳比例。

第二阶段为扩充期。"20世纪60年代到70年代中期是日本经济的高速发展期,这期间年金制度也像其他社会保障制度一样得到了大幅扩充。"[1](Cho Chuyong, 2006:40)普通公司职员和公务员加入了在职者年金制度,而个体劳动者和从事农林渔业者却没有相应的年金制度保护。随着工业化的发展,日本于1959年对《公民年金法》进行了修订,修订后的年金法从1961年4月开始正式实施。通过这些改革,所有日本公民都被纳入年金制度适用对象范围之内。之后,日本于1965年和1969年又进行了两次修订。通过这两次改革,年金待遇的水平在一定程度上得到了提升。

在日本,被称为"福利元年"的1973年是和1961年一样重要的一个年头。这一年在日本年金制度史上非常重要,这是因为在1973年日本的年金制度又进行了一次重大改革。通过这次改革,厚生年金的年金水平增加了2倍,并导入了一种被称为"物价slide"的标准报酬再评价制度,此外,年金制度的设计方法也发生了变化。因此,本书所研究的日本的年金制度改革主要指的就是1973年之后的改革。

(2)改革过程

因1973年石油危机的影响,日本经济高速发展的时代结束,年金制度的不稳定问题也随之出现。为了追求公共年金制度的长期财政稳定和可持续性发展,日本于1985年又进行了一次年金制度改革。这次改革导入了适用于全体公民的基础年金,确立了今后年金水平的适宜性和女性年金领取分割权。之后,日本又于1995年和2000年分别进行了两次改革,对年金领取年龄进行了上调。

---

[1]　原文:일본은 1960-70년 중반까지 고도 경제성장기에 다른 사회보장제도처럼 연금제도도 대폭적으로 확충되었다.

2004年,在前几次改革的基础上,日本又进行了一次渐进式的年金制度改革。随着日本正式进入少子高龄化社会,女性进入社会工作的比例大幅增加,为了构筑具有财政可持续性的年金制度,日本这次年金制度改革主要采取了如下改革措施:"第一,构筑与社会经济和谐发展的可持续性的公共年金制度,并确保公民对于公共年金制度的信任;第二,为了应对多种多样的生活方式和工作形态,建立能够使更多人充分发挥自己能力的与社会相连接的公共年金制度等"。①（朴光德,李东玄,都柔娜,2008:98）相对来说,日本的公共年金制度具有较悠久的历史,也经历了好几次改革。表5-2对日本公共年金制度的发展过程和改革过程进行了再次梳理。

表 5-2　日本公共年金制度的发展及改革过程

萌芽期	扩充期	改革期
1941年制定《劳动者年金保险法》; 1948年保险费率降低了以往费率的1/3; 1954年变更为两层结构(定额部分+报酬比例部分)	1959年更名为《国民年金法》; 1965年修订《国民年金法》,扩大老龄年金金额(1万日元); 1969年扩大老龄年金金额(2万日元); 1973年导入年金slide制、物价slide制,扩大老龄年金金额(5万日元)	1985年导入基础年金制度; 年金水平适度化(最高月标准收入的69%,最高额度为月5万日元); 1995年将厚生年金的领取年龄以渐进方式从60岁延迟到了65岁; 2000年将国民年金中女性领取年金的年龄以渐进方式从55岁延迟到了60岁; 停止使用工资slide制; 减少厚生年金中的收入比例年金待遇额的5%; 2004年导入宏观经济slide制,制定保险工资下限制

资料来源:作者制作。

2. 改革后新年金制度的内容

导入公共年金制度以来,日本已经对年金制度进行了好几次改革。其中最重要的几次年金改革,特别是进入21世纪以后的两次年金改革,被评价为新自由主义社会改革的一环。本节主要以2004年的改革为基准来考察其改革的主要内容。

（1）年金的种类

作为亚洲国家中唯一一个进入福利国家的国家,相对来说,日本属于年金发达国家,比亚洲其他国家都更早地导入了公共年金制度,而且也较好地构筑出世界银行所倡导的"多支柱(Multi-pillar)"结构。经过持续的改革,日

① 原文:첫째, 사회경제와 조화된 지속 가능한 공적 연금제도를 구축하고, 공적 연금제도에 대한 신뢰를 확보한다는 것, 둘째, 다양한 삶의 방식, 근로 형태에 대응하며 보다 많은 사람이 능력을 발휘할 수 있도록 공적 연금제도를 만들어 간다라는 점 등에 있다.

本现在的公共年金制度从大的方面看,可以分为国民年金、厚生年金、公制年金三种。具体来看,日本共运营有国民年金制度、厚生年金保险、公制年金制度、国民年金基金、厚生年金基金、确定收益企业、适格退职,以及职域加算部分八种年金制度。不过日本的"国民年金"这一概念的内容与韩国"国民年金"的内容完全不同。日本的国民年金制度的加入对象是年满 20 岁、小于 60 岁的日本公民,由国民年金制度为他们提供最基础的年金收入。除了国民年金制度以外,日本还有按照收入比例支付的厚生年金制度及公制年金制度。日本的第三层年金结构则是除了公共年金制度以外的企业年金制度和个人年金制度。这样可以判断出,日本的国民年金制度起的是基础年金制度的作用。

国民年金制度的加入对象开始于地区个体劳动者和农林渔业从事者,后来扩大到全体公民,在日本社会担当起了第一层年金保护网的作用。第二层年金制度为适用于个体劳动者的国民年金基金制度和确定缴费年金制度(个人型),而企业员工加入的则是厚生年金制度,公务员加入的则是公制组合制度。这样来看,日本的厚生年金制度对应的正好是韩国的国民年金制度中企业加入者部分。

从加入者的角度来看,个体劳动者等旧国民年金制度加入者被称为 1 号被保险者,加入厚生年金制度的企业员工和加入公制年金制度的公务员本人为 2 号被保险者,而 2 号被保险者的被抚养者配偶则强制性成为 3 号被抚养者,政府保障各种加入者享有各自应该享受到的年金权利。

表 5-3 是对日本改革后的年金体系的整体梳理,并列出了 2008 年加入各类年金的人数资料。

表 5-3　日本公共年金制度体系

国民年金基金(75 万人)	确定缴纳年金(个体劳动者等2 217万人,DC 方式)	确定缴纳年金(DC 方式)	确定缴纳年金		公务员等公制年金(加入者人数464 万人)
			确定收益企业年金(2002 年实施,DB 方式)	厚生年金基金(615 万人)	
			厚生年金保险加入者人数(3 249 万人)		

2008 年,国民年金(基础年金)加入者 7 029 万人(2 号被保险者的被抚养配偶1 099 万人),民间公司职员 3 713 万人

资料来源:朴光德,李东玄,都柔娜,《韩国与日本的国民年金改革比较研究——从新制度主义的视角来看》,《社会科学论集》,2008,39(1)。

(2)保险费和费用负担

从 1961 年 4 月开始实施的旧国民年金制度的适用对象是不满 5 人的企

业员工和 20 ~ 59 岁的个体劳动者中的普通公民,每月每人缴纳 100 日元保险费,以积累方式运营,行政事务性费用全额以及应发放的年金待遇的 1/3 由国库负担。

作为基础年金的国民年金制度支付给所有加入者的是统一的定额年金待遇。[①] 但是对于 2 号和 3 号加入者并不直接向他们征收保险费,而是在征收他们的收入比例年金保险费时统一征收,然后转账到基础年金中去。

厚生年金制度的保险费在 1942 年虽然只有除掉津贴以外收入的 6.4% ,但是到了 2000 年,上升到 17.35% 。从 2003 年开始,厚生年金保险费开始缴纳时按照将津贴也计算在内的总收入基准来计算。以 2003 年为例,当时的比例是 13.58% ,2004 年 10 月开始增加了 0.354% ,到 2017 年以后将增加到 18.30% ,以后将不再增加。虽然保险费率持续上升,但是从厚生年金制度导入时开始,一直采取的都是员工和企业主各负担一半保险费的方式,所以没有引起较大的反对。厚生年金制度原来基本采取的是积累方式,制度进入成熟期以后,支出逐渐超过收入。为了保证财政的长期稳定,现在采取的是修正积累方式。

(3) 年金领取方式

国民年金的领取条件是保险费缴纳时间满 25 年、年龄最低要满 65 岁。如果在 60 ~ 64 岁开始领取年金,年金额将会相应减少,到 65 岁开始领取年金时的月领取额按照以下公式来计算。

$$\text{老龄基础年金月可领取的年金额} = 804\,200 \times \frac{\text{保险费缴纳月数} + \text{保险费半额减免月数} \times 2 + \frac{(\text{保险费全额减免月数} + \text{保险费半额减免月数的} 1/3 \times 1/3)}{12}}{40 \times}$$

假设某人加入 40 年,完全基础年金领取额是整体平均收入的 20% ,大概相当于最低生活费。

厚生年金制度年金待遇的领取年龄之所以持续延迟,和其他国家一样,也是为了寻求年金制度的财政稳定。厚生年金制度开始实施时的领取年龄,无论男女统一为 55 岁。1954 年时,仅仅将男性的领取年龄提高到了 60 岁。在 1985 年改革时,女性的年金领取年龄也进行了上调。具体做法是从 1988 年到 2000 年,历经 12 年将女性的领取年金年龄也提高到 60 岁。1995 年改革时,年金领取年龄又一次被提升,从 2001 年到 2013 年,历经 12 年,男性的年

---

① 2005 年 3 月的基准是每月 13 300 日元,从 2005 年 4 月开始每年增加 280 日元,直到 2017 年以后增加至 16 900 日元为止,之后将固定不变。

金领取年龄提高到 65 岁。随后在 2000 年改革时,女性的年金领取年龄也相应改为从 2013 年到 2025 年,逐渐从 60 岁提高到 65 岁。现在,要想领取厚生年金,加入者的年龄至少要达到 65 岁,且保险费缴纳时间满 20 年以上。

厚生年金制度由收入比例年金和追加年金两部分构成。收入比例年金部分根据平均月标准收入额和加入者本人加入保险的时间长短来决定。追加年金部分在 2000 年以后设定为给配偶和子女每人都提供定额领取权,而且如果在加入厚生年金制度期间内发生残疾时,政府将支付残疾厚生年金,死亡时会给其遗属支付遗属厚生年金。

3. 对于改革成果的评价

(1) 关于年金收益的评价

日本的年金基金截至 1999 年都是依照《资金运用部资金法》全额委托大藏省管理的。2000 年 3 月 29 日年金改革管理法改革以后,年金基金全部转移到厚生省(现在更名为"厚生劳动省")来管理。厚生劳动省全职负责制度设计、财政再计算、保险费征收、年金支付等所有业务。

年金基金从大的方面来看,主要采取两种运营方式:一种是接受年金福利事业团投资咨询公司的建议,自己进行投资的自我运营方式;另一种是通过外部委托投资实现利益最大化的方式。现在,为了提高投资收益率,出现了在比重上减少债权方面的投资,增加国内外股市投资的趋势。"年金福利事业团中负责运营委托市场运营的市场运营部分的每个投资公司都必须遵守所谓债券 50% 以上、国内股市 30% 以下、外国现金资产 30% 以下、房地产 20% 以下的'5:3:3:2'的原则,1995 年因'同美国的金融协定'这一原则而适度开始放松。"①(金渊明,2000:219)市场运营部分从 1987 年开始委托信托银行,占全部委托资产的 62.13%,从 1986 年开始的生命保险委托运营占 10.73%,从 1996 年开始的专门通信公司委托占 16.42%。外国股市投资业务则委托外国投资公司运营,直接投资只限于债券投资。

(2) 关于收入替代率的评价

经过持续性改革的日本厚生年金制度在每次改革时,面临的最亟待解决的问题都是财政问题。虽然日本也实行了其他补充性措施,但是在 1999 年和 2004 年两次改革时都是通过降低年金金额的方式来降低收入替代率的。1999 年采取了降低厚生年金待遇额的 5% 的方式,2004 年时以变更评价过去

---

① 原文:연금복지사업단에서 시장에 위탁운용하는 시장운용부분을 운용을 담당하는 투자회사마다 소위 채권 50% 이상, 국내주식 30%미만, 외국 현금자산 30%미만, 부동산 20%미만 이라는 '5:3:3:2' 라는 투자 규칙이 적용되었으나 1995년 '미국과의 금융협정' 으로 이 규정이 완화되었다.

收入等间接性方式渐进式降低了年金待遇的水平，同时辅以渐进式提高保险费缴纳比例的方式。具体来看，2004年年金制度改革的核心内容是通过过去收入再评价的方式在相对较长一段时间内将年金水平从59.3%下降到50.2%，后来又持续下调到50%以下。

（3）关于收入再分配的评价

日本刚开始导入年金制度时采取了积累方式，之后在其少子高龄化社会形态的压力下，改为修正积累方式。这种方式的代际收入再分配功能非常弱。

从起基础年金作用的国民年金制度保险费缴纳方面看，其中一半的缴纳费与公民的收入无关，所有的公民都缴纳同样的金额，几乎没有收入再分配的效果。另外一半的保险费则由国库支付，可以说是一种国家对全体公民进行的收入再分配。

另一方面再来看日本的厚生年金制度。厚生年金的工资额由所有劳动者的平均月收入额和本人加入年金制度的时间长短来决定，所以代际收入再分配功能比较强。因为在缴纳厚生年金保险费时，加入者是按照自己收入的一定比例来缴纳保险费的，所以高收入者自然就比低收入者缴纳的保险费多，但是在领取年金待遇时，除了本人加入年金制度的时间差异造成的相应部分的年金金额差异之外，同一代人可领取到的年金金额是一样的。

第二节　瑞典、智利、日本公共年金制度改革比较

如前所述，年金制度改革的方式可以分为传统的参数式改革和更为果敢的结构式改革两大类。日本分别于1994年、1999年及2004年进行了三次参数式改革，但是效果仍然不尽如人意。与大多数国家所采取的改革方式不同，智利和其他一些南美国家选择了完全抛弃以往的年金结构，充分发挥市场作用，对年金制度进行私有化保险制度导向的改革道路。智利于1981年导入个人账户制度，是世界上最早将公共年金制度市场化、私有化的典型案例。而瑞典则在参数式改革和结构式改革之间找到了一条折中之路，即摸索出一种称为"名义账户制（Notional Defined-contribution）"的新制度。瑞典在采用"名义账户制"成功进行了公共年金改革以后，世界银行对其采纳的这种新型制度进行了全面的研究，并积极向欧洲其他国家推荐这种新的改革方式，希望其他欧洲国家在进行年金制度改革时，也能借鉴瑞典的改革经验。

本节将围绕采取"名义账户制"、走社会福利型道路的瑞典，选择个人账户制、走市场化道路的智利，以及持续采取参数式改革、继续维持社会保险型年金制度的日本进行公共年金制度改革时的核心争论问题，对他们各自所选

取的改革路径进行比较研究,然后对这些核心争论问题所表现出的异同点进行归纳和总结。本节的比较研究将围绕四条基准展开:一是财政方式及财政稳定性;二是收入再分配;三是年金基金的管理运营;四是可行性。

一、财政方式及财政稳定性

前述人口老龄化、出生率降低、经济增长速度减慢等世界性共同现象的出现,给全世界绝大多数国家带来了公共年金制度财政情况逐步恶化的严重问题。因此,现在大部分国家都不得不面对,并首先必须解决的一个问题就是年金制度的财政稳定性和可持续性问题。为了解决公共年金制度的财政无法维持可持续性、收入再分配功能的歪曲、管理运营的非效率性等问题,瑞典、智利、日本三国都进行了数次年金制度改革。这三个国家在本国国情的基础上,虽然各自选择了不同的改革方式,但是在改革过程中突显出来的问题,却表现出很多共性。

1. 瑞典

瑞典在进行年金制度改革之前,年金制度的财政可持续性陷入了比较艰难的状态,所以进行了公共年金制度改革。瑞典的年金制度由两部分构成,其中加入者缴纳的年金保险费中16%是以"名义账户制"形式运营的收入比例部分,另外2.5%则是以完全积累方式运营的"高级年金"。所有公民都适用的所谓"Inkomstpension"的比例年金虽然实际上是以现收现付制来运营的,但是其体系却进行了彻底地重新设计。"维持稳定的缴纳率是主要原则之一,这一原则将一直持续到充满不确定性的未来。"①在这种新的设计下,即便是在经济不景气的时候,人们也必须缴纳与之前相同的年金保险费比例,只有保险费绝对价值的上升或下降是唯一的变化,这正是这一设计最大的优点。本书将从以下几个方面来分析名义账户制设计对解决财政稳定性问题方面的作用。

(1)缓解人们对于参数式改革的抵触情绪

通过采纳确立名义账户制这一建议,社会上大部分加入者对于政府提高退休年龄的抵触心理可以得到最大程度的缓和。同时,这一设计还可以起到刺激人们劳动意愿的作用,这样更能确保年金财政的稳定性。"NDC制度中以现收现付制运营的DB制度可以克服常常出现的,因提前退休及相应的年

---

① 原文:안정된 기여율을 유지하는 것은 불확실한 미래까지 주요 원칙 중의 하나이다.英文原文:One of its principal intentions is to maintain a stable contribution rate into the indefinite future. KG Scherman, The Swedish Pension Reform: a good model for other countries? Scandinavian Insurance Quarterly, 2003:305.

金领取时间延长等因素的影响,诱发促进持续性劳动活动增加的因素产生,这可以说是 NDC 制度最大的优点……一方面,在瑞典,退休年龄达到 62 岁时,其收入替代率是 46%;65 岁时,收入替代率是 60%;68 岁时,收入替代率是 82%,这就体现出一种渐进式增加趋势的设计思路。"(尹锡命,金文吉,2005:238)而且从统计资料中也可以看出,2008 年的退休年龄比 2000 年的退休年龄稍有延迟,且这一趋势将持续下去。2000 年和 2008 年的退休年龄和年金待遇替代率情况具体见表 5-4。

表 5-4　瑞典公共年金制度的替代率及与退休年龄的相关性

单位:%

年龄/岁	现收现付制16%的保险率	公共年金的第2层(2.5%)+集团职业年金(2.0%)			总计:现收现付制年金+第2层年金+集团职业年金		
		收益率2%	收益率5%	收益率8%	收益率2%	收益率5%	收益率8%
61	0.32	0.09	0.16	0.32	0.41	0.48	0.64
62	0.33	0.09	0.17	0.35	0.43	0.51	0.69
63	0.35	0.10	0.19	0.39	0.45	0.54	0.74
64	0.37	0.10	0.20	0.43	0.48	0.58	0.80
65	0.39	0.11	0.22	0.47	0.51	0.61	0.86
66	0.42	0.12	0.23	0.52	0.53	0.65	0.93
67	0.44	0.12	0.25	0.57	0.57	0.69	1.01
68	0.47	0.13	0.27	0.60	0.60	0.74	1.09
69	0.50	0.14	0.29	0.69	0.64	0.79	1.19
70	0.53	0.15	0.32	0.76	0.68	0.85	1.29

注:假设个人收入每年为2%,在现收现付制方式下,资本指数的生长率为2%。以现收现付制运营的第2层年金和集团职业年金与性别无关。

资料来源:Edward Palmaer. The Swedish Pension Reform Model-Framework and Issue. Working papers in Social Insurance 2000, The National Social Insurance Board, June 2000:10.

(2)解决因人口老龄化加速和预期寿命延长引起的财政不稳定

在名义确定缴费方式下,按照年金待遇公式的计算方法进行计算调整以后,由于人口老龄化的压力和预期寿命的延长引起的年金财政不稳定问题会随之降低,因此,这一问题在新的计算方式下自然而然就得到了解决。

(3)收入指数化装置的导入能确保最低保障年金的稳定性

为了确保最低保障年金的稳定性,瑞典设置了一种名为"收入指数化"的稳定装置,具体情况如图 5-3 所示。图 5-3 为 2008 年瑞典公共年金制度的年度财政报告中关于收入指数化的示意图。

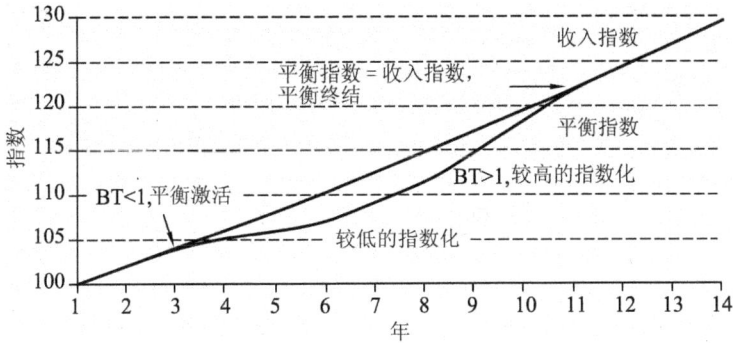

图 5-3　收入指数化调节

资料来源：Annual Report of the Swedish Pension System 2008.

（4）财政稳定状况及基金投资情况

瑞典高级年金部分（Premiumpension Smyndigheten）的管理权属于高级年金局（Premium Pension Authority，简称 PPA），由 PPA 进行管理和基金投资。"对于没有选择投资哪个基金的保险加入者，PPA 将自动为他选择投资高级年金基金。截至 2008 年年底，高级年金局管理着 773 种基金，通过 83 个基金经理来进行管理。"①（Annual Report of the Swedish Pension System，2008：12）具体的投资情况见表 5-5。

表 5-5　2008 年瑞典高级年金基金投资情况

项目	2008 年有记录的基金/种	截至 12 月 31 日管理的基金/10 亿 SEK			
		2008 年	2007 年	2006 年	2005 年
纯粹基金	585	105	163	141	99
混合基金	48	10	10	9	7
一般基金	31	29	35	31	23
利息基金	108	24	13	7	5
高级基金（纯粹基金）	1	63	87	79	58
总计	773	231	308	267	192

资料来源：Annual Report of the Swedish Pension System，2008：12.

---

① 原文：When this amount has been determined, the PPM purchases shares in the funds selected by the insured. Contribution of insured persons who have not selected a premium fund are invested in the Premium Savings Fund. At the end of 2008 the premium pension system included 773 funds, administered by 83 different fund managers.

　　前述新的改革方式实施之后,瑞典的名义账户制运行下的年金制度财政稳定状况得到了很大程度的确保。具体情况见表5-6。

表5-6　瑞典高级年金的财政稳定状况

项目	2005 年	2006 年	2007 年(预测)	2008 年(预测)
老龄年金/SEK 百元	191 628	197 702	206 383	217 989
收入比例年金/SEK 百元	169 175	176 363	185 947	198 423
基础保障年金/SEK 百元	22 448	21 339	20 436	19 566
领取者(2000 年 12 月)				
收入比例/SEK 百元	1 506	1 543	1 593	1 652
基础保障年金/SEK 百元	846	828	816	808
转换为欧元/EU	58	25	36	37
寡妇年金/SEK 百元	15 281	15 200	15 121	15 108
收入比例寡妇年金/SEK 百元	14 547	14 497	14 496	14 567
基础保障年金/SEK 百元	764	703	625	541
领取者(2000 年 12 月)				
收入比例寡妇年金/SEK 百元	368	362	356	350
基础保障年金/SEK 百元	33	30	26	21
修正年金/SEK 百元	574	613	638	677
收入比例修正年金/SEK 百元	399	438	466	506
基础保障年金/SEK 百元	175	175	172	171
领取者(2000 年 12 月)				
收入比例修正年金/SEK 百元	6	7	7	7
基础保障年金/SEK 百元	6	6	6	6
提供给老人的住宅等/SEK 百元	7 333	7 448	7 411	7 378
领取者(2000 年 12 月)/SEK 百元	11	10	10	11
部分式年金/SEK 百元	−4	0	−1	0
保险率/%	0	0	0	0
老龄年金缴纳/SEK 百元	−4	0	−1	0
领取者(2000 年 12 月)/SEK 百元	0	0	0	0
其他年金/SEK 百元	58	53	52	51
总计/SEK 百万元	215 406	221 460	230 024	241 622
占 GDP 的比例/%	8.1	7.8	7.6	7.6

　　资料来源:Försäkringskassan. The Scope and Financing of Social Insurance in Sweden 2005—2008. 作者根据其内容制作。

2. 智利

（1）优势

"1981 年 5 月 1 日起实施的年金改革的最大特征是由现收现付制的公共年金制度转化为积累式民营年金制度,同时年金运营方式也由确定给付型（加入者的年金金额预先确定）转变为确定缴费型（只确定年金保险费）。"①（曹英勋,2002:91）改革以后年金基金运营公司 AFP（Administration de Fondos de Pensiones）等管理运营的个人年金财政只由加入者的保险费来充当,过去社会保障制度下雇主负担的那部分完全被废除了。但是,加入者需要在缴纳保险费的同时缴纳手续费,具体来看,加入者需要缴纳收入的 10% 作为手续费,但是保险费缴纳对象月收入下限额度为最低月收入127 500pesos,不满 18 岁的、超过 65 岁的加入者的相应月收入为95 927pesos。个体营业者缴纳的是个人申报收入的 10%,保险费缴纳对象的月申报收入下限额度为82 889pesos,上限为 60 Ufs。政府仅仅补助为了让制度良好运转的必要的特别补助金及最低年金费用。

（2）争论

但是,智利新年金制度的管理费用相当高这一点也受到了许多人的批评。具体来说,管理费用高主要有两个原因。第一,相互竞争的民间年金管理公司为了吸引更多的加入者,需要加大宣传力度,所以他们的宣传费用就急速上升。第二,根据年金法,加入者享有每隔几个月就可以从一家民间年金公司转移到另一家民间公司的权利,这导致民间年金管理公司非常高的管理费用。"例如,仅 1995 年这一年,加入者人群中就有 30%,即 133 万多人变更了自己的加入公司,新年金体系的运营费用超过了旧体制下的运营费用水平。"②（金镇永,2002:158;曹英勋, 1998）

3. 日本

（1）收入替代率变化

日本的国民年金制度基本上是依据保险原理运营的,只是以全体国民为对象、起着安全网作用的国民年金制度缴纳定额保险费的同时,国家截至2009 年将补助水平由原来的1/3 提升到了1/2。以 2005 年为例来看,"在月保险费金额为 13 580 日元的情况下,财政收入为 4.0 兆日元,财政支出为4.2

---

① 原文:1981년 5월 1일을 기해 실시된 연금개혁의 가장 큰 특징은 부과식의 공적 연금제도 가적립식의 민영연금제도로 변경되었다는 점과 연금운영이 확정급부형(가입자의 연금급여액이 미리 확정)에서 확정 각출형(연금보험료만 확정)으로 바뀌었다는 점이다.

② 原文:예를 들어, 1995년 한 해 동안 총 가입인원의 30%에 해당하는 133만 여명이 가입회사를 바꾸어, 신 연금체제의 운영비는 구체제의 그것을 농가하는 수준이다.

兆日元,存在 0.2 兆日元的赤字;而从月保险费金额上升为 14 900 日元的
2009 年开始,预测收支可以达到平衡"。到日本年金保险费调整结束的 2023
年,收入替代率将达到 50.2%。

（2）厚生年金财政展望

厚生年金也是因为财政稳定性问题而于 2004 年进行了一次改革。2004
年,日本厚生年金制度改革的主要内容为保险费的渐进式上升,截至 2017 年
达到 18.3% 以后将固定下来,以后将采取长期固定保险费的方式来维持收支
均衡,并分阶段调整年金待遇金额。表 5-7 列出了日本厚生年金制度的财政
展望情况。

表 5-7　日本厚生年金制度的财政展望

年度	保险费率/%	收入合计/兆日元			支出合计/兆日元		收支均衡/兆日元	积累基金/兆日元
		小计	保险费收入	运营收益	小计	基础年金缴纳金		
2005	14.288	28.3	20.8	3.0	31.9	11.1	−3.6	163.9
2006	14.642	29.8	21.6	3.5	32.9	11.3	−3.1	161.1
2007	14.996	31.2	22.6	4.0	33.8	11.5	−2.5	157.8
2008	15.350	33.0	23.5	4.7	34.9	12.0	−1.9	153.1
2009	15.704	36.1	24.5	4.9	36.5	12.6	−0.4	149.2
2010	16.058	37.6	25.5	4.9	37.5	13.0	0.0	145.3
2015	17.828	44.0	30.8	5.1	41.4	15.1	2.6	137.3
2020	18.30	49.2	34.8	5.8	43.3	16.5	5.9	141.8
2025	18.30	53.7	37.7	6.9	45.5	17.7	8.2	153.1
2030	18.30	58.2	40.0	8.3	49.5	19.4	8.7	164.9
2040	18.30	66.2	43.1	10.3	62.9	25.4	3.3	165.8
2050	18.30	73.5	47.2	10.6	74.8	31.4	−1.3	136.7
2060	18.30	80.6	52.8	9.9	82.9	35.5	−2.4	104.2
2070	18.30	87.0	58.4	9.0	90.8	39.3	−3.7	76.6
2080	18.30	94.2	65.0	7.6	99.6	43.4	−5.4	52.1
2090	18.30	103.6	73.9	5.7	109.8	48.0	−6.2	31.7
2100	18.30	115.1	84.8	3.7	121.5	53.3	−6.4	16.6

资料来源:日本厚生劳动省,《2006 年度厚生劳动白皮书》,第 515 页。

（3）宏观经济 slide 制的导入

从表 5-7 可以看出，自 2010 年开始，年金保险费收益开始超过年金待遇支出，而从 2050 年开始将出现赤字。为了预防赤字的出现，通过 2004 年的年金制度改革，日本导入了分阶段调整年金金额的宏观经济 slide 制度。宏观经济 slide 制就是在被保险者减少的前提下，考虑到期待寿命的延长，为了实质上减少年金的支出，设定 slide 率（生长率），并从迄今为止的 slide 率中减去宏观经济 slide 率。换句话说，宏观经济 slide 制就是根据这一 slide 率，减少维持年金待遇水平的方式下的工资上升率或物价上升率上升幅度的制度。这一制度将一直运行到实现年金财政的长期稳定为止。因此，当厚生年金制度财政状态达到均衡状态时，宏观经济 slide 制也将自动结束。

4．小结

（1）瑞典

比例年金部分的收入替代率是根据退休年龄而变化的。退休年龄增加，年金待遇的收入替代率也将随之增加。因此，在解决了人们倾向于提前退休问题的同时，这也可以成为诱导人们继续工作的一种方式，可以更好地保证财政的可持续性。而且，根据年金待遇公式，由于人们期待寿命的延长带来的财政危机问题也会随之自然而然地得到解决。

高级年金部分以完全积累方式运营，因此财政的可持续性可以得到确保。根据加入者选择的高级年金运营公司的收益率，最终的年金待遇额也会不同。然而，民营高级年金运营公司的收益率虽然比较高，但是也有出现赤字的情况。从这一点来看，高级年金部分的管理运营方式在不同的时间段，也会成为造成财政不稳定的因素之一。不过，瑞典政府从总体上对高级年金运营公司进行着统一监督，并负最终责任。

（2）智利

智利的民营化年金制度转化为完全积累方式运营，从而解决了以前存在的财政可持续性无法确保的问题。瑞典的高级年金制度运用私有化管理这一点，虽然会带来一些不安全因素，但是因为有国家来担负最终责任，所以并不完全将责任转嫁给加入者个人。不过，智利的年金管理运营公司之间竞争激烈，导致管理费用较高问题的出现。

（3）日本

日本的厚生年金制度改革的最终目的是确保财政可持续性。与瑞典、智利的改革不同，日本选择了参数式改革方式。日本导入了持续的年金待遇收入替代率降低和安全装置宏观经济 slide 制度。这些改革虽然可以确保长期的财政稳定，但是也会导致公民不满情绪的增加。

　　瑞典、智利、日本通过各自的年金改革,在财政稳定性方面表现出来的优缺点比较情况见表5-8。

表5-8　财政方式与稳定性层次上的比较

项目	瑞典	智利	日本
财政稳定性	可以确保	可以确保	较长时间内确保
优点	可确保永久稳定性	可确保永久稳定性	渐进式改革,社会反对较少
缺点	收入替代率下降	民间年金公司	导致公民的不满

　　资料来源:作者制作。

二、收入再分配

1. 瑞典

　　瑞典所采纳的NDC方式本身不包含收入再分配功能。在其年金待遇计算公式里,收入再分配从原则上就被排除了,因此受到许多反对者的批评。因为收入再分配是公共年金制度最重要的功能之一,NDC年金制度中将这一功能排除在外,可以说与维持公共年金制度代表性的现收现付制是相矛盾的。

　　(1) 具有收入再分配功能的补充制度

　　在实际运营中,虽然NDC方式不具备收入再分配功能,但实行NDC方式的瑞典却同时运营有其他补充制度,从而实现了对弱势阶层和有此方面需要的人群的收入再分配。例如,在瑞典,对于享受不到任何年金收入的独身老人,政府会向他最多支付基本金额的2.13倍的年金,如果是夫妇,政府最多会向每个人各自支付基本金额的1.90倍。这些补充装置所需要的财源来自于政府一般财政。"并且,在服兵役期间、育儿休职期间、失业期间及加入者为残疾人的情况下,以及由于接受大学以上高等教育和职业训练等带来的没有收入的情况下,国家将从国家预算中按照规定的金额,为个人积累到个人账户上。"[①](梁在镇,2003:75)

　　(2) 年金收入上限制

　　此外,瑞典还运营有年金收入上限制。所谓年金收入上限制,就是年金收入不得超过基本额(Base Amount)的7倍。换句话说,超过这一金额的收入既不能缴纳保险费,也不会产生年金领取权。这种规定虽然并不是直接起收

---

　　① 原文:그리고 병역기간, 육아휴직기간, 장애자, 실업, 그리고 대학 이상 고등교육과 직업훈련 등으로 인해 소득이 없는 경우 국가예산에서 정해진 만큼의 기여를 개인별 계정에 적립해준다.

入再分配的功能,但是作为一种抑制富人无限制领取年金的规定,有助于维持社会的平衡。综合来看,不能断言说 NDC 方式因取消了收入再分配功能的设计而严重损害了公共年金的社会保障原则。

2. 智利

(1) 收入再分配功能的作用

关于收入再分配的效果,一般来说,人们认为年金制度民营化会削弱收入再分配功能。并且,大部分人也认为现收现付制有利于年金收入再分配功能的发挥,"认为年金制度民营化会给收入再分配带来负面影响的主张,仅仅是认为个人退休以后,在自己缴纳过的保险费及其运营收益以年金形式返回的体制下,政府除了提供公共补助以外,对低收入层不再提供任何其他形式的具有收入再分配性质的补助,因此人们认为,这种制度会使收入再分配情况进一步恶化而已,但却无法准确证明二者之间的相互关系"。[1]（金镇永,朴圣慧,2003:871）

而在智利,除了军人和警察以外,所有公民都加入的是统一的个人年金制度,这一个人年金制度不具有收入再分配功能。但是不能断言,智利的年金制度整体上没有收入再分配功能。之所以这样说,是因为智利除运营个人年金制度以外,还有靠国家财政来支持的最低保障年金制度。而且从 2008 年开始运营的连带年金也是一种由国家负责、为弱势阶层提供再分配功能的年金制度。从这一层面来看,智利的年金制度所排除的只是代际再分配,但是却以最低保障年金制度和连带年金制度的形式运营具有收入再分配效果的年金制度。

(2) 贫富差距的扩大

智利的收入不平等程度仍然非常严重。"根据世界银行的资料,智利仍然是世界上收入分布最不均衡的国家之一,其人口的 20% 占据着国民收入的 61%。并且,在年金制度民营化期间,其社会的贫富差距拉大现象变得更为严重了。"[2]（曹英勳,1998:192）

3. 日本

(1) 起收入再分配作用的国库支付制度

从 2009 年 3 月开始,日本国民年金保险费的一半由国库给予补助。所

---

① 原文：연금의 민영화가 소득 재분배에 악영향을 미친다는 주장은, 개인이 은퇴 후 자신이 낸 보험료와 기금운용 수익만을 연금으로 돌려받게 되어 있는 연금체제 하에서는 정부가 공적 부조 외에는 저소득층에 대해 소득 재분배적 성격의 어떤 보조금도 제공하지 않기때문에 소득 재분배 효과가 악화된다고 보는 것일 뿐, 둘 사이의 정확한 상관관계는 증명된 바 없다.

② 원문：세계은행 (World Bank)에 따르면 칠레는 여전히 세계에서 가장 불평등한 소득분포를 가진 나라로서 인구의 20%가 국민소득의 61% 차지한 것으로 나타났다. 게다가, 연금민영화 기간 동안 빈익빈 부익부 현상은 더욱 심화되었다.

谓国库负担的意思是,最终这部分财政将由税收来买单。"在日本基础年
金中,国库负担中的一部分预计从消费税中征收,而非来自于收入税。虽然
这一点还未确定,执政党自民党已经决定国库负担的增加部分全额都将由
消费税来充当,而且被称之为'消费税提升法案'的提案也将很快被通
过。"①(曹英勳,1998:192)不加区分地对全体公民提供定额基本年金的国
家非常少,只在日本、新西兰等极少数国家中实施着,其管理运营费用也全
额以国库补助的形式来承担。来自于税收的国库补助事实上起到的是代际
之间的收入再分配作用。

(2)起强烈的代际收入再分配作用的现收现付制

日本的国民年金制度和厚生年金制度都以现收现付制运营。将现在工
作的一代人缴纳的保险费作为发放给退休人士的年金,是代际收入再分配
非常强的一种形式。日本的国民年金制度和厚生年金制度都属于此类。

4.小结

(1)瑞典

从收入再分配层面来看,瑞典的 NDC 方式受到了很多批评,认为这种方
式不具有收入再分配功能。但是事实上,瑞典的年金制度改革在构筑年金制
度多层结构的同时,并不是消灭了收入再分配功能,而是将收入再分配功能
从比例年金部分分离出来而已。此外,瑞典还为低收入阶层单独设立了基础
保障年金制度。在瑞典的新年金制度中,"年金制度必须要具有的储蓄功能
由 NDC 收入比例年金和高级年金担当,保险功能由 NDC 收入比例年金制度
完成,基础保障功能则由保障年金来实现"。②(梁在镇,2007:1261)

(2)智利

走市场化道路的智利的年金制度由于采取的是个人账户的年金保险方
式,加入者退休以后将领取到的年金是由其退休前缴纳的保险费加上保险基
金运营收益之和,再除以预期寿命来决定的。而且,智利的年金制度在结构
上没有收入再分配功能。但是,即便是市场化的年金制度,智利的年金制度
还是保留了强制加入这一点。从这一点来看,智利的年金制度还存在国家干
预,由国家对没有满足领取年金条件的人提供最低年金,而且最近又增加了
向没有加入过年金制度的人提供连带年金的制度设计。

---

① 原文:일본에서는 기초연금에 대한 국고부담 증액 부분이 소득세가 아니라 소비세에
기초할 예정이다. 아직 확정된 것은 아니지만 집권 자민당은 국고부담 증가 부분을 전액 소비
세로 충당하는 것으로 이미 결정하였으며 '소비세인상법안'은 곧 상정될 예정이다.

② 原文:연금제도가 갖추어야 할 저축기능은 NDC소득비례연금과 프리미엄연금에서 담당
하고, 보험기능은 NDC소득비례연금제도에서 이루며, 기초보장은 보장연금에서 담당하도록
하였다.

（3）日本

日本的年金制度是与韩国年金制度最为相像的一种制度。日本的厚生年金制度仍然是以现收现付制度形式运营，所以带有非常强烈的代际收入再分配性质。日本2004年进行年金制度改革时导入的宏观经济slide制正是在日本这种强烈的代际收入再分配结构下，为了应对今后低出生率及人口高龄化问题，调整未来年金支付金额而实行的一种改革。在代际收入再分配非常强烈的社会中，日本应对未来人口结构变化的能力非常脆弱。表5-9列出了瑞典、智利、日本三国的年金制度改革在收入再分配功能层面上各自的优缺点。

表5-9　收入再分配层面上的比较

项目	瑞典	智利	日本
收入再分配	以补充年金形式运营	以基础年金形式运营	强烈的代际收入再分配
优点	由于收入再分配的分离，带来的缴费回避、提前退休等问题相应得到解决	充分发挥市场化功能，将人们对于年金制度的不满最小化	强化社会连带感
缺点	损害社会保险原则	损害社会保险原则	由强烈的代际收入再分配引起的代际不平衡

资料来源：作者制作。

三、年金基金的管理运营

1. 瑞典

（1）投资管理机构

瑞典年金管理机构主要包括瑞典的保健社会部、社会保障厅以及积累式个人年金局三个机构。社会保障厅主要管理确定缴费型年金，高级年金部分则归积累式个人年金局管理。年金加入者可以随时更换基金运营者，将自己的基金转移到其他金融机关进行运营管理。不过，不管以怎样的形态，委托给哪家运营机关运营管理，有一条是必须遵守的，那就是基金是不允许提现的。瑞典的高级年金与收入比例年金相比，其投资运营的方式和领域更为灵活。表5-10分别列出了瑞典的三个年金运营机构及其各自在年金运营管理中起到的作用。

表 5-10 瑞典的年金管理运营机构

种类	作用
REGERINGEN 议会及政府(保健社会部)(Parliament and Government)	① 立法:法令及训令; ② 政策执行
Försäkringskassan 社会保障厅(Swedish Social Insurance Agency)	① 社会保障年金待遇管理、决定; ② 提供公益服务
PPM 积累式个人年金局(Premium Pension Authority)	积累式个人年金(强制个人账户制度)管理:账户、信息等

资料来源:作者根据国民年金公团资料制作。

（2）投资领域变化

如图 5-4 所示,瑞典的高级年金为了获得相对较高的收益率,其投资主要集中在国内外的股票领域,其中,国外股票的投资又占据了压倒性比重。从图中可以看出,发达市场部分约高达 44.0%,成长市场部分也约达到了 8.3%,国内股票领域的投资也占到约 22.8% 的比重。

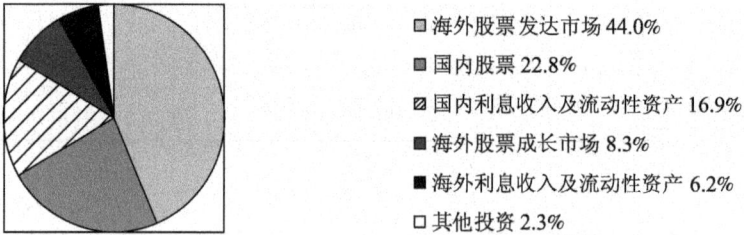

- ▢ 海外股票发达市场 44.0%
- ▣ 国内股票 22.8%
- ▨ 国内利息收入及流动性资产 16.9%
- ▩ 海外股票成长市场 8.3%
- ■ 海外利息收入及流动性资产 6.2%
- ▢ 其他投资 2.3%

图 5-4 瑞典高级年金基金投资领域的分配

资料来源:作者根据国民年金公团资料制作。

2. 智利

（1）投资管理机构

在 1981 年,智利的年金基金管理公司共有 11 个,到 1992 年增加到 22 个。之后由于各种原因导致公司合并改编,因此,截至 1999 年 5 月,智利的年金基金运营管理公司只剩下 8 个。这些年来,年金基金管理公司虽然在数量上发生了较大变化,但是其中前六家却没有发生任何变化,而且这六家年金基金运营公司几乎囊括了年金加入者及年金资产额的 95%。相对来说,这一现实情况也解除了一些人在基金安全性方面对智利年金基金管理公司由私人企业负责的担忧。

（2）投资领域变化

从基金投资领域层面来看,智利年金制度的最重要特征是海外股票领域
投资的大幅增加。从1997年开始,智利年金的民间基金海外股票投资者首次
超过了总资产的1%,之后持续增加,到1999年达到了总资产的13.4%,到
2005年达到了总资产的30.44%。由此可见海外股票领域投资增长速度之
快。"同样,智利的海外股票投资也对年金基金的实际收益率提高做出了贡
献。"(金会植,http:∥epic.kdi.re.kr/epic_attach/2007/D0702008.pdf,检索日
期:2010-03-27)

一方面,从整体来看,可以说智利的年金制度保持了相对较为固定的高
收益率。这是在市场竞争原理主导下,各AFP之间激烈竞争所带来的结果。
表5-11列出了从1981年到1999年智利的民营个人年金基金收益率的变化
情况,其中收益率最高的是1991年达到的29.7%。从1981年到1999年将近
20年的时间里,虽然也有收益率较低的年度,但是平均收益率高达11.3%。
(金镇永,朴圣慧,2003:874)

表5-11　智利民营年金管理公司的年收益率

年度	收益率/%	年度	收益率/%
1981	12.6	1991	29.7
1982	28.8	1992	3.1
1983	21.3	1993	16.2
1984	3.5	1994	19.2
1985	13.4	1995	-2.5
1986	12.3	1996	3.5
1987	5.4	1997	4.7
1988	6.4	1998	-1.1
1989	6.9	1999	9.7
1990	15.5	平均收益率	11.3

资料来源:Superinternence de Adminidradoras de Fundos de Pensioners, Boletin Estadistico,
NO.148, 1999, p339; and Superintendence de Adminidradoras de Fundos de Pensions, Press
release, May 1999; Rodriquez 1999 再引用,作者翻译制作。

从表5-11可以看出,1995年和1998年的年金运营收益率是负数。这
可以解释为,智利的年金基金运营收益率在很大程度上受到国家整体经济
情况的影响,这种情况在图5-5中也可以明显地看出。由图5-5中可以看

出,年金基金收益率下降的时期正是智利 GDP 非常低的时期。基金运营不
够稳定是按照市场原理来运营的民营化方式下不可避免的缺点,这也是不
可否认的事实。从图 5-5 可以看出,1999 年以后,收益率上升和下降的幅度
比以前有所减缓,但是与公共性质管理的年金基金相比,变化幅度还是比较
大的。

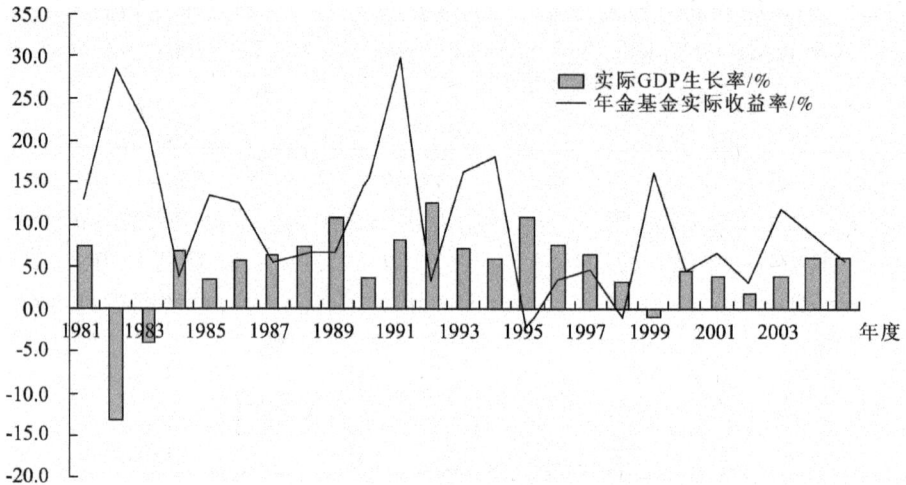

图 5-5　智利实际 GDP 生长率与年金基金运营收益率变化趋势

资料来源:金会植,《年金民营化的金融发展效果与分析:以智利的经验为中心》,
http://epic.kdi.re.kr/epic_attach/2007/D0702008.pdf(检索日期:2010 年 3 月 27 日)。

年金基金运营的稳定性也是判断年金基金的破产可能性时不能忽视的
一个指标。与以垄断方式运营的年金制度相比,以民营化方式运营的智利的
个人年金制度的破产可能性更大。加入者根据自己的选择,有可能避开这种
破产可能性,也有可能陷入制度破产当中。虽然智利的年金制度也因此受到
很多批评,认为政府将责任转嫁给了加入者个人,但是事实上,智利在国家层
面还设有最终的安全装置。万一加入者选择的 AFP 破产,政府将保障支付给
这些人最低年金。从这个角度上来看,走民营化道路的智利的个人年金制度
在一定程度上还是有安全保障的。

3. 日本

(1) 投资管理机构

从历史上来看,日本的年金基金运营方式一直采取的都是部分积累方
式,因此保有大量积累基金,其运营方式也与韩国最为接近。但是,进入 21 世
纪以来,日本的年金基金运营导入了所谓市场指向型的基金运营方式,基金

管理机构也从以前的大藏省转移到了厚生劳动省年金局。日本的年金基金
运营体系可以分为厚生劳动省年金局和社会保险厅两部分。其中,厚生劳动
省年金局负责国民年金和厚生年金相关的总括性监督业务。社会保险厅负
责运营国民年金和厚生年金的具体业务。厚生劳动省年金局和社会保险厅
的组织结构如图5-6及图5-7所示。

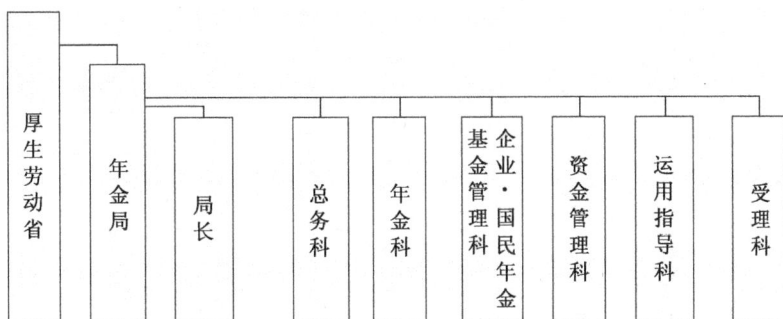

图5-6　日本厚生劳动省年金局组织结构图

资料来源:作者根据韩国国民年金公团资料绘制。

　　首先来考察一下厚生劳动省年金局的组织结构。根据韩国国民年金公
团的资料,年金科的主要业务是负责有关厚生年金保险事业和国民年金事业
的企划案;而企业·国民年金基金管理科主要负责执行厚生年金基金、确定
给付型年金、确定缴费型年金、煤炭工业年金基金、国民年金基金等制度的企
划案立案业务;负责基金运用业务的是资金管理科,其主要执行的业务包括:
有关增进厚生年金保险及国民年金被保险者等的福利所必需的设施整备的
调整及年金资金运用的总括性业务、年金资金运用基金执行事务的业务(运
用指导科所管辖的)、独立行政法人——福利医疗机构执行的业务(限有关年
金担保贷款的业务);运用指导科负责执行的是厚生年金基金及国民年金基
金的积累基金运用,以及对关于年金资金运用制度的企划及立案的监督、指
导业务。

　　日本社会保险厅的结构如图5-7所示,社会保险厅包含社会保险业务
中心和社会保险大学两个机关,此外还包括47个地方社会保险事务局和
265个社会保险事务所。社会保险业务中心由总务部、信息管理部、业务
部、记录管理部、中央年金商谈室构成。社会保险大学以培养具有丰富情
感及卓越应用能力的职员为目标,是对中坚职员和干部职员进行培训的
教育机关。地方社会保险事务局执行的是政府倡导健康保险事务、船员
保险事务,以及对厚生年金和国民年金事务的指导和监督。此外,全国都

设有社会保险事务所,是负责政府倡导健康保险、船员保险、厚生年金保险、国民年金的加入者适用业务、保险费征收、保险工资支付事务的最基层机关。

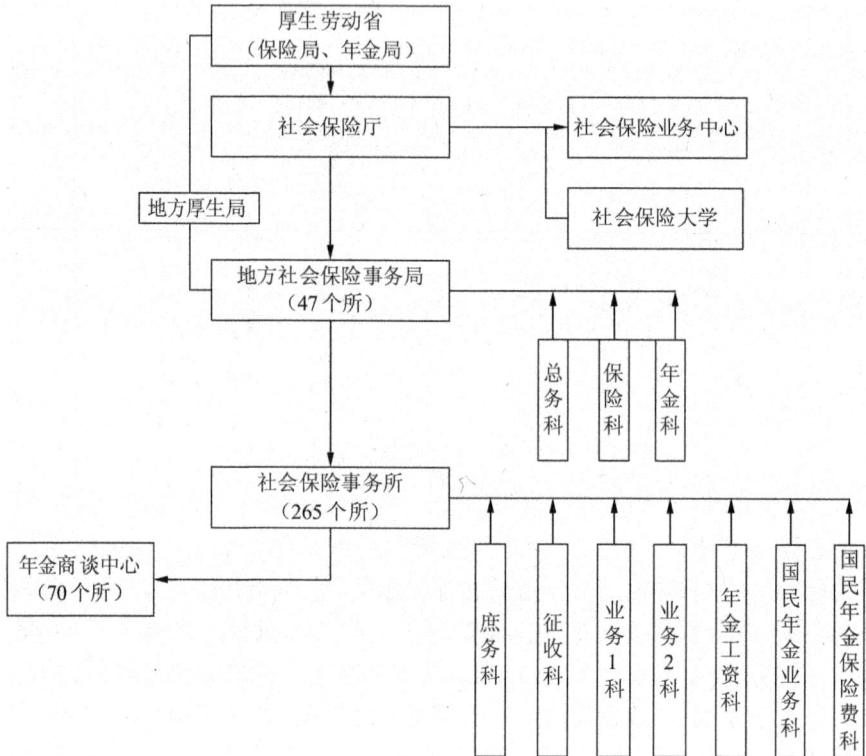

图 5-7　日本社会保险厅结构图
资料来源:作者根据韩国国民年金公团资料制作。

（2）投资领域变化

日本的年金运用之前由日本财务省管理,后来转移到了社会保险厅。从2003 年到 2008 年的 5 年期间,名目投资收益率是 2.0%。这一收益率超过了财政再计算基准1.10%。但是,从全部资产的投资收益率角度来看,收益率的变动非常大。2005 年时,收益率高达 9.88%,但是 2008 年却降至－7.57%。由此可以看出,日本投资收益率存在明显的不稳定性,具体数值见表5-12。

表 5-12 日本年金基金投资收益率变化

单位:%

年度 项目	2003	2004	2005	2006	2007	2008	6年间 年平均
财政再计算时的 投资收益率	1.10	1.10	1.10	1.10	1.10	1.10	1.10
标准工资上升率 （实际结果）	-0.27	-0.20	-0.17	0.01	-0.07	-0.26	-0.16
与财政再计算一致 的投资收益率	0.83	0.90	0.93	1.11	1.03	0.84	0.94
所有财产的名目 投资收益率	8.40	3.39	9.88	3.70	-4.59	-7.57	2.00

资料来源:作者根据日本社会保险厅资料制作。

从日本的年金基金投资类型角度来看,现在日本的年金投资主要集中于国内外基金和股票领域,具体投资情况见表5-13。

表 5-13 2008 年投资总量及收益率情况

投资类型		总收益 （Amount of Return）/ 100 百万日元	收益率 （Rate of Return）/ %
市场投资 （Market Investment）	国内基金（Domestic Bonds）	8 700	1.4
	国内股票（Domestic Stocks）	-50 613	-35.6
	国外基金（Foreign Bonds）	-6 213	-6.8
	国外股票（Foreign Stocks）	-48 547	-43.2
	合计	-96 670	-10.0
FILP 基金（FILP Bonds）		3 189	1.2
所有投资资产（All Invested Assets）		-93 481	-7.6
费用及贷款资产（Charge & Loan Assets）		-534	—
投资平均（Investment Balance）		-94 015	—

资料来源:作者根据日本社会保障厅资料制作。

根据日本社会保险厅提供的资料,2008 年日本基金投资由于利息率较低,所以只增加了 1.35%,而股票投资则由于经济危机的影响,损失了 35.55%。

4. 小结

（1）瑞典

瑞典的年金运营机关呈二元化状态。比例年金部分由国家机关社会保障厅运营,高级年金部分由个人年金局管理。在基金运营方面,高级年金部分要比比例年金部分的投资状况更为灵活和活跃。

（2）智利

智利的年金管理运营全部由民间公司进行,依据经营业绩来决定公司能否继续存在还是进行改编。因此,智利的民间年金运营公司的数目始终处于持续变化中。但是,智利这些运营公司中的前六位公司占有总年金资产额的95％,所以这六家公司的运营情况相对比较稳定。在基金投资方面,智利的年金基金投资为了取得较高的收益率,投资主要集中在海外股票领域,而且其收益率确实也维持在较高的水平上。

（3）日本

现在日本的年金管理机构由以前的大藏省转移到了厚生劳动省年金局。年金基金运营体系分别由厚生劳动省年金局和社会保险厅构成。年金基金投资主要集中在国内基金和股票领域,但其投资收益率也没有瑞典和智利高。

瑞典、智利、日本的基金管理运营方面,如管理运营的性质、优点、缺点等方面的具体比较见表5-14。

表5-14　年金基金运营维度上的比较

项目	瑞典	智利	日本
基金管理运营的性质	公共管理	民间年金管理公司	公共管理
优点	稳定性得到确保	收益率高	稳定性得到确保
缺点	收益率不高	① 存在破产可能性; ② 管理费用高	收益率不高

资料来源:作者制作。

四、可行性

纵观全世界各国的年金制度改革,具体的改革内容、所选择的改革方向,以及技术手段等都是年金改革中的重要内容。但是无论内容是什么,只有在改革方案不对国家和社会带来巨大的、不可承受的经济负担,同时也没有政治上的反对的情况下,改革才能执行下去。也就是说,改革的可行性是决定年金制度改革能否成功的一个非常重要的因素。如果各政党、政治集团,以及国民对改革方案无法接纳,无论改革方案设计得多好,也不可能实行得下去。下面将从改革的可行性这一维度来考察瑞典、智利以及日本的年金制度改革。

1. 瑞典

瑞典的 NDC 改革进行以后,很快就成功地扩散到全世界,尤其是许多欧洲国家开始效仿这种年金改革方式。这种方式受到众多国家欢迎的原因之一是,这种年金制度改革方式可行性最高。政治上的可行性可以说是瑞典的年金制度改革与其他国家的年金制度改革最为不同的一点。在年金制度改革的过程中,这是"瑞典特有的现象,无论各政党的理念差异如何,各政党从一开始就在关于改革的方向上达成了一致"。[①] (申必均,2005:213)

实际上,当时进入"年金改革作业班(The Working Group on Pension)"的七个政党对于应该怎样进行年金制度改革的意见,是不一致的。因为之前的ATP 年金制度是第一大党社民党(Social-Democratic Party)社会福利的支柱,所以社民党反对导入新的账户制。而第二大党——保守党(Conservatives Party)则倾向于账户制。当时的第三大党——自由党(Liberal Party)在倾向于账户制的同时,还特别强调缴费和年金领取之间的衔接性。第四大党——中央党(Center Party)虽然赞成导入个人账户制,但是更倾向于倡导长期的定额年金待遇制度。第五大党——基督民主党(Christian Democratic Party)和第四大党中央党的意见一致,赞成定额年金待遇的形式。剩下排名第六和第七的两个政党却在改革目标上无法达成一致。

但是,这七个政党仅仅争论了很短的一段时间后,就共同决定不再争辩,而是听取年金制度方面专家的意见。专家们认为,当时瑞典的年金制度已经陷入危机。具体来看,如果假定年金上升率是 1.5%,加上持续延长的预期寿命,再加上缴纳的保险费率若维持原样,那么积累基金(Buffer Funds)将在2010—2015 年消耗殆尽。[②] (Robert Holzmann and Edward Palmer,2006:453-454)

在这种情况下,当时的执政党社民党认为,年金制度改革是一件非常值得自豪的事情,而当时的在野党——社会民主党也并未提出反对意见。不过只有成员中大多数都是事务职职员的工会(TCO)对于废止 15/30 制度表现出了反对态度。虽然这一改革遭到了社民党党员占大多数的 TCO 和 LO 工会的

---

① 原文:스웨덴 특유의 현상으로 볼 수 있는 것은 정당 이념에 상관없이 각 정당의 상층부에서는 일찍이 개혁방향에 대한 합의를 볼 수 있었다는 점이다.

② 原文:The analysis of the pension system showed that the problems were severe—the projections indicated that with a future real wage growth of 1.5 percent, increasing longevity, and unchanged contribution rates, the buffer funds would be exhausted sometime between 2010 and 2015.

反对,经历了一些困难,但是从结果上来看,年金制度改革的内容除了保守党的一部分主张之外,绝大部分项目上都贯彻了社民党的主张,从这一点上来看,对于社民党来说,这次改革是成功的。①

2. 智利

智利的情况与其他国家相比较为不同,是一个特殊的个例。因为智利在1981 年所进行的私有化、民营化、市场化的年金制度改革是在 1973 年靠军事政变而执政的皮诺切特政府的主导下进行的,所以不存在政治上的反对。在全世界的各个国家中,因军事政变而上台长期执掌政权的情况非常少。因此,民主社会中常见的政治上的反对在这一点上很难与智利的情况进行比较,也就是说,二者不存在可比性。总的来说,智利因为是在执政党军事政权主导下进行的年金制度改革,所以根本不存在政治势力反对这一问题。

3. 日本

日本进入21 世纪以后,进行了两次年金制度改革,基本上都可被看作新自由主义式改革。从被称为日本"福利元年"的 1973 年开始,日本的年金制度一直沿着类似的脉络前行,但是每到改革时都会经历持续的政治斗争和妥协,甚至都有政治斗争成为年金制度改革主要内容的时候。这种情况"从最负面的含义来看,可以说年金制度改革政治问题化了"。② (武川省吾,2005:256)

例如,2004 年的年金制度改革"截至 2003 年秋天,一直没有受到政治圈的关注。但是从政府方案确立以后,该方案开始受到政治势力的关注,在国会审议中,年金改革法也成为执政党和在野党之间政治'拔河赛'的主要问题。"(武川省吾, 2005:256) 2003 年在厚生劳动省主导下进行的年金改革方案中导入了保险费固定方式,将最终保险费确定为年收入的 20%。但是由于政治团体或财务省的压力所迫,不得已于 2004 年 1 月 30 日与执政党协商后达成一致,将厚生年金保险费的上限降低,定为 18.3%,并反映在政府方案中。反过来,收入替代率也是为了考虑民众舆论的力量,不得已而提高的。2004 年 2 月 10 日年金改革方案提交到了国会,4 月 1 日进入了审查。但是,4 月 8 日,民主党也提交了自己的年金改革方案。接着,5 月 6 日,自民党、公明党、民主党为了实现年金制度的一元化,设置了合议机关进行合议。

---

① 注:当时改革虽然获得了五个政党的支持,但是剩下两个政党仍然对于改革持反对态度。Two parties, the Left Party, which was represented in the working group, and the Green Party, which at the time had too few votes to be in parliament, but which since them has been in parliament, still opposed the reform a decade late. However, those two parties differ considerably in their critique of the reform. (Robert Holzmann and Edward Palmer, 2006:454)

② 原文:매우 부정적인 의미로서 연금개혁이 정치 문제화되었다고 할 수 있다.

日本的年金制度改革如上所述,受到了政治势力的很多影响。执政党和在野党各党派、利益集团等团体为了各自的政治利益,必须在经历了他们之间的合议之后,才可能够决定出折衷性的改革内容。瑞典或智利就不存在这一困扰。因此,日本今后进行年金制度改革的难度有可能会加大。在同样需要政治势力互相妥协、合议的韩国在进行年金制度改革时,也会面临同样的政治因素阻碍。

4. 小结

(1)瑞典

瑞典的年金制度改革是在各政党、利益集团等的合议前提下展开的。在改革方案提出初期,工会虽然提出了不同意见,但最终还是通过了统一的改革方案。因此,可以说改革过程中没有受到政治上的阻碍。

(2)智利

智利的年金制度改革是在军事政府的主导下进行的,因此不存在政治上的反对或者政治阻碍因素。但是因为其他国家很少有像智利一样的军政政权存在,所以就智利的改革方式在政治方面的被接纳性这一点,将其作为参考有些困难。

(3)日本

日本的年金制度改革一直就是政治问题中的一环。因为日本的年金制度改革一直采取的都是参数式改革方式,在保险费不断提高的同时,收入替代率却在持续下降,因此年金制度改革成为政治化问题也是自然而然的事。各政党或利益集团为了本团体的利益,只有经过协商和互相妥协才能实现折中性改革方案的通过。此外,每到选举时期,年金制度改革方案势必受到政治斗争的影响。

瑞典、智利、日本的年金改革中可行性方面各自优缺点的比较见表5-15。

表5-15 可行性维度上的比较

项目	瑞典	智利	日本
可行性	高	低	低
优点	容易实现政治协商及妥协	—	—
缺点	—	—	容易成为政治化问题

资料来源:作者制作。

第六章　韩国国民年金制度改革的路径选择

从第五章的比较分析中可以看出,瑞典、智利、日本三国在进行年金制度改革时各自选取了不同的改革方式。当然,这三个国家在年金制度改革方面,互相也会产生一些启示或提供一些经验。例如,日本2004年进行年金制度改革时导入的宏观经济slide制度很明显就是吸收了瑞典年金制度改革的经验。此外,从日本年金基金的运营层面上看,日本走的是智利所选择的市场化方向这一点也非常明显。那么,福利国家的代表瑞典、选取强制性民营化改革方式的智利,以及社会保险型的代表国家日本的年金制度改革经验能给韩国带来什么启示呢? 这些启示能够为韩国今后年金制度改革方向的选择上提供哪些借鉴或启示呢?

纵观全世界年金制度改革的情况,年金制度改革的模型大致见表6-1,即私有化年金、公共性年金,以及新出现的名义账户制年金三种。智利的情况属于私有化年金,日本则属于公共性年金,当然,瑞典是采取名义账户制的代表性国家。表6-1列出了三种模型的优缺点。

表6-1　年金制度模型比较

项目	私有化年金	公共性年金	名义账户制年金
给付原理	确定缴费	确定给付	确定缴费
财政方式	完全积累	现收现付制	现收现付制
基金管理	私有化管理	公共性管理	公共性管理
优点	① 财政稳定; ② 劳动市场正常化; ③ 资本市场得到培育	① 老后收入有保障; ② 收入再分配效果	① 有助于财政稳定; ② 可维系社会保障原则; ③ 劳动市场正常化; ④ 转换费用最低化
缺点	① 社会保障原则被破坏; ② 引起转换费用	① 财政不稳定; ② 劳动市场被歪曲; ③ 代际收入转移	① 保险费缴纳对象收入总额(所谓contribution base)减少时会引起财政不稳定; ② 存在政治干涉可能性

资料来源:梁在镇,《年金改革的"第3条路":瑞典的名义账户制方式年金改革与导入韩国的必要性》,《行政论丛》,第40卷,第2号,第69页。

第一节　瑞典、智利、日本年金制度改革的经验

如前所述,三个国家的年金制度改革方式及结果各有利弊,在改革过程中也出现了许多争论。本节将从财政方式及稳定性、收入再分配、基金管理运营,以及可行性四个方面,探讨这三个国家在公共年金制度改革过程中体现出来的可供韩国借鉴的经验和启示。

一、财政方式及稳定性

财政稳定性问题是全世界各国年金制度改革中必须要解决的核心问题,也是年金制度改革中最重要的问题。韩国历经的两次年金制度改革,主要都是为了保证财政可持续性。瑞典、智利、日本的年金制度改革也是出于财政问题,在年金制度已经陷入危机的状态下进行的。

1. 瑞典的经验

众所周知,瑞典1999年在维持现收现付制的同时,与积累方式相结合,创造出了所谓"名义账户制"的新方式。从财政维度上来看,瑞典年金制度的中枢——收入比例年金由于采取的是确定缴费方式,所以从结构上就可以确保永久性的财政可持续性。剩下2.5%的保险费进入的高级年金制度像智利一样采取了完全积累方式(FDC),财政稳定可以得到确保。无法否定的是,瑞典的年金制度并不是完全积累的FDC方式,而是名义账户制(NDC),这种制度在应对高龄化人口结构变化时仍然是脆弱的。事实上,也有人认为,以名义账户制运营的瑞典的年金改革并不是彻底的改革,而是在市场化积累方式和传统DB方式之间的一种折中性的改革。在这种背景下,根据梁在镇的观点,"在现收现付制度下,财政问题的核心并不是单纯的人口变化,而是保险费缴纳对象收入总额(所谓contribution base)的增减。即使人口减少,但是如果雇佣率增加,contribution base也会增加。因此低出生率、高龄化社会中增加雇佣就成为一个重要的课题。在这样的脉络之下,如果年金制度中高龄者的经济活动都一样,那么DC型比DB型更能促进中高龄者工作。从这一点上来看,即便是同样的现收现付制,与传统DB型现收现付制相比,DC型现收现付制年金制度,即NDC年金

更为优越"。①(梁在镇,2007:1257)综合来看,瑞典的 NDC 方式在激增的老龄人口及低出产率、平均预期寿命延长等压力下,可以带来财政不稳定得到大幅缓解的效果。这种新的结构性改革方式是一种适用于韩国年金制度的改革方向。

2. 智利的经验

智利在非常复杂的多种年金制度共存,且年金财政已经陷入危机的背景下,于 1981 年果敢地进行了改革,将原有的公共年金制度改造成了民营化的年金制度。改革以后的年金制度采取完全积累方式,从结构上保证了财政稳定目标的实现。基于智利这一成功经验,韩国国内也有人提出,韩国的国民年金改革也应该采取民营化的方式。但是向民营化年金制度转换时,不可避免地要面对巨额的转换成本,因为之前实施的现收现付制转化为完全积累制时,巨大金额的潜在债务将显性化。对于如此巨大的转轨成本,智利政府采取的是由国库发行"认可债券"的形式来解决;但韩国政府是否有能力承担如此高额的转换成本还是个疑问。根据统计资料,韩国如果选择完全市场化的改革方向,潜在债务将成为最大的障碍因素,这一点和其他国家是一样的。而且,韩国在最初导入国民年金制度时,就是模仿了日本年金制度的框架,因为这种制度具有强烈的社会保险性质,在韩国保守的社会氛围下,如果选择市场化方向,社会是否能够接受也是一个不容忽视的问题。

3. 日本的经验

日本的年金制度改革在财政稳定性方面对于韩国的启示和意义比其他任何国家都重大。这是因为,韩国的国民年金从最初的实施阶段开始,其设计体系就与日本的制度体系非常相似。之后,韩国通过修改年金法,两次扩大适用对象等改革,终于逐渐摆脱了日本年金制度的框架,进入了新的韩国式年金制度时代。日本迄今为止进行的最后一次年金制度改革是 2004 年的改革。经过这次改革,日本形成了确定给付型和确定缴费型年金制度并行的模型。此外,所谓宏观经济 slide 制的导入使得年金待遇的水平实现了自动调节,虽然看起来好像解决了年金制度的财政稳定性问题,但是实际上并没能实现结构上的财政稳定性。而且,这种持续性的年金待遇水平下降,会使公民对于年金制度的不信任和失望情绪越来越大,这种社会现象也是不容忽视

---

① 原文:부과방식에서 재정문제의 핵심은 단순한 인구변화가 아니라 보험료부과대상소득의 총액(소위 contribution base)의 증감이다. 인구가 감소하더라도, 고용률이 늘어나고 생산성이 높아진다면 contributuion base는 증가하게 된다. 이런 맥락에서 연금제도가 중고령자의 경제활동 모두 같다면, DC형이 DB형보다 중고령자의 근로를 촉진한다는 점에서, 동일한 부과방식이라 할지라도 전통적인 DB형 부과방식연금보다는 DC형 부과방식 연금, 즉 NDC연금이 우월하다고 할 수 있다.

的。换句话说,日本的年金制度改革虽然基本上遵循的是新自由主义方式,但从整体上来看,采取的仍然是保守型的参数式改革方式。这种改革方式与韩国两次年金制度改革时所采取的改革方式是属于同一脉络的。这种改革方式虽然可以在长时间内实现年金制度的财政稳定,但是政治上和公民对其的容纳程度究竟能维持到什么时候仍然是一个未知数,而且前景并不乐观这一事实也是不容否认的。特别在韩国的国民年金制度改革已经处于国民对于年金制度极其不信任的情况下,因此已经没有继续采取持续提高保险费率和降低年金待遇水平方式的空间了。现在,日本公民对于公共年金制度的不满也开始渐渐显现出来,这同时也是这种改革方式已经无以为继的一个例证。

如前所述,瑞典、智利、日本三国在年金改革的财政稳定性维度上能够提供给韩国的经验见表6-2。

表6-2　财政方式及稳定性维度的经验

项目	瑞典	智利	日本
财政方式及稳定性	① 从结构上得到确保; ② 可以确保长期财政稳定; ③ 应对老人人口结构变化脆弱	① 从结构上得到确保; ② 可以确保长期财政稳定; ③ 制度转换成本高	① 可以确保相对较长时间内的财政稳定,但从结构上无法确保; ② 可以确保一定期间内的财政稳定; ③ 年金待遇水平的下降会带来国民的不满
在韩国的适用可能性	适用	适用有困难	不适用

资料来源:作者制作。

二、收入再分配

从外观上看,韩国的年金制度构成基本已经形成了世界银行所倡导的多层结构,其中基础老龄年金是第一层,国民年金制度为第二层,任意加入的退职年金及个人年金构成年金体系的第三层。但实际上,这些年金的功能并没有实现完全分离。而且1992年和1995年两次扩大适用对象都是在没有慎重讨论和审议的情况下进行的。当时将农民、渔民以及地方加入者纳入当然适用者的范围之后,一部分人故意低报收入等问题就出现了,而由于这些问题的出现,国民年金制度本身具有的收入再分配功能就被歪曲了。

1. 瑞典的经验

准确掌握地区加入者的收入在世界各国的年金制度实施过程中都是一

件非常困难的事情,所以与其因无法准确把握这部分人的收入而使制度本身
的收入再分配功能被歪曲,倒不如像瑞典一样,干脆将收入再分配功能单独
分离出来,另外建立新的制度去发挥收入再分配作用更好。因为在现实社
会,效果好的制度远远比设计好的制度更有意义。瑞典的 NDC 方式和基础保
障年金配套的做法对韩国的年金制度改革具有很多借鉴意义。

2. 智利的经验

智利完全将收入再分配功能从年金制度中排除,另外建立了起社会安全网
作用的年金制度来运营的方式,对于现在的韩国社会来说,接受起来仍然比较
困难,因为保守性格比较强烈的韩国从导入公共年金制度时,其年金制度就具
有强烈收入再分配性质。年金制度结构上的收入再分配功能虽然在很大程度
上已经被歪曲了,但是在韩国,代际内的收入再分配还是必需的。如今韩国国
内贫愈贫、富愈富的现象已经成为一个非常严重的社会问题,如果完全像智利
一样,转变为多缴纳保险费的人就多得年金的制度,低收入阶层的绝望感会大
幅上升,社会不安定性也将进一步变得严重,有可能会带来大量的负面结果。

3. 日本的经验

现在,韩国年金制度存在的问题和日本公共年金制度所面临的问题是类
似的。因此,如果韩国再沿着日本的参数式改革方式继续进行改革,可能会
带来更多的国民对年金制度的不信任和社会混乱。表 6-3 中对瑞典、智利、日
本的年金改革中收入再分配在维度上可以给予韩国的启示,以及韩国是否适
用这三国的改革方式进行了整理和比较。

表 6-3　收入再分配维度的经验

项目	瑞典	智利	日本
收入再分配	① 以补充年金形式运营; ② 收入再分配功能的分离可以解决缴费回避、提前退休等问题; ③ 有损于社会保险原则	① 以基础年金形式运营; ② 充分发挥市场化作用,可以将人们对于年金制度的不满最小化; ③ 有损于社会保险原则	① 强烈的代际收入再分配; ② 可以强化社会连带感; ③ 强烈的代际收入再分配会形成代际不平衡
在韩国的适用可能性	适用有困难	不适用	适用

资料来源:作者制作。

三、基金管理运营

1. 瑞典的经验

通过改革转换为 NDC 方式的瑞典的收入比例年金和具有强烈私人保险性质的高级年金都是以公共管理的形式进行运营的。瑞典的高级年金基金即便可以投资于商业性质的基金领域,但其征收和管理却仍然统一在公共机关内进行,所以其管理运营费用只有所运营基金的 0.4%,可以说其管理成本非常低廉。

瑞典的年金管理部门每年年底都会用橙色信封向加入者报告其个人委托运营的账户信息,包括其年金预计领取额信息、现在年金保险费的缴纳情况,其中,预计可领取的年金金额可以提供给本人去确认。通过这一系列的努力和服务,瑞典旨在提高加入者对年金运营的信任度。总之,加入者可以根据个人意愿选择要投资的基金,当然自己也要接受自己选择的基金收益率可能很低的结果。

2. 智利的经验

因为智利选择的是市场化、私有化的年金制度改革路径,所以其年金的管理是交给私有化公司来运营的,智利政府只起基本的监督和总体上的管理作用。这种以私有化保险形式来运营的年金制度在稳定性的保证方面会受到很多人的质疑。

另外存在的一个问题是,虽然智利的基金运营收益率较高,但是由于运营稳定性无法保证,而且基金运营公司之间竞争激烈,因此会带来过高的管理成本,这也是智利年金制度在基金运营方面最大的问题。韩国的国民年金在基金运营方面过去主要集中在国债上,现在则渐渐转向海外股票投资,不过投资数额仍然比较小。此外,如何提高韩国的国内投资部分的收益率是目前最重要的任务。在公共管理体系下,韩国的国民年金基金运营不存在智利由于私有化运营所带来的问题,所以可以学习智利在投资方面的成功经验。

3. 日本的经验

日本的国民年金和厚生年金的基金投资统一由日本社会保障厅管理。基金投资主要集中在国内基金和股票方面。根据日本社会保障厅的资料,从 2003 年到 2008 年 6 年间基金的平均投资收益率一直维持在 2.0%,但是始终不太稳定。在这一层面上,日本的年金基金投资方面可供韩国借鉴的经验不太多。而且日本的投资方式、投资领域以及收益率等方面也不能认为是非常成功的。

表 6-4 列出了瑞典、智利、日本三国年金基金管理运营方面的经验和在韩国的适用可能性比较。

表 6-4　基金管理运营维度的经验

项目	瑞典	智利	日本
基金管理运营	① 公共运营； ② 可提高基金运营方面的信赖度	① 私有化运营； ② 由年金运营的自由选择权； ③ 竞争带来过高的管理成本	① 公共运营； ② 可确保基金运营的稳定性； ③ 收益低，不稳定
在韩国的适用可能性	适用	不适用	不适用

资料来源：作者制作。

四、可行性

1. 瑞典的经验

瑞典的名义确定缴纳方式可以最大限度地降低人们对于参数式年金改革的抵抗心理，是政治上最容易被接受的一种改革方式。因此，瑞典国内在改革过程中也一直没有发生过年金制度改革政治化的问题。从可行性层面上来看，这种方法也是克服公民对于国民年金制度不满情绪和不信任的最好的方法，所以名义确定缴纳方式很适合韩国。此外，如果导入名义确定缴纳方式，还可以解决年金制度改革政治斗争工具化的问题。

2. 智利的经验

智利的皮诺切特政府强力推行的新自由主义民营化年金改革的社会背景与韩国的社会背景不同。韩国的国民年金制度从导入时就带有明显的政治意图，所以从一开始就沦为了政治化的工具。此外，韩国的国民年金制度改革由于持续提高保险费并降低年金领取额，所以每到改革时期，就会成为政治斗争的一项内容。因此，在韩国导入民营化年金制度并不容易。

3. 日本的经验

因为日本的公共年金制度改革选择的是参数式改革方式，所以和韩国一样出现了年金制度改革政治化的问题。韩国如果采取日本式的年金制度改革方式，现在所面对的国民不信任问题只会更加严重，而且如果持续下去，年金制度改革政治化问题也将会更加严重。

表 6-5 列出了瑞典、智利、日本三国在年金制度改革的可行性维度上对韩国的启示，同时分析了三国的年金制度在韩国的适用可能性。

表6-5　可行性维度的经验

项目	瑞典	智利	日本
可行性	① 事前合议； ② 无政治反对	① 在军事政权领导下强制性执行； ② 无政治反对	① 会出现政治化问题； ② 政治斗争激烈
在韩国的适用可能性	适用	适用有困难	不适用

资料来源：作者制作。

　　至此，本节已经对瑞典、智利、日本的公共年金制度改革从财政方式及稳定性、收入再分配、基金管理运营，以及可行性四个维度上可供韩国借鉴的经验和启示进行了比较分析，同时分析了各国经验在这四个维度上在韩国的适用可能性。表6-6对这四个维度的经验和在韩国的适用可能性进行了综合整理。

表6-6　四个维度可供韩国借鉴的改革经验及在韩国的适用可能性

比较内容及在韩国的适用性		瑞典	智利	日本
财政方式及稳定性	启示	① 从结构上得到确保； ② 可确保长期财政稳定； ③ 应对老人人口结构变化脆弱	① 从结构上得到确保； ② 可以确保长期财政稳定； ③ 制度转换成本高	① 可确保相对较长时间内的财政稳定，但从结构上无法确保； ② 可确保一定期间内的财政稳定； ③ 年金待遇水平的下降会带来国民的不满
	在韩国的适用性	适用	适用有困难	不适用
收入再分配	启示	① 以补充年金形式运营； ② 收入再分配功能的分离可以解决缴费回避、提前退休等问题； ③ 有损于社会保险原则	① 以基础年金形式运营； ② 充分发挥市场化作用，可将人们对年金制度的不满最小化； ③ 有损于社会保险原则	① 强烈的代际收入再分配； ② 可强化社会连带感； ③ 强烈的代际收入再分配会形成代际不平衡
	在韩国的适用性	适用有困难	不适用	适用

续表

比较内容及在 韩国的适用性		瑞典	智利	日本
基金管理 运营	启示	① 公共运营； ② 可提高基金运营方面的信赖度	① 私有化运营； ② 由年金运营的自由选择权； ③ 竞争带来过高的管理成本	① 公共运营； ② 可确保基金运营的稳定性； ③ 收益低，不稳定
	在韩国的适用性	适用	不适用	适用
可行性	启示	① 事前合议； ② 无政治反对	① 在军事政权领导下强制性执行； ② 无政治反对	① 会出现政治化问题； ② 政治斗争激烈
	在韩国的适用性	适用	适用有困难	不适用

资料来源：作者制作。

第二节　韩国国民年金制度存在的其他问题

一、国民年金制度的加入盲区问题

1. 加入盲区问题的产生原因及现状

加入盲区问题是今后国民年金制度在改革时不得不面对并要解决的一个问题，同时也是一个关系到韩国社会稳定的重要问题。如果处理不好，会导致公民对国民年金制度的强烈不信任感继续上升。具体分析来看，加入盲区问题的产生一般源于企业加入者这一群体。以韩国的情况为例，韩国国民年金制度中处于加入盲区的人群包括缴纳例外者和未缴纳保险费者两部分。缴纳例外者的产生源于韩国《国民年金法》的规定。根据《国民年金法》的规定，缴纳例外者包括年满18周岁的韩国公民中加入了公务员年金等其他公共年金制度并享受其他年金待遇者、基础领取对象、18～27岁的学生或军人、加入者的没有其他收入的配偶。因为缴纳例外者原则上被定义为没有收入的人，所以在缴纳例外期间，无缴纳保险费的义务。但是成为缴纳例外者的加入者如果长期都处于缴纳例外者这一状态中，将来就会成为年金加入盲区的对象人群。

在未缴纳保险费的人群中,个体营业者中高收入群体是主要的问题所在。因为地区加入者,尤其是其中的高收入个体营业者和低收入阶层都被纳入统一的体系中,由于个体营业者的收入把握非常困难,就会出现高收入者故意低报收入和严重的回避缴纳保险费问题。韩国政府为了减少因高收入个体营业者故意低报收入或回避缴纳保险费造成的加入盲区问题,曾经试图通过构筑能够准确掌握这些人收入的信息系统等加强行政管理体系的方法来解决这一问题,从而增强公民对于所有人群加入单一体系的正确性的认可度。但是,实际上这一问题很难仅仅依靠构筑行政管理系统的方式得到解决。表6-7列出了韩国有收入申报者和缴纳例外者的历年情况。从表6-7可以看出,韩国的缴纳例外者规模渐渐在缩小,但是这一规模基数本身比较大,而且缴纳例外者的缴纳例外时间也表现出越来越长的趋势,这将会加重韩国未来加入盲区问题。

表6-7　韩国国民年金保险费缴纳例外者历年情况

单位:人

年度	有收入申报者	缴纳例外者
1988	—	—
1995	1 650 958	239 229
1999	5 309 735	5 512 567
2001	5 704 389	4 485 722
2002	5 754 340	4 250 449
2003	5 399 355	4 564 879
2004	4 729 503	4 683 063
2005	4 489 216	4 634 459
2006	4 150 416	4 935 952
2007	3 956 340	5 106 803
2008	3 755 980	5 025 503
2009	3 627 597	5 052 264
2010	3 574 709	5 099 783
2011	3 755 873	4 899 557

资料来源:作者根据韩国国民年金公团2011年统计年报制作。

　　下面将通过瑞典、智利、日本三国各自在年金制度改革过程中如何减少加入盲区问题的经验，来探讨可供韩国借鉴的经验。

　　2. 瑞典的经验

　　瑞典的名义确定缴费方式导入了个人账户制，克服了同一代人之间不喜欢将自己的钱转移给其他人的心理，可以从根本上解决高收入者故意低报收入和回避缴费的问题。从这一层面上来看，以前存在的企业加入者和地区加入者的保险费缴纳不均衡问题也同时可以得到缓解。"如果不这样，而是固守现在的确定收益方式，与没有收入保障的未申报者及缴纳例外者相反，那些有稳定收入保障的失业者等低收入阶层会以回避缴纳保险费为目的，而且故意低报收入者会从诚实缴纳保险费的企业加入者那里得到收入转移的不合理现象将会持续下去。结果就是，在现在的确定收益方式下，无法诱导个体营业者诚实申报并缴纳保险费。因此这决不能解决企业加入者和高收入个体营业者之间存在的剧烈矛盾。"①（金淑珍，2005：71）换句话说，瑞典的名义确定缴费方式对韩国解决地区加入者故意低报收入和回避缴费问题有很大的启示和帮助。

　　3. 智利的经验

　　智利采取的是市场化完全积累方式的个人投资账户制，所以排除了直接的代际和代际内收入再分配的因素，因此对于掌握地区加入者，尤其是其中的高收入个体营业者的收入会变得相对容易一些。因为在这种制度下，诚实进行收入申报并缴纳相应的保险费，进入老年以后，就可以获得相应较高的年金待遇。

　　与此同时，在这一制度下，加入盲区问题也能得到一定程度的解决。"不过如前所述，如果高收入个体营业者出于避税的目的，不愿意如实显露自己的收入，那么即便年金制度上采取了民营化方式，在准确掌握高收入个体营业者的收入方面也还是存在一定的局限性。"②（金淑珍，2005：80）另外，如果再考察一下智利的年金运营机构会发现，智利的年金制度是强制性加入，而年金业务则全部交给私人性质的公司进行运营管理，所以国家很难

---

　　① 原文：그렇지 않고 현재처럼 확정급부방식을 고수할 경우, 안정적인 소득보장을 받아야 하는 실업자 등 저소득계층은 미신고자나 납부예외자들은 연금 수급권을 보장받지 못하는 반면, 기여회피를 목적으로 하향소득신고를 한 자영업자들은 성실 납부한 직장가입자들로부터 소득을 이전 받는 불합리한 일이 계속 발생할 것이다. 결국 현재의 확정급부방식으로는 자영업자의 성실한 소득신고 및 연금보험료 납부를 유도할 수 없고, 직장가입자와 고소득 자영업자 사이에 존재하는 첨예한 갈등도 문제해결에 전혀 진전을 볼 수 없다.

　　② 原文：다만 앞서 살펴본 것대로 고소득 자영업자들이 공정한 조세부담을 회피할 목적으로 소득노출 자체를 꺼린다면 민영화 방식이 도입된 이후에도 고소득 자영업자들의 정확한 소득파악은 한계가 있을 것으로 보인다.

做出有利于贫困阶层的制度设计。因此,低收入阶层,特别是极度贫困阶层很容易陷入年金制度的加入盲区,且有人担心这种危险性有越来越高的可能。这种制度非但不能解决年金制度的加入盲区问题,反而会形成新的年金加入盲区。

综合来看,智利的民营化方式年金制度与瑞典的名义账户制方式年金制度不同,难以在解决加入盲区问题上有所贡献。而且在完全市场化、私有化的运营方式下,国家如果再没有优秀的收入再分配设计,加入盲区问题将会更加严重。

4. 日本的经验

作为基础年金制度,日本的国民年金制度覆盖了所有公民,且所有公民都缴纳定额保险费,所以日本国民年金制度几乎不存在加入盲区问题。但其中的企业2号被保险者和地区加入者1号被保险者在保险费缴纳方面存在缴费比例不均衡的问题,这引起过许多日本公民的不满。日本的年金制度实际上与之前韩国大国家党提出的基本年金制度与比例年金制度的二重体系非常相似。

但是,日本的厚生年金制度却存在着加入盲区问题。日本厚生年金制度的当然适用对象是强制适用企业(包括船舶企业)和任意适用企业的不满70周岁的人。所谓任意适用企业是指强制适用企业以外的企业,具体来说就是相应企业的企业主征得所雇佣员工1/2以上人员的同意,并获得社会保险厅厅长认可的企业。由于这部分企业的存在,因而一部分人群陷入厚生年金制度加入盲区的可能性很大。

综合来看,日本的二元体系从减少加入盲区问题的层面上来看,是一种非常好的方式。但是这种基本年金的年金支出必须是在国民缴纳保险费的基础上,由国库负责的方式进行运营。所谓国库支援,一般来自于税收。从现实的层面来看,这一资金究竟应该由哪部分税金来充当的问题,是与收入再分配问题联系在一起的。因此,如果将日本的二元制年金方式导入韩国,慎重处理基本年金的来源问题就显得非常重要。总的来说,日本的二元体系也是一种有利于解决韩国年金加入盲区问题的一个有效参考方式。

表6-8是对如何减少加入盲区问题进行的各国经验整理,以及这些经验是否在韩国适用的分析。

表6-8　加入盲区问题维度上的比较及对韩国的启示

项目	瑞典	智利	日本
加入盲区问题减少	基本能确保	结构上确保	确保
优点	能克服故意低报收入和回避缴费问题	能克服故意低报收入和回避缴费问题	年金制度包括所有公民
缺点	在让个体营业者顺应方面有局限性	① 有极贫阶层完全被扔到社会安全网之外的可能性； ② 在故意低报收入和回避缴费方面有局限性	国库支援金额由国家财政负担
在韩国的适用可能性	适用	不适用	适用

资料来源：作者制作。

二、国民的不信任问题

1. 国民的不信任问题产生的原因及其现状

韩国国民对于国民年金制度的不信任心理是国民年金制度存在的众多问题之一，而且这种不信任还显示出恶化的趋势。金尚均对此是这样分析的，他说，"一般来说，人们对于国民年金制度的态度从一开始就是否定性的。因为保险费是现在马上就要缴纳，而且是强制性缴纳，但与之相反，领取年金却是要到满60岁（由于《国民年金法》的修改，从2013年开始每5年提高1岁，直到2038年提升至65岁为止）才能开始。对于性格急躁的韩国人来说，这似乎并不是一种非常适合的制度"。① （金尚均，2010：18）表6-9列出了韩国国民对于国民年金制度的满意度调查结果，从中可以看出韩国国民对于国民年金制度的不满。

由表6-9可知，在2004年年底的调查中，"非常满意"的应答者占应答者总数的6.5%，"比较满意"的比例为15.7%；而2007年"非常满意"和"比较满意"的比例分别为2.8%和11.7%，呈现出下降趋势。另一方面，"非常不满意"的比例在2004年为25.3%，到2007年却下降到17.8%。

---

① 原文：국민연금제도에 대한 국민들의 대체적인 반응은 처음부터 부정적이었다. 보험료는 당장, 그것도 강제적으로 납부해야 하는 반면 연금을 받는 것은 만 60세(법 개정으로 2013년부터 매 5년마다 1세씩 연장하여 2038년에는 65세까지 인상)가 되어야 시작된다니 성질 급한 한국인들에겐 맞지 않는 제도인 것 같다.

"比较不满意"的应答者比例在 2004 年时是 26.0%,而到 2007 年却上升到 33.0%。综合来看,表示不满意的公民人数仍然比较多这一点没有变化,但是"非常满意"和"比较满意"这两项的应答者比例却在逐渐减少。

表 6-9　韩国国民年金制度满意度调查(2004—2007 年)

单位:%

对于国民年金制度的满意度		总体	加入者	企业	地区	年金领取者
非常满意（非常信任）	2004 年	6.5	4.6	2.6	6.3	27.2
	2007 年	2.8(2.8)	1.0(1.0)	1.0(1.0)	1.0(1.0)	19.1(19.0)
比较满意（比较信任）	2004 年	15.7	14.4	12.8	15.7	30.4
	2007 年	11.7(11.6)	8.6(8.5)	6.8(6.8)	10.3(10.2)	39.7(39.5)
一般	2004 年	26.6	26.9	33.8	21.2	22.8
	2007 年	34.6(34.4)	34.8(34.6)	36.1(36.0)	33.5(33.2)	33.2(33.0)
比较不满意（比较不信任）	2004 年	26.0	27.1	23.8	29.8	13.0
	2007 年	33.0(32.8)	36.1(35.8)	35.7(35.6)	36.4(36.0)	5.5(5.5)
非常不满意（非常不信任）	2004 年	25.3	26.9	27.0	27.0	6.5
	2007 年	17.8(17.7)	19.5(19.4)	20.3(20.2)	18.8(18.6)	2.5(2.5)

注:( )中的数值为"不清楚"时包含文章的比例。
资料来源:《2004—2007 年满意度调查的概要及主要结果》,第 3 页,作者根据韩国国民年金公团内部资料整理制作。金尚均,2010,第 17 页中再次引用。

2. 瑞典的经验

在瑞典,人们缴纳的保险费中的 16% 记入个人账户,等加入者退休后,按照记录和年金基金的收益率之和给加入者发放年金,所以加入者对此基本没有反对意见;剩下的 2.5% 则完全由个人选择年金管理公司。因为各家年金管理公司都是按照各自的年金基金收益率来决定年金待遇额的,所以也有人批评说,这是将国家的责任转嫁到个人头上的一种做法,但是这种批评不是特别激烈。

如前所述,瑞典的名义账户制方式的优点之一就是具有非常高的可行性。此外,如果说这是在最大限度上抑制了瑞典国民对年金制度不满的一种方式也并不夸张。如果韩国导入瑞典式的名义确定缴费方式,预计可以大幅度减小国民对于国民年金的不信任。因为韩国的国民对于国民年金制度的不满主要来源于缴纳的保险费与领取的年金之间非常脆弱的连贯性这一点,大部分公民都认为自己"吃亏"了。实际上由于掌握高收入个体营业者的收入非常困难,因而现实中也确实出现了逆向的收入再分配现象。这些问题在使用瑞典的名义账户制时,基本上都可以予以解决。

3. 智利的经验

智利的年金改革是在军事政权主导下强制推行的一种新自由主义取向改革,因此,从一开始,公民就只能接受这唯一的选择,绝不可能有任何表示不满或者反对的机会和可能。

智利的年金制度是由民营保险公司运营的,一方面,因为追求保险投资收益率的最大化是所有保险公司的最高目标,所以各家保险公司都在为了提供给加入者更高的收益率而不断努力,他们之间的竞争之激烈也就可想而知了。但是,另一方面,由于加入者具有自由选择保险公司的权力,所以运营保险公司为了争取到更多的客户,使用在宣传广告上的费用非常大。因此这种大量增加的宣传成本势必就会导致运营成本的增加,最后这些成本都会转嫁到加入者身上,这一点受到了不少批评。

4. 日本的经验

如前所述,日本的公共年金制度改革与韩国的国民年金制度改革一样,一直采取的都是参数式改革方式,因此持续的年金保险费上升和加入者所能领取到的年金待遇金额的下降引起了大部分国民的不满,甚至发展到对年金制度产生不信任态度。在亚洲,日本的年金制度相对来说是比较成熟的,但是现在也引起了越来越多国民的不信任,这一点可以作为韩国今后进行年金制度改革时的反面教材,要引以为戒。韩国今后将要进行的国民年金改革如果继续采取参数式改革方式,必将引起国民对年金制度更多的不信任。现在韩国公民对于国民年金制度已经处于一种非常不信任的状态,甚至有人预计有爆发的可能性,所以可以说,日本的年金改革方式对于减少国民对年金制度的不信任程度方面基本上没有继续使用的空间了。

表6-10列出了瑞典、智利、日本三国在如何处理国民对于年金制度的不信任维度上能够给予韩国的启示和经验。

表6-10 减少国民不信任维度上的比较及对韩国的启示

项目	瑞典	智利	日本
国民的不信任	几乎不存在	几乎不存在	逐渐增大
优点	保险费的缴纳和年金领取额之间的连接性明显;	① 保险费的缴纳和年金领取额之间的连接性明显; ② 私有化管理可以带来较高的收益率	—
缺点	一定程度上需要加入者本人对将来领取的年金金额负责	过度的宣传导致管理成本增加,需加入者负担	参数式改革方式使国民对年金制度不信任的程度逐渐加深
在韩国的适用可能性	适用	适用	不适用

资料来源:作者制作。

三、国民年金制度与其他公共年金制度的衔接性问题

1. 公共年金制度之间的衔接性问题现状

"现在为了解决特殊职业年金和国民年金制度之间的连接性不足问题,或者将国民年金和特殊职业年金制度统合,或者仍然维持现在的分离状态,这需要制定出如何统算加入时间及年金资产等方法。"[①](金淑珍,2005:74)但是韩国的现实情况是军人年金制度、公务员年金制度、私立学校教职员年金制度与国民年金制度在年金领取金额的计算方法上完全不同,所缴纳的保险费比例与年金保障水平之间的差异也非常大,尤其是其他三种公共年金制度的年金收入替代率远远高于国民年金制度,所以要想统合这些制度非常困难。

表6-11列出了韩国的国民年金制度与其他三种公共年金制度的比较情况。从表中可以看出,国民年金制度与其他特殊职业年金制度在与收入相比的年金比例、保险费率、年金额计算基准、开始领取年龄、年金额减少等规则,以及年金制度的目标等方面都存在着非常大的差异。

---

① 原文:현재 특수직역연금과 국민연금 사이에 존재하는 제도 간 연계성 부족 문제를 해결하기 위해서 국민연금과 특수직역연금을 통합하거나 현재대로 분립체제는 유지하되 가입기간 통산 및 연금자신의 통산 등 방법으로 제시되고 있다.

表 6-11　特殊职业年金制度与国民年金制度的比较

主要内容	特殊职业年金制度	国民年金制度
与收入相比的年金比例	76%（加入 33 年）	60%（加入 40 年）
保险费率	17%	9%
年金额计算基准	退休前三年的平均收入水平	整个加入期间的平均收入水平
开始领取年龄	加入满 20 年，一退休便领取	60 岁（到 2038 年将延长到 65 岁）
年金额的减少	有收入也全额支付	60~64 岁之间如果有收入， 减少 10%~50%
目标	可以保障退休前的生活水平	可以保障基本生活

资料来源：作者制作。

　　通过表 6-11 的比较可以看出，韩国的各类公共年金制度之间的衔接性非常弱。那么，在这一维度上，瑞典、智利、日本的年金制度改革可以给韩国带来什么样的经验和启示呢？

　　2. 瑞典的经验

　　1999 年年金改革前，瑞典的年金制度分为针对普通民间企业的雇员和公务员两类。通过 1999 年的年金制度改革，所有的公民全部被统一到了同一个年金体系中。这种一元化改革方式对于目前的韩国来说，操作起来会有些困难。如果韩国能够顺利导入这种结构，人才的工作移动性可以大幅提高，同时由于不同人群年金待遇差异化问题引起的社会群体不平衡现象也将得到缓解。

　　3. 智利的经验

　　众所周知，智利是在多种年金制度共存的非常混乱的状态下果断进行了完全民营化的年金制度改革。但是民营化改革最困难的一点就是转制成本问题，这一巨大的转制成本如果都由国家来支付，将会是一笔非常巨大的财政支出，大部分国家都无力承担。因此，如果韩国政府导入智利式的改革方式，过于沉重的财政负担是韩国政府无力承担的，这种方式对韩国来说不太适合。总的来说，民营化方式通过制度转换来实现制度统一化的方式在现实中依然很难解决韩国公共年金制度的衔接性问题。

　　4. 日本的经验

　　日本的国民年金制度是适用于所有公民的，所以公务员和其他特殊职业从事者都与普通公民一样，一起被纳入统一体系之中。不过除了所有国民都加入的起基础保障作用的国民年金制度之外，日本还并列运营有厚生年金制度和公制年金制度。日本的厚生年金制度是与韩国的国民年金制度类似的制度。同样,与韩国比较类似的是,日本为公务员、私立学校教师及其他雇员,农业、山林业、渔业协同组合的雇员等还运营有特别的公制年金制度。在日本,虽然国民年金在全国范围内都可以得到统一的认可,但是厚生年金制度部分也同样存在衔接性问题。也可以说,日本在厚生年金制度与其他公制年金制度之间的衔接性方面存在的问题与韩国国民年金制度和其他公共年金制度的衔接性方面存在的问题是类似的。

以上分析的在并列运营多种年金制度的衔接性问题上的各国经验及其在韩国的适用可能性见表6-12。

表6-12　公共年金制度的衔接性维度上的比较及启示

项目	瑞典	智利	日本
公共年金制度的连接性	一元化体系	一元化体系	日本的公民年金制度是一元化体系,但厚生年金制度是二元化体系
优点	有利于人才自由移动	有利于人才自由移动	国民年金部分全国都可自由移动
缺点	—	转制成本过高,负担太重	厚生年金制度移动困难
在韩国的适用可能性	适用	不适用	无考虑必要

资料来源:作者制作。

第三节　韩国国民年金制度改革的路径选择

前面分析的内容可以为今后韩国持续要进行的国民年金制度改革提供经验和借鉴。作为选取三种典型性年金制度改革路径的代表性国家,瑞典、智利、日本各自的年金制度改革方式在处理年金制度改革中的一些重要问题上各有千秋。面对财政方式及稳定性、收入再分配、基金管理运营、可行性、国民年金制度的加入盲区问题、国民对于国民年金制度的不信任问题、一个国家内不同公共年金制度之间的衔接性问题等,韩国国民年金制度改革可以从这三个国家的改革中吸取可供借鉴的经验。通过以上对各个维度的比较研究,可以得出结论,最适合韩国且在韩国最具有可行性的是瑞典的名义确定缴费方式。但在导入名义账户制的同时,还应导入基础年金制度及充实其他年金制度等方式作为辅助手段,以便构筑出一个多层年金制度结构。

一、基础年金制度的导入:多层结构的构筑

1. 多层结构的构筑

在设计新的公共年金制度结构时,必须考虑以下因素。从宏观角度来看,世界银行和国际劳工组织都推荐多层式年金结构。因为"在广义的层面上来看,多层体系作为一种可以开发出多种老年收入来源的体系,意味着它可以分散人们对于单一年金过于依存时发生的危险(期待收入的减少和财政情况恶化等)"。① (朴永锡,高革真,2010:214)世界银行分别于 1994 年和 2005 年两次提出了"多支柱(Multi-pillar)"的年金体系;国际劳工组织也提出了类似的"多层"年金结构体系。一般来说,这种多层结构都是在公共年金制度的基础上与私有化年金共同形成的一种有机的社会年金体系。瑞典导入的强制积累型名义确定缴费方式被评价为在公共年金的框架内含有私有化年金性质的一种折中性的年金制度。

韩国国内也有很多人呼吁建立多层的年金结构。韩国国民年金研究院进行了多层老后收入保障体系构筑课题的研究。在韩国,构筑多层结构时,公共性质的国民年金制度为中枢,私有化年金和基础保障年金制度起补充作用的形态是一种最理想的状态。这一点几乎所有的学者专家都赞成,也是韩国国民年金改革的一大目标。但是在具体设计多层式年金制度结构时,学者在设计方式方面却表现出了很多不同的观点。比如,韩国国民年金研究院提出的多层结构是将社会可持续性和财政可持续性分开进行设计的。为了确保其中的财政可持续性,国民年金研究院选择了以渐进方式调低年金待遇水平的方式。这种方式与以前的参数式改革方式是一脉相承的。但是在这种方式下,年金待遇水平持续下降,因此,国民对此的接受过程中,其接受程度是否有局限性值得思考。

在上面所分析的结果的基础上,以下将提出本书关于韩国年金改革方案的基本方案。首先改革要从现在的国民年金制度的结构开始,将现在国民年金制度中的均等部分和收入比例部分分离运营。均等部分可以转换为将全体公民都纳入其覆盖范围的基础年金制度,然后将收入比例年金部分转换为瑞典式的名义账户制方式进行运营。这样,覆盖了全体公民的基础年金制度设计就可以充当世界银行所倡导的多支柱结构中的 0 支柱。

以名义账户制方式运营的国民年金可以起第 1 层的作用。军人年金、公

① 原文광의의 의미에서 다층체계는 다양한 노후 소득재원을 마련함으로써, 하나의 연금에 의존한 경우에 발생할 수 있는 위험(기대소득의 감소와 재정악화)에 대한 분산을 의미한다.

务员年金、私立学校教职员年金制度,现在统一起来还比较困难,所以维持现在的状态,与国民年金一起,并列作为第1支柱。但是找到一个衔接这几种公共年金制度的方式是目前比较紧迫的一个任务。

接下来作为第2支柱的是加入国民年金制度的加入者的企业退职金制度。在韩国,企业退职金的导入时间并不长,而且还有不少企业仍然没有设立企业退职金制度。在这一方面,需要持续性推进导入工作。

第3支柱是以完全积累方式运营的个人年金储蓄或个人年金制度。这一支柱是为了那些想要过上更加自由和富裕的老年生活的人们所做的制度选择。

最后的第4支柱是传统的个人储蓄或家庭抚养和支持方式。

下面将对这一设计方案中各支柱的筹资和比例设计等问题做进一步的具体分析。首先,在基础年金制度保障所有公民老后基本生活这一层面上,必须建立起一人一年金体系。因此,18岁以上的韩国公民或与韩国达成协议的国家的满足韩国相关居住条件的外国人都应该有资格领取到这一年金。

第二,从年金金额的层面来看,因为基础年金制度起的是保障人们老后基础生活的作用,所以年金以定额形式支付比较理想。从筹资层面来看,如果由一般财政来负担,其负担程度一定会带来许多争论和混乱。考虑到政府现在为全国60%的65岁以上贫困老人负担着老龄津贴支付的任务,根据政府是否能继续支付这一基础年金,可以有两种可供选择的设计方案,即无缴费基础年金或定额缴费年金方式。

2. 年金结构的重新设计

转换为名义账户制方式运营的国民年金制度将之前的企业加入者和地区加入者全部纳入当然适用者范围,个人按照个人的收入比例缴纳保险费并计入个人账户。个人所缴纳的保险费和保险费利息、年金投资收益等内容全部将记载在个人账户上。退休以后,按照账户上所记载的金额再除以预期寿命来决定年金的支付额度。这里受到人们关注的是缴纳保险费的比例。以前企业加入者和地区加入者虽然都是缴纳同样9%的保险费,但是却存在差异,即企业加入者是个人缴纳4.5%,雇佣其的企业代缴4.5%,而地区加入者的9%却全额由本人负担,由此也引起不同加入者人群间的不公平现象。为了克服这种不平衡问题,最理想的状态是取消企业为企业加入者人群代缴一半保险费的制度。但是,这种极端式的改革方式在现实生活中显然是无法执行的。考虑到实际可行性,再加上迄今为止所积累的国民年金积累基金也有相当规模这一点,在保险精算的基础上,可以将缴费比例从9%适当下调,假设缴费比例下调至7%,当然这一数值还需要进一步精确的计算。从原则上来讲,可以将以往的缴费比例适当下调,这样可以增加改革的可行性,并提高公民的接受程度。

这两大支柱是对于维持稳定的老年生活起着非常重要作用的设计。此外,企业退职金制度和个人年金制度、个人年金储蓄制度等以自由选择形式运营即可。图6-1即为新设计的韩国公共年金制度体系的构成。

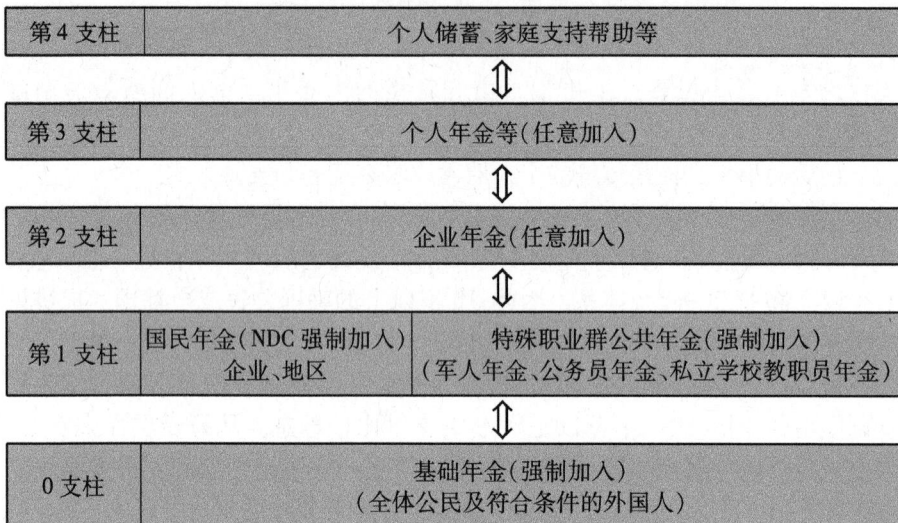

第4支柱	个人储蓄、家庭支持帮助等	
⇕		
第3支柱	个人年金等(任意加入)	
⇕		
第2支柱	企业年金(任意加入)	
⇕		
第1支柱	国民年金(NDC强制加入)企业、地区	特殊职业群公共年金(强制加入)(军人年金、公务员年金、私立学校教职员年金)
⇕		
0支柱	基础年金(强制加入)(全体公民及符合条件的外国人)	

图6-1　韩国的新年金制度结构图

资料来源:作者制作。

3. 评价

通过为全体公民提供基础年金制度来构筑社会安全网这一方案是吸取了日本和瑞典两国的经验设计的。不过其中基础年金制度的筹资方式及资金来源问题还需要另外进行深度研究。

名义账户制与韩国一直采取的参数式改革方式相比,在被各方势力接受方面具有更强的说服力。另外名义账户制在作为社会福利的理念型的代表国家——瑞典的成功实施案例也为这种改革方式在定位和其妥当性方面赢得了相对较多人的认可,所以公民接受起来也会相对容易一些。瑞典选择名义账户制也不过10年的时间,通过名义账户制的实施,年金制度运营状态越来越好这一点也是众所周知的。当然,也会有其他学者对于瑞典年金制度改革结果提出不同意见和看法,但是,欧洲其他六个国家也都纷纷选择了瑞典这种名义账户制方式进行公共年金制度改革的事实,也从另一个方面证明了这种方式的优点和成功。

目前,国民年金制度与特殊职业公共年金制度只能分别独立运营,从这一点上来看,年金改革仍然属于渐进式也确实是一个不争的事实。当然,将其他特殊职业公共年金制度也转换为名义账户制是更为理想的一种状态,但是就目前的条件来看,特殊职业公共年金制度下缴纳的保险费和退休后可领取的年金金额与国民年金制度下的情况有着非常大的差异,如果强行统合,必然会遭到既得利益阶层,即特殊职业公共年金制度的加入者的强烈反对,实现可能性比较小。另外不容忽视的一点是,这三类特殊职业公共年金制度的加入者都是居于社会相对较高层次的人群,他们的反对力量在影响决策方面也会表现出比普通民众更强大的力量,因此当前立即进行统合几乎没有可能。总的来说,目前采取渐进式方式,暂且将国民年金制度和这三种特殊职业公共年金制度分别单独运行是比较有现实可行性的。

年金加入盲区问题非常严重的韩国如果采取瑞典式的名义账户制,将会出现对于低收入阶层的保护应该如何实现的问题。如果将之前的年金制度转化为名义账户制运营,收入再分配功能将会被分离出去,在保守氛围比较强的韩国,这一点预计会受到较多的批评。所以为了补充、完善名义账户制在收入再分配方面的不足,国家必须另外设立独立的起收入再分配作用的制度。

二、名义账户制的导入

1. 导入的政策合理性

正如前面已经分析过的,名义账户制方式是完全民营化方式与参数式改革方式之间的一种具有折中性质的,且更具现实可行性的年金制度改革方式。"瑞典是将所有公民都纳入单一年金制度下最早的一个国家,也是实现将社会保障原则制度化方面走在前面的最典型的福利国家代表。"①(梁在镇,2003:153-173)瑞典所选择的名义账户制在政策方面具有以下优点:

第一,财政稳定性的确保是名义账户制最大的优点。如前所述,现在韩国的军人年金制度和公务员年金制度已经陷入资金枯竭的状态,国民年金制度虽然经过了几次提高保险费缴纳水平和降低保险费领取金额的改革措施,也才将国民年金基金的枯竭日期延长到了2070年。也就是说,尽管政府和相关年金管理机构已经做出了很多努力,但国民年金制度的收支平衡最多也只能维持到2070年,之后制度将依然陷入财政困境。因此,在许多公民已经对国民年金制

---

① 原文:스웨덴은 전 국민은 단일 연금제도하에서 통합한 최초의 국가이며, 사회보장원칙을 제도적으로 구현하는 데 안정성는 복지국가의 전형이다.

度非常不满的情况下,韩国的国民年金改革已经无法再采取提高保险费缴纳比例或者降低年金领取金额的方式了。在这种情况下,名义账户制通过导入个人投资账户,可以在最大限度上确保公民对改革的容纳度,而且还可以保证长期的财政稳定。因此,在这个方面,名义账户制具有明显的优越性。

第二,名义账户制还可以减少韩国公民对于国民年金制度的不满和不信任情绪。首先,名义账户制可以解决韩国国民年金制度加入者中的企业加入者和地区加入者之间的深刻矛盾。以前的年金制度的设计本意是实现从企业加入者向地区加入者的收入转移,强调全社会成员之间的连带关系,进一步充实再分配功能。但是在现实中,由于掌握地区高收入者的准确收入非常困难,在面对地区加入者中一部分人,尤其是高收入人群故意低报收入和回避缴费的局面时就显得无能为力,因此造成逆向收入再分配现象的出现。如果导入名义账户制,加入者"受到损失"的想法自然会消失,因为缴纳多少就可以领取多少,多缴纳多领取成为对人们最大的激励因素。在这种情况下,因为缴纳保险费和将来可领取到的年金金额之间建立起了直接的联系,所以直接会带来故意低报收入和回避缴纳保险费现象的减少,随之地区加入者和企业加入者之间的矛盾也能得到一些缓和。

第三,如果转换为名义账户制,以往年金制度中为了确保财政稳定而提高退休年龄等遭到人们反对的问题也可以随之得到解决。因为在名义账户制下,工作时间越长,进入个人账户的年金金额就越多,因此大部分人都会选取在可能的情况下尽量延长工作时间,而非提前退休。换句话说,名义账户制是一种可以在最大限度上诱发人们工作热情的改革方式。

2. 导入的政治合理性

韩国的国民年金改革过程中曾经出现了多种改革方案。在这些改革方案中,民营化改革方案和参数式改革方案受到的批评最多。而且从历次改革的经验可以知道,制度是否能被执政党、在野党以及其他社会利益团体所接受才是更重要的。也就是说,在韩国的国情下,国民年金制度改革必须要在能够保证国民一定的容纳度的前提下进行。"因此,在国家责任的基础上,维持国民年金的基本框架,有必要摸索如何导入在最大限度上吸取了确定缴费型私有化年金制度优点的名义账户制,其理由是名义账户制具有将公民对于公共年金制度改革的反对最小化的政治合理性。"①(郑奎明,2005:172)

---

① 原文:따라서 국가 책임 하에 국민연금의 틀을 유지하면서, 확정기여방식 사적 연금의 장점을 최대한 수용할 수 있는 명목확정기여방식 연금제도의 도입을 모색할 필요가 있다. 그 이유는 명목확정기여방식이 공적 연금개혁의 국민적 반발을 최소화할 수 있다는 정치적 합리성 때문이다.

现在和韩国采取一样的确定给付型年金制度的国家的公共年金制度中,因为缴费和年金之间的关联性非常弱,所以公民们大多将缴纳保险费看作纳税,而且地区加入者中的故意低报收入和回避缴费的现象也非常严重。但是,"名义账户制年金制度下加入者每个人都有自己的独立账户,自己所缴纳的保险费也都会计入自己的账户中,这一点可以淡化人们将保险费看作税金的错觉。在这种缴纳多少领取多少的确定缴费方式下,因为即便是提高保险费缴纳比例,多缴纳的部分也都会归属到加入者自己的账户上,所以这是可以将国民反对和不满最小化的一种方式"。[①] (梁在镇,2003:79)

3. 局限性

加入盲区问题非常严重的韩国如果和瑞典一样选择名义账户制,将会面临如何对低收入阶层进行制度保护的问题。要解决这个问题,仅仅依靠个人账户是不行的,而且在财政方面比较保守的韩国更是不行。从这一脉络上来看,在韩国一定需要能够补充名义账户制局限性的国家支援制度。

从另一个角度来看,收入再分配制度是韩国年金制度中非常重要的一项功能。以前的年金制度如果转换为名义账户制,收入再分配功能被单独分离出去,必定会受到许多人的批判。为了补充名义账户制在收入再分配功能方面的局限性,国家必须单独构筑新的收入再分配制度,且这种收入再分配制度能够在实际中起到将收入高的人的收入再次向收入低的人方向流动的作用。

三、年金收入水平适当性的确保

为了让没有收入的老人在老后也能维持稳定的生活,世界上大多数国家的一般做法是由国家导入公共年金制度。因此,年金制度中年金待遇水平适当性就显得非常重要了。确保年金收入的适当性有两种方法,即确保适当的收入替代率和年金领取权。在韩国,国民年金制度每到改革之时,确保适当的收入替代率和年金领取权两种方法都发挥了非常重要的作用。

1. 维持收入替代率的适当水准

收入替代率是决定年金金额的重要因素。韩国之前的年金制度改革都是通过下调收入替代率的方式来谋求实现年金制度的财政可持续性的。国际劳工组织建议,通常一个公民在加入年金制度30年后的收入替代率要保障

---

① 原文:명목확정기여 연금제도에서는 가입자 개개인이 자신의 연금계좌를 가지고 있고 연금 보험료가 자신의 개인 계좌에 쌓여나간다는 점에서, 세금이라는 인식이 약화된다. 거칠게 말해, 내는 만큼 가져가는 확정기여방식에서는 보험료가 인상되더라도 이 인상 부분이 모두 가입자 개인 계좌에 귀속되기에, 국민들의 반발은 최소화할 수 있다는 것이다.

在45%的程度,而在加入40年后,则应保证60%的收入替代率才是合适的。年金制度的另一个功能是预防老年贫困。国际劳工组织所定的贫困线基准是未达到平均收入的40%。根据这一基准,如果假定年金加入时间为30年,要想达到平均收入的40%,就要求在加入40年的情况下,收入替代率至少要保证达到53%以上。

但是,韩国在2007年进行国民年金制度改革时的做法是,在平均工资收入者加入年金制度40年的情况下,支付的年金水平从现行平均收入的60%到2008年下调为50%,2009年以后逐年以0.5%的比例下调,直至2028年下调至40%为止。根据这样的规则,虽然年金赤字出现的年度可以从以前预计的2047年推迟到2060年,但是老年贫困问题将会发生。国家导入年金制度的最初目的应该就是预防老年贫困,而为了保证年金制度在财政上可以持续下去,采取持续减低收入替代率的方法反过来又会造成新的老年贫困的产生。因为当收入替代率降低到低于40%时,将达不到预防老年贫困的目的,这又与最初导入公共年金制度的目的背道而驰。这种矛盾也正是目前许多国家所面临的一个难以解决的问题。因此,在进行公共年金制度改革时,只有维持一定程度的收入替代率,才能保证老年人在年老后也能够维持基本的稳定生活。从预防老年贫困的层面上来看,现行韩国的国民年金制度的收入替代率必须维持在60%左右。为了实现这一目标,对韩国的国民年金制度必须进行结构上的改革。

2. 年金领取权的确保

从年金领取权的确保层面上来看,年金领取权的确保与年金体系的特征有关。如果不考虑公民所从事的职业种类,将所有公民都纳入统一的一种年金体系内,可以实现危险分散和收入再分配的最大化。而且无论产业结构发生怎样的变化,加入者在不同职业领域内进行怎样的移动,都可以维持年金领取权,并保持制度的财政稳定性,这些都是单一年金制度的优点。在这种制度下,一个人在他的生命周期内,无论转换几次工作,有一点是确定无疑的,那就是他所拥有的年金领取权是不变的。

目前,韩国国民年金制度的适用对象已经扩大到全国所有的公民,无论是企业加入者还是地区加入者,都可以实现年金领取权不依职业在全国范围内的自由流动。但是韩国的军人年金制度、公务员年金制度,以及私立学校教职员年金制度这三种公共年金制度却仍然无法实现与国民年金制度之间的通算或者衔接。具体来说,也就是这三类公共年金制度与国民年金制度互相仍然无法认可在另一种年金制度中所加入的年数。其实即便无法实现制度的统合,在各个年金制度分别独立运营的情况下,如果能够建立一种制度间的通算制度,那么,年金的领取权也可以像在一元化体系下一样得到保证,这将会是一种比现在的状态更为发达的年金制度形态。从微观层面上来看,如果某人是一个在自己生命周期内无法保证收入活动稳定的人,那么其年金领取权的确保就显得非常重要了。例如,在失业期间或参军期间,女性在育儿期间或者做全职主妇期间等无法满足领取年金的条件的情况下,积极探讨导入 credit 制度是非常必要的。

3. 缴费与年金领取额的衔接关系

过去以现收现付制运营的国民年金制度,具有非常强烈的代际以及代际内收入再分配作用,所以缴纳保险费与退休后领取的年金金额之间的连接性相对较弱。年金制度是朝着更有利于低收入者的方向设计的,其目的就在于将社会上的高收入者的一部分收入转移到低收入者那里。但是由于地区加入者中的高收入者故意低报收入和回避缴纳保险费,引起了逆向收入再分配结果的出现。解决这种不均衡问题的方法有两种:一种是由国库向地区加入者拨付 4.5% 的保险费,将地区加入者和企业加入者在享受国家或企业优惠方面形成平衡的格局;另一种方法是把制度的现收现付制转变为积累方式,这样就会变成一种缴纳多少、领取多少的制度,增强缴费与领取之间的直接衔接性,激励地区加入者按照实际收入缴纳保险费。但是,前一种方式在现在的情况下不具有现实可能性。如果国库为每一位地区加入者都代缴 4.5% 的保险费,其金额总数将非常巨大,是国库负担不起的。后一种方式其实就是像智利一样将年金制度转变为民营化方式,但是因为巨额的转换成本也使这种方法的实现变得极其困难。因此,在现实中,具有可行性的最佳方法还是如前面所论述的,将现有国民年金制度转换为名义账户制运营。

第七章　结　论

本书考察了韩国国民年金制度的现状及存在的问题。为了解决这些问题,本书对瑞典、智利、日本三国的年金改革过程及改革经验进行了比较分析。通过这些比较分析,得出结论:对韩国来说,导入瑞典的名义账户制,构筑多层公共年金体系的做法是在现实情况下最理想的方式。本书的主要研究内容及结论整理如下:

第二章首先整理回顾了关于公共年金制度改革的相关理论背景。一般来说,现在公共年金制度改革的方式从大的方面可以分为部分式改革(参数式改革)和全面的结构性改革两种类型。最近以瑞典为代表的一些欧洲国家选择了被称之为年金制度改革的"第三条路"的"名义账户制"方式。其次,在以上基本改革方式的基础上,世界银行(The World Bank)、国际劳工组织(ILO)、世界经合组织(OECD),以及国际国币基金组织(IMF)等也都就年金制度改革提出了自己的主张,第二章也对这些主张进行了比较和分析。最后,第二章导出了在以上关于公共年金制度改革的理论研究中和许多国家的年金改革实践过程中所表现出来的关于公共年金制度改革的争论问题。在考察前人研究的基础上,本书主要选取了财政方式及稳定性、收入再分配、基金管理运营,以及改革的可行性四个争论点作为本书的比较基准,并利用由这四个方面组成的分析框架在后文中展开具体分析。

要摸索出韩国的国民年金改革方向,首先需要对韩国国民年金制度的起源及发展历史有一个深入的了解。因此,第三章集中考察了韩国国民年金制度的历史发展过程及已经进行过的改革的情况。具体来看,第三章首先按照制度导入期、制度扩大期、制度整备期梳理了韩国国民年金制度。其次重点回顾了韩国国民年金制度两次改革的相关情况,具体集中于考察两次改革的背景、改革案形成过程、改革方案的内容,以及改革的意义等。

第四章详细分析了韩国国民年金制度的现状和存在的问题。对于韩国国民年金制度的现状主要考察了几个年金制度中的重要因素:适用对象、加入者情况、筹资及成本负担、年金待遇构成及年金领取现状、基金运营方式及财政方式以及管理体系等。此外,第四章的另一个重点内容就是按照第一章中所确定的四个比较基准对韩国国民年金制度在这四个方面存在的问题进行了深入分析。除了以上四个方面的问题之外,韩国的国民年金制度还存在严重的加入盲区问题、国民的不信任问题,以及国民年金制度与其他公共年金制度的互相衔接问题等。这些问题都必须依靠继续的改革来解决。

第五章中对公共年金制度改革的三个典型国家的年金制度改革进行了深入分析,并对瑞典、智利、日本这三个国家在进行公共年金制度改革时所选取的改革路径进行比较研究。这三个国家的公共年金制度改革的考察分别是从改革的背景、改革内容及改革的意义等几个方面进行的。通过对这三个案例分析的研究,可以发现,瑞典采取了"名义账户制"的方式,智利采取了全部民营化的改革方式,而日本则继续维持渐进式的参数式改革方式。以上三个国家不同的改革方式也各自在解决本书中所确立的四条分析框架问题时表现出了各自的优缺点。

第六章的主要内容是分析韩国在今后进行国民年金制度改革时可以从以上三个国家得到哪些可供借鉴的经验。也就是说,根据第一章所确定的四个争论焦点问题,分别对瑞典、智利、日本,以及韩国的公共年金制度改革进行了综合性的比较分析。并将之与韩国的国民年金制度改革再度进行比较,从而导出这三个国家在财政方式及稳定性、收入再分配、基金管理运营、改革的可行性四个方面对韩国的启示和经验。

首先,从财政方式及稳定性方面来看。瑞典的比例年金部分的收入替代率是随着退休年龄而变化的。退休年龄越大,收入替代率就越高。对加入者而言,就形成了一个劳动诱因,从而有利于保证财政可持续性的增加,同时又可以解决提前退休问题。另外,按照年金领取额的计算公式,这一方式同时还可以自然而然地解决因为预期寿命延长而带来的财政危机问题。高级年金部分因为采取的是完全积累方式来运营,所以完全可以确保财政的可持续性。因加入者所选择的高级年金运营公司的收益率不同,所以最终可领取的年金金额也会有所不同。但是,要注意的是,按照民营化方式运营的高级年金运营公司的收益率虽然整体上较高,但是也会有出现负数的时候。从这一点上来看,高级年金部分的管理运营方式本身,有时候也会成为造成财政不稳定的一个因素,不过,瑞典政府对高级年金运营公司进行着总的监督,并负有最终责任。智利的民营化年金制度转化为完全积累方式,从而解决了以前的财政不可持续性问题。虽然智利也和瑞典一样,存在着因市场化管理引起的不稳定因素,但是因为智利也是国家负有最终的安全责任,所以不能由此断言说,这是一种将责任转嫁到加入者的方式。但智利的年金制度却存在另一个问题,那就是由于智利国内各年金运营公司之间激烈的竞争,带来管理运营成本的增加，且这个问题比较严重。日本的厚生年金制度改革的最终目的就是确保财政的可持续性。与瑞典、智利的改革不同，日本的年金制度改革选择了参数式改革的方式。持续的年金领取金额和收入替代率的降低，再加上稳定装置——宏观经济 slide 制度的导入，最终为日本的厚生年金制度带来了长期财政稳定性的确保，但这种改革方式却招来了公民的强烈不满情绪。

第二，从收入再分配的层面来看，瑞典的 NDC 方式一直因为收入再分配功能的消失而受到批评。但是，瑞典的年金制度改革实际上是在构筑年金制度的多层结构的同时，将收入再分配功能从收入比例年金部分中分离出来，并非完全取消了收入再分配功能。此外，瑞典还为低收入阶层单独新设了基础保障年金制度。走向市场化道路的智利，因为选择的是个人账户年金保险方式，所以加入者退休以后能够领取到的养老金金额就是自己曾经缴纳过的保险费加上基金运营结果再除以预期寿命的值。在这种年金制度结构下，完全不存在收入再分配功能。不过，尽管是市场化年金制度，智利的年金制度仍然是强制性加入的年金制度，所以仍然存在今后国家干预的空间和可能。对于没能满足年金领取条件者，由国家负责运营针对他们的最低年金制度。对于从未加入过年金制度者，国家另外还新导入并运营了一种被称为"连带年金制度"的制度。日本的厚生年金制度仍然采取现收现付制度运营，具有强烈的代际收入再分配性质。日本 2004 年年金制度改革时导入的宏观经济slide 制度正是在这种强烈的代际收入再分配结构下，为了应对低出生率、少子化的人口老龄化社会挑战而导入的。宏观经济 slide 制可以通过调整年金替代率来促进财政可持续性和财政稳定目标的实现。因为在具有过分强烈代际收入再分配功能的日本社会，其应对未来人口结构变化的能力是非常脆弱的。

第三，从年金基金运营的层面上来看，瑞典的年金基金运营机关属于二元化管理，比例年金部分由社会保障厅来运营，高级年金部分则由个人年金局来运营管理。在基金的运营方式方面，与比例年金部分相比，高级年金部分的投资形式等更为灵活。智利的年金基金管理运营都是由民间公司掌控的，因为各个年金运营公司都是按照经营的实际业绩来决定运营公司之间的合并和改编的，所以智利的民间年金运营公司数目一直都处于变化之中。但是，其中前六位公司掌握的年金加入者及总年金基金额为总数的 95% 以上，所以年金基金运营公司的运营状态相对来说还是比较稳定的。在基金投资方面，智利的年金基金运营公司为了获得更高的收益率，投资主要集中在海外股票市场领域，当然，其收益率也是比较高的。现在，日本的年金基金管理机构由以前的大藏省转移到了厚生劳动省年金局。年金基金的运营体系包括厚生劳动省年金局和社会保险厅两部分。年金基金的投资主要集中在国内基金和股票两部分。但是,与瑞典和智利的投资收益率相比,日本的投资收益率相对较低。

第四,从可行性的角度来看,瑞典的年金制度改革是在各政党、工会以及利益团体之间的协商下完成的。在改革方案确立的初期,工会虽然曾经提出过不同意见,但是最终还是通过了统一的改革方案。因此,在改革过程中,其政治因素没有成为妨碍因素。智利的年金制度改革则是在军事政权下主导实施的,所以不存在政治性反对或政治妨碍因素。其他国家像智利一样由军事政权掌权的情况非常少,所以在政治接受度方面,其他国家很难从智利的改革中得到可供参考或借鉴的经验。日本的年金制度改革始终是政治问题的主题,因为日本的年金制度改革一直采取的都是参数式改革方式,所以在缴纳的保险费率持续上升的同时,人们退休后能领取到的保险金金额的收入替代率却持续下降,因此,这种改革方式很容易成为政治斗争的主题。因为各个政党或利益集团都是为了自己的利益,只有他们在各个方面互相达成一致,最终选择的折中的改革方案才有可能得以通过。所以从这一点上来看,日本的年金制度改革在很大程度上受到了政治的影响。

本书通过公共年金制度改革的具体案例的比较分析,在公共年金制度改革的路径选取方向上,即改革方式选取上得出以下结论:以智利为代表的南美各国选择了民营化、市场化的改革道路,从年金制度的财政稳定性,代际、代际内平衡性的提高等层面来看,可以说是一种效果很好的改革方式,但是在由原来的年金制度转换为市场化运营制度时,必然产生巨额的转换成本,而且转轨后的年金制度存在由于市场失败而引起的年金个人责任化的可能性。所以对许多国家来说,尤其是有比较保守思维或之前存在较强收入再分配设计的国家来说,接受起来还是比较困难的。

日本的改革方式是现在许多国家正在进行的年金制度改革所采取的方式,即持续性选择参数式改革指向的改革方式。但日本如今在继续调整年金收入替代率方面已经没有过大的空间了,因此这种改革方式存在一定的局限性。如果持续采用这种参数式改革方式,只能引起国民更多的不满和对制度的不信任。

被称为公共年金制度改革的"第三条路",以瑞典为代表,并在欧洲其他六国也都成功实施的"名义账户制"方式在维护以往的现收现付制的基础上,可以最大限度地发挥出积累方式的长处,可以认为是一种在原有的两种传统改革方式之外的一种创新式的公共年金制度的改革方式。

综合来看,为了解决韩国目前国民年金制度所存在的问题,再考虑到韩国政治上的接受和容纳程度,相对来说,瑞典的"名义账户制"应该是最为合适的一种改革方式。因为这种改革方式在韩国现有的条件下,可以获得政策合理性和政治合理性两方面的支持。韩国的国民年金制度导入短短 20 年左右的时间就进行了两次改革,而且这两次改革都是以大幅提高保险费率、降低年金领取额,以及提高退休年龄要求的方式快速推进的。因此,导入名义账户制可以自然而然解决财政的长期可持续的稳定性问题,是一种比较理想的方式。在收入再分配的层面上,名义账户制将收入再分配功能分离,因此如果导入名义账户制,需要另外设计一种适用于所有公民的基础年金制度,作为年金多层结构中的 0 层。在基金的管理运营方面,名义账户制摆脱了以往的公共管理运营体系,选择了私有化运营的道路。国家仅对运营起整体上的监督作用,并负有最终责任。这样,以往的基金运营透明性和效率性不足的问题就可以得到克服。从公民的接受程度方面来看,名义账户制也同样如前所述,具有非常明显的政策合理性和政治合理性,易于被各政党、利益集团以及公民所接受。

本书在深入探讨瑞典、智利、日本三国各自不同的年金改革方式,并对各种方式的优缺点进行比较的基础上,回顾了韩国的国民年金制度的起源、发展,及其经历的两次大的改革历程,分析了韩国目前国民年金制度所存在的问题,提出了韩国应选择瑞典式的名义账户制,并努力构筑国际性组织所倡导的多层年金结构的结论。在此基础上,本书还提出了适合以上观念的适用于韩国的新的改革方案。方案整体表现为世界银行等组织倡导的多层结构,基础年金制度是整个社会的安全网,同时也可以完善名义账户制缺乏收入再分配设计这一缺点,起到收入再分配的作用。但是这种新年金改革方案一定会引起军人年金制度、公务员年金制度、私立学校教职员年金制度加入者的极大不满和反对,所以短期内统合这三种公共年金制度是比较困难的,在这方面,新改革方案还存在局限性。在目前的条件下,所能追求实现的目的只能是一种折中的方式,即为了克服人才在不同工作领域间自由流动时年金无法衔接的问题,应向着导入三种公共年金制度与国民年金制度之间的年金通算制度的方向进行改革,这样才是比较理想的一种状态。导入这种通算制度以后,加入者即便变更了工作领域,也可以充分确保年金领取权,同时也可以缩小公共年金制度加入盲区的范围。

当然,以往韩国学者及国际组织的一些学者对于韩国国民年金制度的研究也并不少,但是按照公共年金制度改革类型,选取各个类型中的代表国家的典型案例首先进行案例分析,然后对其在改革过程中所出现的具有代表性的四个争论性问题上,深入地比较分析以上三个国家在改革过程中的优点和缺点,之后再将这四个比较基准上的启示或经验应用于韩国的国民年金改革中进行模拟分析,最终得出以上三种改革方式在四项争论问题上是否适用于韩国的结论的研究还是非常少的。本书在这方面算是做了一些初步探索,对四项争论问题上的瑞典、智利、日本的经验是否在韩国具有适用性进行了综合分析,最终找到三种改革方式中最适用于韩国的方面,并设计出了相应的韩国公共年金制度改革方案。该方案同时也体现出了如世界银行、国际劳工组织等国际性组织所倡导的多层年金结构的特点。今后韩国将持续进行的国民年金改革中,在选择改革路径时,本书可以成为比较详尽的参考资料,这也正是本书的价值所在。

但本书也存在一些局限性和不足,具体如下:本书主要依靠文献资料展开,作为一种理论层面上的比较研究,对年金制度改革过程中出现的一些现实问题反映不足。对于本书中所倡导的在韩国导入瑞典式名义账户制的问题也基本停留在理论研究的分析层面上,所利用的资料主要为统计资料和国际组织中的工作论文等所提供的二手资料,而实际上名义账户制在瑞典的实施情况、民众的反应等实际情况缺乏实践层面上的第一手资料,在这一点上存在局限性。同时作为今后的研究课题,在进行案例分析时,获取实践层面上的资料是必要的,这也是笔者今后研究中将继续推进的方向。

此外,本书虽然从宏观的角度为韩国今后将持续展开的国民年金制度改革提出了一个初步的改革方案,但是具体的设计指数等细节未能够充分展开。比如,新方案中设计的基础年金部分、具体的年金金额的决策、筹资的具体方式,以及名义账户制导入后国民年金制度运营的保险费率程度和具体运营方式等都未能给出具体设计。因为这些具体设计将涉及具体的保险精算等多方面工作,所以作为寻找改革方向的一项理论宏观研究,本书在具体设计方面没能给出具体细节,这部分工作还有待于在今后的研究中继续进行。当然,韩国的国民年金制度和军人年金制度、公务员年金制度、私立学校教职员年金制度之间的通算公式的开发、确定等也都需要进一步的研究和计算,这些部分在书中没有能够展开进行,也是本书的不足所在。

参 考 文 献

I. 韩国语论文及专著

1. 고광수·김영갑, 『미국의 종업원 퇴직 연금제도와 시사점』, 한국증권 연구원, 2000.

2. 고세훈, 『복지국가의 이해 : 이론과 사례』, 서울 : 고려대학교 출판부, 2000.

3. 고세훈, 『국가와 복지 : 세계화 시대 복지한국의 모색』, 서울 : 아연 출판부, 2003.

4. 공적연금 재정계산관련 지상토론회, 「공적연금 재정계산제도의 효과적인 효과적인 실행 방안」, 한국보건사회연구원, 2007.

5. 김병덕, 『연금개혁의 성과와 전망』, 서울 : 한국금융연구원, 2009.

6. 김상균, 『낙타와 국민연금 : 역설로 풀어본 국민연금의 진실』, 서울 : 학지사, 2010.

7. 김상호. 「국민연금법 개정의 재정안정화 효과」, 『재정학연구』, 제1권 제2호(통권 제57호), 2008.

8. 김성숙.권문일.배준호.이용하.김순옥.박태영.정해식, 『공적연금의 이해』, 서울 : 국민연금연구원, 2008.

9. 김연명, 「'시장'기능을 이용한 연금기금 운용 사례와 그 함의-칠레, 호주, 일본을 중심으로」, 『사회복지정책』, 제 10 집, 서울 : 한국 사회복지정책학회, 2000.

10. 김영규, 『시장의 실패 자본의 실패』, 인천 : 인하대학교 출판부, 2000.

11. 김영민, 「복지국가에서 복지의 의미」, 『한국 사회와 행정 연구』, 제13권 제3호, 2002.

12. 김영민, 『한국행정 60년, 1948—2008 : 배경과 맥락』, 서울 : 법문사, 2008.

13. 김영민, 「정책품질관리제도 운영의 성과와 한계」, 『지방정부연구』, 제11권 4호, 2007.

14. 김영중, 「일본의 국민연금 재원 확보에 대한 논의」, 한국노동연구원, 『국제노동브리프』Vol.6. No.4, 2008.

15. 김용문·이상영, 「국민연금의 오늘과 내일」, 한국보건사회연구원 정책 현안 자료, 2006

16. 김용하·석재은.「국민연금제도 전개의 한국적 특징과 지속가능성」, 『한국사회복지연구』,제37권,1999.

17. 김용하,「국민연금제도의 포괄적 개혁방안」,『응용경제』,제 7 권 제2호,2005.

18. 김진영,「칠레의 신연금정책의 특징과 평가」,『한국 사회와 행정 연구』,제13권 제1호,2002.

19. 김진영,박성혜,「국민연금제도의 비교연구―한국,칠레,싱가포르를 중심으로―」,『한국행정논집』,제15권 제4호,2003.

20. 김회식,「연금민영화의 금융발전 효과 분석:칠레의 경험을 중심으로」, http://epic.kdi.re.kr/epic_attach/2007/D0702008.pdf,(검색 일자:2010년 3월 27일).

21. 국민연금관리공단.『해외 연금 동향―일본 국민연금의 사업 개혁을 중심으로―』,1999.

22. 권문일,「국민연금 전개과정상의 쟁점 분석」,『사회복지연구』, 제14호,1999.

23. 권문일,「국민연금의 민영화 논리에 대한 대응」,『월간 복지동향』, 제22호,2000.

24. 노사정위원회,「공적연금제도 사각지대 해소 방안 논의자료」, 노사정위원회,2006.

25. 대통령자문정책기획위원회,『국민연금개혁―지속가능한 연금제도 개선―』,2008.

26. D.딜라드.허창무 역,『케인즈 경제학의 이해』,서울:지식산업사, 1988.

27. 문형표,『공적연금제도의 평가와 정책과제』,경제·인문사회연구회 협동연구총서 개별보고서,서울:한국개발연구원,2007.

28. 류연규·황정임·석재은,『여성 연금수급권 확대를 위한 국민연금제 도 개선방안 연구―개별수급권을 중심으로―』,한국여성정책연구 원,2007.

29. 보건복지부·국민연금관리공단,『국민연금제도의 쟁점사항에 대한 검토』,정책 자료집,2000.

30. 박광덕·이동현·도유나,「한국과 일본의 국민연금개혁 비교연구―신 제도주의적 관점에서―」,『사회과학논집』,제39집 1호,2008.

31. 박영석·고혁진,『복지사회를 대비한 국민연금의 구조개혁』,경기도 파주시:집문당,2010.

32. 송호근·홍경준,『복지국가의 태동:민주화,세계화,그리고 한국의 복지정치』, 경기도 파주시:나남출판,2006.

33. 성은비,「일본 비정규직 노동자의 공적연금 적용에 관한 연구」,
『사회보장연구』,제25권 제2호,서울：한국사회보장학회,2009.

34. 신필균,「스웨덴 노령연금개혁：고령화 시대의 연기금고갈방지대책」,
『경제와 사회』, 통권 제66호,2005.

35. 안상헌,『모르면 손해 보는 국민연금 활용하기』,서울：경향미디어,
2010.

36. 양재진,「경제위기,정책망 그리고 연금개혁패러다임」,『한국행정학보』,
제35권 제2호,2001.

37. 양재진,「세계은행과 국제노동기구의 연금개혁전략 비교연구：한국에
의 적용과 대응」,『한국정책학회보』,제10권 제3호,2001.

38. 양재진,「연금개혁의'제 3 의 길'：스웨덴의 명목확정기여방식 연금
개혁과 한국에의 도입 필요성」,『행정논총』,제40권 제2호,2002.

39. 양재진,「노동시장유연화와 한국복지국가의 선택：노동시장과 복
지제도의 비정합성 극복을 위하여」,『한국정치학회보』 37집 3호,
2003.

40. 양재진,「박정희시대 복지연금제도의 형성과 유보에 관한 연구」,
한국거버넌스학회 2006년 하계공동학술발표회 발표문,2006.

41. 양재진,「한국 연금개혁의 3 대 쟁점」,『경제와 사회』(통권 제
73호),2007.

42. 양재진,「유신체제하 복지연금제도의 형성과 시행유보에 관한 재고
찰」,『한국거버넌스학회보』,제14권 제1호,2007.

43. 양재진,「스웨덴 NDC연금제도의 이해와 한국에 도입 시 쟁점 분석」,
『한국행정학회 2007년도 동계학술대회 발표논문집』,2007.

44. 양재진・민효상,「공적연금의 구조적 개혁 필요성과 유형화에 관한
연구」,『사회과학논집』,제 39집 2호,2008.

45. 양재진・김영순・조영재 등.,『한국의 복지정책 결정과정：역사와
자료』, 경기도 파주시：나남출판,2008.

46. 양재진,「한국 연금개혁의 주요 이슈와 제도개혁대안：명목확정기여
방식을 중심으로」,한국행정학회 학술대회 발표논문집,2009.

47. 원종욱・김성민・한성윤 등.,『글로벌 금융위기 상황하의 국민연
금기금의 운용방안』,서울：한국보건사회연구원,2009.

48. 윤석명,「공적연금제도의 문제점과 개선방향」,『재정논집』, 제
15집 제1호, 서울：한국재정학회,2000.

49. 윤석명,「국민연금제도의 개혁방향」,『보건복지포럼』,통권제
134호,2007.

50. 윤석명,「2009년도 사회보험의 변화와 전망:공적연금을 중심으로」,
『보건복지포럼』,통권 제147호,2009.

51. 윤석명·김문길,「연금개혁 대안으로서의 NDC 연금제도의 타당성에
관한 비판적 고찰」,『사회보장연구』,제 21 권 제 2 호,한국사회
보장학회,2005.

52. 윤석명·김대철·신화연,「국민연금제도의 점진적 개혁방안」,
『응용경.제』제7권 제2호,서울:한국응용경제학회,2005.

53. 윤석명·김대철,「조기퇴직에 따른 연금수급 사각지대 해소방안—근
로유인 극대화를 통한 고령사회 대처 가능성 중심으로—」,『사
회보장연구』,제22권 제1호,2006.

54. 윤석명·김대철·조준행,「인구고령화와 국민연금:정부재정의
지속 가능성을 중심으로」,『재정논집』,제 21 집 제 1 호,서울:
한국재정학회,2006.

55. 윤석명·오완근·신화연,「국민연금의 사회보장자산(SSW) 추정
및 민간부문 저축에 대한 효과 분석」,『한국경제의 분석』,제
13권 제2호,2007.

56. 윤석명·김병률·김재경 등.,『공적연금 가입기 연계방안 연구Ⅱ』,
한국보건사회연구원,2008.

57. 윤홍식,「새로운 사회적 위험과 한국사회복지의 과제:사적(가족)영
역으로부터의 접근」,『한국사회복지학회 학술대회자료집』,2006년
추계 공동 학술대회,2006.

58. 윤홍식,「여성과 남성 공공근로사업 참여자의 (재)취업 결정요인」,
『사회복지정책』,제24집,2006.

59. 윤홍식·조막래,「남성일인생계부양자가고와 이인생계부양자가구의
소득특성과 빈곤실태」,『가족과 문화』,제19집 4호,2007.

60. 이경은,『公共政策과 合理的 選擇』(增補版),서울:博英社,2004.

61. 이용하,「국민연금제도의 재정구조 조정전략」,『사회보장연구』,
제13권 제2호,1997.

62. 이성복,「국민연금제도의 정책결정과정에 관한 연구-제 12 차 국민
연금법 개정을 중심으로」,『의정연구』,제 11 권 제 1 호,2005.

63. 이인재·류진석·권문일 등.,『사회보장론』(개정2판),경기도
파주시:나남출판,2006.

64. 조덕호·마승렬,『노후보장정책과 역저당연금제도』,경기도 파주
시:집문당,2007.

65. 조영훈,「사회보장제도 민영화의 문제점: 칠레 연금개혁 사례분석을

　　통한 신보수주의 비판」,『한국사회학』제32집,1998.

66. 조영훈,「칠레 연금민영화 개혁에 대한 평가」,『한국사회복지학』,
통권 50호,2002.

67. 조영훈,「최근 일본 복지정책의 동향과 평가:연금과 의료를 중심
으로」,『사회복지정책』,Vol.23,2005.

68. 조지 버나드 쇼(George Bernard Shaw) 외, 고세훈 옮김,『페이비언
사회주의』(Fabian Essays in Socialism).서울:아카넷,2006.

69. 조추용,「일본의 연금개혁과 노후생활보장정책」,『노인복지연구』,
통권 32호, 서울:한국노인복지학회,2006.

70. 주은선,「1998 부 터 2007까지 한국 연금정책 평가:국가와 시장의
역할 경계,사회권을 중심으로」,비판과 대안을 위한 사회복지학
회 2008년 춘계학술대회,2008.

71. 주은선,『연금개혁의 정치:스웨덴 연금제도의 금융화와 복지정치의
변형』,경기도 파주시:한울아카데미,2006.

72. 타케가와 쇼고,「일본의 2004 년 연금개혁—복지정치의 생성과 레
짐시프트」,『한국사회정책』,제12집,2005.

73. 대통령자문정책기획위원회,『국민연금개혁—지속가능한 연금제도
개선—』참여정부 정책보고서 2-23,2008.

74. 하상근,『국민연금과 정책불응』,경기도 파주시:한국학술정보,
2008.

75. 한국개발연구원,『인구구조 고령화의 경제·사회적 파급효과와
대응과제』,고령화사회 대비 협동연구 총괄보고서,서울:한국개발
연구원,2005.

76. 홍민기,『국민연금이 노동공급과 저축에 미치는 영향』,서울:한국
노동연구원,2009.

77. 홍경준,「공적연금 체제의 빈곤완화 효과 연구」,『사회보장연구』,
제21권 제2호,한국사회보장학회,2005.

韩国语论文及专著(中文翻译)

1. 高光秀,金永甲.美国职员退休年金制度与启示.韩国证券研究
院,2000.

2. 高世勳.理解福利国家:理论与案例.首尔:高丽大学出版部,2000.

3. 高世勳.国家与福利:世界化时代福利国家的摸索.首尔:亚研出版
部,2003.

4. 公共年金财政计算管理专题讨论会.公共年金财政计算制度的效果实

　　行方案.韩国保健社会研究院,2007.

5. 金炳德.年金改革的成果及展望.首尔:韩国金融研究院,2009.

6. 金尚均.骆驼与国民年金:从悖论角度解释的国民年金的真相.首尔:学知社,2010.

7. 金尚昊.国民年金法修改的财政稳定性效果.财政学研究,2008,57(1).

8. 金圣淑,权文一,裴俊浩,等.理解公共年金.首尔:国民年金研究院,2008.

9. 金渊明.利用"市场"功能的年金基金运用案例与含义——以智利、澳大利亚、日本为中心.社会福利政策,2000,10.

10. 金荣奎.市场的失败,资本的失败.仁川:仁荷大学出版部,2000.

11. 金荣敏.福利国家概念上福利的含义.韩国社会与行政研究,2002,13(3).

12. 金荣敏.韩国行政 60 年,1948—2008:背景与脉络.首尔:法文社,2008.

13. 金荣敏.政策质量管理制度运营的成果及局限性.地方政府研究,2007,11(4).

14. 金泳仲.关于日本国民年金财源确保的议论.国际劳动简报2008,6(4).

15. 金龙文,李尚荣.国民年金的今天与明天.韩国保健社会研究院政策现案资料,2006.

16. 金容河,石在恩.国民年金制度展开的韩国特征及可持续性.韩国社会福利研究,1999,37.

17. 金容河.国民年金制度的总体改革方案.应用经济,2005,7(2).

18. 金镇荣.智利新年金政策的特点及评价.韩国社会与行政研究,2002,13(1).

19. 金镇荣,朴圣慧.国民年金制度比较研究——以韩国、智利、新加坡为例.韩国行政论集,2003,15(4).

20. 金会植.年金民营化的金融发展效果分析:以智利经验为中心[2010-03-27].http://epic.kdi.re.kr/epic_attach/2007/D0702008.pdf

21. 国民年金管理公团.海外年金动向——以日本国民年金事业改革为中心.1999.

22. 权文一.国民年金展开过程中的争论点分析.社会福利研究,1999,14.

23. 权文一. 关于国民年金民营化的应对. 福利动向月刊,2000,22.

24. 劳使政委员会. 公共年金制度盲区减少方案讨论资料. 劳使政委员会,2006.

25. 总统咨询政策企划委员会. 国民年金改革——可持续性年金制度改善. 2008.

26. D. Dillard. 理解凯恩斯经济学. 许昌武译. 首尔:知识产业社,1988.

27. 文亨杓. 公共年金制度的评价与政策课题. 经济、人文社会研究院协同研究总报告中个别报告册. 首尔:韩国开发研究院,2007.

28. 柳渊奎,黄贞任,石在恩. 扩大女性年金领取权的国民年金制度改善方案研究——以个别领取权为中心. 首尔:韩国女性政策研究院,2007.

29. 保健福利部,国民年金管理公团. 关于国民年金制度争论点的探讨. 政策资料集,2000.

30. 朴光德,李东玄,都由娜. 韩国与日本的国民年金改革比较研究——从新制度主义的视角来看. 社会科学论集,2008,39(1).

31. 朴英硕,高革镇. 为福利社会做准备的国民年金结构改革. 京畿道坡州市:集文堂,2010.

32. 宋浩根,洪庆俊. 福利国家的萌动:民主化、世界化以及韩国的福利政治. 京畿道坡州市:NANAM 出版,2006.

33. 成恩非. 日本非正规职劳动者公共年金适用研究. 社会保障研究,2009,25(2).

34. 申弼均. 瑞典老龄年金改革:高龄化时代的年金基金枯竭防止对策. 经济与社会,2005,66.

35. 安常轩. 不知道就是损失的国民年金活用. 首尔:京乡 MEDIA,2010.

36. 梁在镇. 经济危机、政策网络及年金改革范例. 韩国行政学报,2001,35(2).

37. 梁在镇. 世界银行与国际劳工组织的年金改革战略比较研究:在韩国的适用与应对. 韩国政策学会报,2001,10(3).

38. 梁在镇. 年金改革的"第3条路":将瑞典名义确定缴费方式年金改革导入韩国的必要性. 行政论丛,2002,40(2).

39. 梁在镇. 劳动市场柔性化与韩国福利国家的选择:为了克服劳动市场与福利制度的非一致性. 韩国政治学会报,2003,37(3).

40. 梁在镇. 朴正熙时代福利年金制度的形成与保留研究. 韩国治理学会2006 年夏季共同学术发表会发表文,2006.

41. 梁在镇.韩国年金改革的三大争论问题.经济与社会,2007,73.

42. 梁在镇.维新体制下福利年金制度的形成与施行的再考察.韩国智利学学报,2007,14(1).

43. 梁在镇.瑞典 NDC 年金制度的理解与导入韩国的争论点分析.韩国行政学会 2007 年度冬季学术大会发表论文集,2007.

44. 梁在镇,闵孝尚.公共年金结构性改革的必要性与类型化研究.社会科学论集,2008,39(2).

45. 梁在镇,金永纯,赵荣载,等.韩国福利政策决策过程:历史与资料.京畿道坡州市:NANAM 出版,2008.

46. 梁在镇.韩国年金改革的主要事件及制度改革对策方案:以名义确定缴费方式为中心.韩国行政学会学术大会发表论文集,2009.

47. 元钟旭,金成珉,韩成润,等.全球金融危机情况下的国民年金基金运用方案.首尔:韩国保健社会研究院,2009.

48. 尹锡命.公共年金制度的问题及改善方向.财政论集,2000,15(1).

49. 尹锡命.国民年金制度的改革方向.保健福利论坛,2007,134.

50. 尹锡命,2009 年度社会保险的变化与展望:以公共年金为中心.保健福利论坛,2009,147.

51. 尹锡命,金文吉.作为年金改革对策方案的 NDC 年金制度的妥当性的批判性考察.社会保障研究,2005,21(2).

52. 尹锡命,金大哲,申华妍.国民年金制度的渐进式改革方案.应用经济,2005,7(2).

53. 尹锡命,金大哲.提前退休的年金领取盲区减少方案——以通过最大化劳动激励因素来应对老龄社会的可能性.社会保障研究,2006,22(1).

54. 尹锡命,金大哲,赵俊行.人口高龄化与国民年金:以政府财政的可持续性为中心.财政论集,2006,21(1).

55. 尹锡命,吴浣根,申华妍.国民年金对于社会保障财产(SSW)推算及民间部门储蓄的效果分析.韩国经济分析,2007,13(2).

56. 尹锡命,金炳律,朴成珉,等.公共年金加入期间通算方案研究Ⅱ.首尔:韩国保健社会研究院,2008.

57. 尹洪植.新社会危险与韩国社会福利课题:从私人(家庭)领域的视角.韩国社会福利学会学术大会资料集、2006 秋季共同学术大会,2006.

58. 尹洪植.女性与男性公共劳动事业参与者的(再)就业决定因素.社会

福利政策,2006,24.

59. 尹洪植,赵末来.男性一人生计抚养者家庭与二人生计抚养者家庭的收入特性及贫困实态.家庭与文化,2007,19(4).

60. 李庚恩.公共政策与合理选择(增补版).首尔:博英社,2004.

61. 李容河.国民年金制度的财政结构调整战略.社会保障研究,1997,13(2).

62. 李成福.国民年金制度的政策决策过程研究——以第12次国民年金法修改为中心.议政研究,2005,11(1).

63. 李仁载,柳珍锡,权文一,等.社会保障论(修订第2版).京畿道坡州市:NANAM出版,2006.

64. 赵德昊,马胜烈.老后保障政策与抵押借款年金制度.京畿道坡州市:集文堂,2007.

65. 赵英勳.社会保障制度民营化问题:通过智利年金改革案例分析的新保守主义.韩国社会学,1998,32.

66. 赵英勳.智利年金民营化评价.韩国社会福利学,2002,50.

67. 赵英勳.最近日本福利政策的动向及评价:以年金与医疗为中心.社会福利政策,2005,23.

68. George Bernard Shaw.费边社会主义(Fabian Essays in Socialism).高世勳译.首尔:ACANET,2006.

69. 赵秋龙.日本的年金改革与老后生活保健政策.老人福利研究,2006,32.

70. 周恩善.1998—2007年韩国年金政策评价:国家与市场作用的分界线,以社会权为中心.韩国社会政策,2008,15(2).

71. 周恩善.年金改革的政治:瑞典年金制度的金融化与福利政治的变形.京畿道坡州市:HANUL ACADEM,2006.

72. 武川正吾.日本2004年年金改革——福利政治的生成和政权变更.韩国社会政策,2005,12.

73. 总统咨询政策企划委员会.国民年金改革——可持续性年金制度改善.参与政府政策报告书,2008,2(23).

74. 河相根.国民年金与政策的不响应.京畿道坡州市:韩国学术情报,2008.

75. 韩国开发研究院.人口结构高龄化的经济、社会波及效果与对应课题.应对高龄化社会的协同研究总报告.首尔:韩国开发研究院,2005.

76. 洪珉基. 国民年金对劳动供给与储蓄的影响. 首尔:韩国劳动研究院,2009.

77. 洪庆俊. 公共年金体制的缩小贫富差距效果研究. 社会保障研究,2005,21(2).

Ⅱ. 英文参考文献

1. A. C. Pigou. The Economics of Welfare. 4th ed. Macmillan and Co. Limited,1952.

2. Adam Smith. The Wealth of Nations. Bantam Dell,2003.

3. Swedish Social Insurance Agency. Annual Report of the Swedish Pension System. Swdeish Social Insurance Agency, 2008.

4. Antoine Bommier, Ronald D. Lee. Overlapping generations models with realistic demography. Journal of Population Economics,2003,16(1).

5. Augusto Lglesias-Palau, PrimAmerica Consultores. Pension reform in Chile revisited: what has been learned? OECD Social, Employment, and Migration Working Papers. No. 86. OECD,2009.

6. Birgit Mattil. Pension Systems: Sustainability and Distributional Effects in Germany and the United Kingdom. PhysicaVerlag,2006.

7. Bong-min Yang. The National Pension Scheme of the Republic of Korea. The World Bank Institute,2001.

8. Borden Karl. Dismantling the pyramid: the why and how of privatizing social security. Studies in the Social Security Privatization Series. CATO Institute,1995.

9. Camila Arza, Martin Kohli. Pension Reform in Europe: Politics, Policies and Outcomes. Routledge Taylor & Francis Group,2008.

10. Colin Gillion, John Turner, Clive Bailey, et al. Social Security Pensions Development and Reform. International Labour Office,2000.

11. Edmond Malinvaud. The overlapping generations model in 1974. Journal of Economic Literature,1987,25(1).

12. Edward Palmer. The Swedish pension reform model-framework and issue. Working Papers in Social Insurance 2000. The National Social Insurance Board,2000.

13. Edward Palmer. The new Swedish pension system. The World Bank Working Paper,2001.

14. Eiji Yajika. The public pension system in Japan: the consequences of rapid expansion. The Word Bank Institute, 2002.

15. Everett T. Allen, J. Melone, Jerry S. Rosenbloom. Pension Planning: Pensions, Profit Sharing, and Other Deferred Compensation Plans. 14th ed. Richard D. Irwin Inc., 1981.

16. Franco Modigliani. The collected papers of Franco Modigliani. The MIT Press, 2005, 6.

17. Franco Modigliani, Arun Muralldhar. Rethinking Pension Reform. Cambridge University Press, 2005.

18. Gosta Esping-Andersen. The Three Worlds of Welfare Capitalism. Princeton University Press, 1990.

19. Gosta Esping-Andersen. Changing Classes: Stratification and Mobility in Post-Industrial Societies. International Sociological Association, 1993.

20. Giuliano Bonoli, Toshimitsu Shinkawa. Ageing and Pension Reform Around the World: Evidence from Eleven Countries. Edward Elgar Publishing, 2006.

21. Gosta Esping-Andersen. A welfare state for the 21st century: ageing society, knowledge-based economics, and the sustainability of European welfare states. The Welfare State Reader. Wiley, 2006.

22. Hanam S. Phand. The past and future of Korean pension system: a proposal for a coordinated development of the public-private pensions. International Conference on "Pension in Asia: Incentives, Compliance and Their Role in Retirement". Korea, 2004.

23. Henrik Cronqvist, Richard H. Thaler. Design choices in privatized social-security systems: learning from the Swedish experiences. The American Economic Review, 2004, 94(2).

24. Jae-jin Yang. Pension reform issues in South Korea and NDC-based solution. The 5th International Conference of East Asian Social Policy, Welfare Reform in East Asia. Taipei, 2008.

25. J. C. Gilbert. Keynes's Impact on Monetary Economics. Butterworth Scientific, 1982.

26. Joakim Palme. Features of the Swedish pension reform. The Japanese Journal of Social Policy, 2005, 4(1).

27. Jongkyun Choi. OECD social employment and migration working papers,

No. 84. OECD,2009.

28. Junichi Sakamoto. Japan's pension reform, SP discussion paper, No. 0541. The World Bank,2005.

29. KG Scherman. The Swedish pension reform: a good model for other countries? Scandinavian Insurance Quarterly, 2003,4.

30. Klaus Schmidt-Hebbel. Does pension reform really spur productivity, saving, and growth? Central Bank of Chile Working Papers,1999.

31. Louise Fox, Edward Palmer. Latvian pension reform. Social Protection Discussion Paper Series. No. 9922. The World Bank,1999.

32. Michael Cichon. Notional defined-contribution schemes: old wine in new bottles? International Social Security Review. 1999,524(99).

33. Michael Finke,Swarnankur Chatterjee. Social security: who wants private accounts? Financial Services Review. 2008,17(4).

34. Mitchell A. Orenstein. The new pension reform as global policy, Global Social Policy,2005,5(2).

35. Mitchell A. Orenstein. How politics and institutions affect pension reform in three post-communist countries. The World Bank,2000.

36. Martin Powell, Martin Hewitt. Welfare State and Welfare Change. Open University Press,2002.

37. Naomi Miyazato. Pension reform in Sweden and implications for Japan. The Japanese Journal of Social Policy, 2004,3(1).

38. Norman Johnson. The Welfare State in Transition. The University of Massachusetts Press,1987.

39. OECD. Maintaining Prosperity in an Ageing Society. OECD,1998.

40. OECD. Pensions at a Glance 2009: Retirement-Income Systems in OECD Countries. OECD,2009.

41. Pablo Antolin, Fiona Stewart. Private pensions and policy responses to the financial and economic crisis. OECD Working Papers on Insurance and Private Pensions, No. 36. OECD, 2009.

42. Paul A. Samuelson. An exact consumption-loan model of interest with or without the social contrivance of money. The Journal of Political Economy,1958,66(6).

43. Paul A. Samuelson. Foundations of Economic Analysis. Atheneum,1965.

44. Paul Pierson. The new politics of the welfare state. World Politics, 1996,

48(2).

45. Peter A. Diamond. The evaluation of infinite utility streams. Econometrica, 1965,33(1).

46. Peter A. Diamond. Macroeconomic aspects of social security reform. Brookings Papers on Economic Activity,1997.

47. Peter Diamond. Social security. The American Economic Review, 2004, 94(1).

48. Rafael Rofman, Eduardo Fajnzylber, German Herrera. Reforming the pension reforms: the recent initiatives and actions on pensions in Argentina and Chile. SP Discussion Paper. No. 0831. The World Bank,2008.

49. Richard Disney. Crises in public pension programmes in OECD:what are the reform options? Economic Journal, 2000,110(461).

50. Richard Hemming. Should public pension be funded? IMF Working Paper, wp/98/35,1998.

51. Robert Holzmann. Fiscal alternatives of moving from unfunded to funded pensions. OECD Working Paper,No. 126,1997.

52. Robert Holzmann, Landis MacKellar,Jana Repansek. Pension Reform in Southeastern Europe: Linking to Labor and Financial Market Reforms. The World Bank,2009.

53. Robert Holzmann, Edward Palmer. Pension Reform: Issues and Prospects for Non-Financial Defined Contribution (NDC) Schemes. The World Bank,2006.

54. Roger Charlton, Roddy Mckinnon. Pension in Development. Ashgate Publishing Company,2001.

55. Stephen J. Kay, Tapen Sinha. Lessons from Pension Reform in the Americas. Oxford University Press,2008.

56. Social Insurance Agency of Japan. Overview of the Pension System in Japan. Social Insurance Agency of Japan,2008.

57. The Swedish Social Insurance Agency. The Swedish Social Insurance Agency Annual Report 2006. The Swedish Social Insurance Agency, 2006.

58. The Swedish Social Insurance Agency. The Scope and Financing of Social Insurance in Sweden 2005—2008. The Swedish Social Insurance

Agency,2007.

59. The World Bank. Averting the Old Age Crisis: Policies to Protect the Old and Promote Growth. The World Bank,1994.

60. The World Bank. Old-age Income Support in the 21th Century: An International Perspective on Pension System and Reform. The World Bank.

61. T. Fukawa. Japanese public pension reform from international perspectives. The Japanese Journal of Social Policy, 2004,3(1).

62. The World Bank. Pension Reform: Issues and Prospects for Non-Financial Defined Contribution Schemes. The World Bank,2006.

63. The World Bank. Pensions Panorama: Retirement-Income Systems in 53 Countries. The World Bank,2007.

64. Thomas R. Dye. Understanding Public Policy. 11th ed. Prentice Hall,2004.

65. William G. Gale, Johm B. Shoven, Mark J. Warshawsky. The Evolving Pension System: Trends, Effects, and Proposals for Reform. Brookings Institution Press,2005.

66. Yasue Pai. Comparing individual retirement accounts in Asia: Singapore, Thailand, Hong Kong and PRC. SP Discussion Paper. No. 0609. The World Bank,2006.

Ⅲ. 日文参考文献

1. 藤本健太郎. 日本の年金. 東京: 日本經濟新聞社,2005.

2. 社会保険庁. 国民年金保険料の納付率について. 社会保険庁,平成 21 年.

3. 社会保険庁. 平成 20 年度の国民年金の加入? 納付状況. 社会保険庁,平成 21 年.

4. 社会保険庁.『平成 20 年度社会保険事業の概況. 社会保険庁,平成 21 年.

Ⅳ. 中文参考资料

1. 金辰洙. 韩国老龄化与养老保障制度. 叶克林译. 学海,2008,4.

2. 叶崇琦. 最新劳退新旧制完全解析. 台北:宝鼎出版社有限公司,2005.

3. 叶晓倩,韩锟. 欧盟国家养老金改革评价及其启示. 中国软科学, 2004,11.

4. 郎立研. 名义账户制探析. 中央财经大学学报,2005,8.

5. 李章顺. 透视劳工退休金制度:新旧制度的选择、衔接与计算. 台北:灵活文化事业有限公司,2005.

6. 林婷婷. 现收现付制与基金制的比较分析. 广西财政高等专科学校学报,2005,18(4).

7. 罗伯特,霍尔茨曼,理查德,等. 21 世纪的老年收入保障——养老金制度改革国际比较. 郑炳文,等译. 北京:中国劳动社会保障出版社,2006.

8. 邱显比. 退休理财的六堂课. 台北:天下远见出版股份有限公司,2005.

9. 世界银行. 养老金改革——名义账户制的问题与前景. 郑秉文,等译. 北京:中国劳动社会保障出版社,2006.

10. 郑秉文. 养老保险"名义账户"制的制度渊源与理论基础. 经济研究,2003,4.

11. 郑秉文. 名义账户制:我国养老保障制度的一个理性选择. 管理世界,2003,8.

V. 学位论文

i) 韩国语学位论文

1. 김숙진,『국민연금제도 재설계의 방향—스웨덴,칠레 사례연구를 중심으로』,연세대학교대학원 행정학과 석사학위 논문,2005.

2. 김진태,『한국사회에서 국민연금의 민영화 가능성에 대한 담론적 고찰—국민연금에 대한 사회구성원들의 실제적 반응을 중심으로』, 서강대학교 대학원 사회학과 박사학위 논문,2007.

3. 고춘란,『한국 국민연금제도와 중국양로보험제의 발달과정 비교 연구』,부산대학교 대학원 사회복지학과 박사학위 논문,2008.

4. 서강봉,『국민연금제도의 개혁논의에 대한 평가와 발전에 관한 고찰』, 연세대학교 행정대학원 사회복지전공 석사학위 논문,2007.

5. 정경민,『국민연금 사각지대 해소방안에 관한 연구—국고지원 도입 방안을 중심으로』,인천대학교 행정대학원 사회복지학과 석사학위 논문,2007.

6. 정규명,『공적연금제도 개혁방안에 관한 연구:한국의 국민연금제도를 중심으로』, 경성대학교 대학원 경제학과 박사학위 논문,2005.

7. 정홍원,『국민연금제도 개혁을 위한 정책대안의 설계—급여의 적절성과 연금재정의 안정화를 중심으로』,연세대학교 대학원 행정학과 박사학위 논문,1998.

8. 최성철, 『베이비붐 세대가 국민연금에 미치는 영향에 관한 연구』, 원광대학교 대학원 사회복지학과 박사학위 논문,2007.

9. 한형근, 『국민연금 관리체계가 가입자의 만족도에 미치는 영향에 관한 연구』,인하대학교 대학원 박사학위 논문,2007.

韩国语学位论文(中文翻译)

1. 金淑珍.国民年金制度再设计的方向——以瑞典、智利的案例研究为中心.韩国延世大学大学院行政学科硕士学位论文,2005.

2. 金镇泰.关于韩国社会中国民年金民营化可能性的谈论性考察——以社会成员对国民年金的实际反应为中心.韩国西江大学大学院社会学科博士学位论文,2007.

3. 高春兰.韩国国民年金制度与中国养老保险制度发展过程比较研究.韩国釜山大学大学院社会福利学科博士学位论文,2008.

4. 徐强峰.关于国民年金制度改革论争的评价与对于发展的考察.韩国延世大学行政大学院社会福利专业硕士学位论文,2007.

5. 郑京珉.国民年金盲区减少方案研究——以导入国库支援方案为中心.韩国国立仁川大学行政大学院社会福利学科硕士学位论文,2007.

6. 郑奎明.公共年金制度改革方案研究:以韩国国民年金制度为中心.韩国庆星大学大学院经济学科博士学位论文,2005.

7. 郑洪源.国民年金制度改革政策对策方案设计——以年金待遇的适当性与稳定性为中心.韩国延世大学大学院行政学科博士学位论文,1998.

8. 崔成哲.婴儿潮时代对国民年金产生的影响研究.元光大学大学院社会福利学科博士学位论文,2007.

9. 韩亨根.国民年金管理体制对加入者满意度的影响研究.韩国仁荷大学大学院行政学科博士学位论文,2007.

ii) 中文学位论文

10. 陈之楚.中国社会养老保障制度研究.天津财经大学博士学位论文, 2008.

11. 刘苓玲.老年社会保障制度变迁与路径选择.首都经济贸易大学博士学位论文, 2007.

12. 王智斌.中国养老保险制度改革与政策建议.西南财经大学博士学位论文, 2007.

iii) 英语学位论文

13. Jae-jin Yang. The 1999 pension reform and a new social contract in South Korea, graduate school-new brunswick. Rutgers, The State University of New Jersey, Doctor Thesis, October, 2000.

14. Leandro Nicolas Carrera. The politics of pension reform in a comparative perspective: a cross-regional analysis of Argentina, Uruguay, Spain and Italy. Doctor of Philosophy, The Graduate College, The University of Arizona, 2007.

Ⅵ. 网络资料

1. http://www. worldbank. org（The World Bank，世界银行）

2. http://web. worldbank. org/WBSITE/EXTERNAL/TOPICS/EXTSOCIALP ROTECTION/EXTPENSIONS/0,,menuPK:396259 ~ pagePK:149018 ~ piPK:149093 ~ theSitePK:396253,00. html（世界银行关于年金的网页）

3. http://www. ilo. org/（国际劳动组织）

4. http://www. oecd. org/home/0,2987,en_2649_201185_1_1_1_1_1,00. html（经济合作与发展组织）

5. http://www. imf. org/external/index. htm（International Monetary Fund 国际货币组织）

6. http://www. issa. int/（International Social Security Association 国际社会保障协会）

7. http://www. nps. or. kr/（韩国国民年金公团）

8. http://www. mw. go. kr/（韩国保健福利家族部）

9. http://www. kli. re. kr/kli_home/main/main. jsp（韩国劳动研究院）

10. http://www. pensionsmyndigheten. se/Welcome_en. html（Sweden Pension Agency, International version[English] 瑞典高级年金厅）

11. http://www. forsakringskassan. se/sprak/eng（Försäkringskassan, Sweden Social Insurance Agency 瑞典社会保障厅）

12. http://www. safp. cl/573/propertyvalue-1821. html（Superintendencia de Pensiones，智利个人年金负责机关英文网页）

13. http://www. inp. cl/（Instituto de Normalizaclon Previsional 智利社会保险负责机关）

14. http://www. sia. go. jp/（Social Insurance Agency 日本社会保险厅）

15. http://www. ipss. go. jp/(National Institute of Population and Social Security Research 日本国立社会保障、研究问题研究所)

16. http://www. mhlw. go. jp/(Ministry of Health, Labor and Welfare 日本厚生劳动省)

17. http://www. nenkin. go. jp/index. html(Japan Pension Service 日本年金服务)

图 索 引

表索引

后 记

在我的博士论文基础上经过翻译、资料更新,以及一定程度的修改后,这本书终于得以面世了。但此刻,涌上心头更多的却是遗憾。这种感觉同我当年用自己使用起来并不那么熟练自如的韩国语写完博士学位论文时的感觉是那么相似。艰苦的博士求学五年中知识体系和语言表达给我带来的挑战;留校任教后,每天都面对着在三种语言和两个不同的专业中切换,还要做得像使用母语一样自如;回国后,在科研和教学工作中彷徨、挣扎、不知所措,到一定程度的妥协和逐渐适应…… 一个又一个难忘的画面都历历在目,在我人生的各个阶段中给过我指导和鼓励的每一个人让我今日还依然惦念。

首先最要感谢的是给予我学业和生活上诸多指导和激励的博士导师,韩国仁荷大学行政学系的金荣敏教授。对于我来说,金荣敏教授始终就像一座沉默无言却又坚定地矗立在远方的灯塔,于无言中让我感受到坚持正确方向的重要性,于沉默中又让我反省自己时而表现出来的懒惰和骄躁。恩师的恩惠无以为报,我想,像他一样做一名超脱名利,有原则,有良知的学者应该是对他最好的回报。因为有他,我相信,无论走到哪里,我都会笃定而自信。

其次,我要郑重对我论文审查过程中担任主审的韩国仁荷大学行政学系金荣圭教授表达深深的谢意。在有幸作为他的助教在他的研究室里工作的那段时间里,我从他身上学习到了什么才叫工作中的完美主义和严谨。最初我惊讶于他每一页书稿、讲义材料都要修改五遍以上,甚至连回一封邮件都要修改两三遍。不知不觉中,我自己做事也开始向着这个风格靠拢。我发现,榜样的力量总是在润物细无声之中。其实,作为一直积极投身于政治活动中的政治家,韩国社会党党首、2002年韩国总统候选人等政治光环下的他是耀眼的;作为教授,总是会无情地把不合格的作业打回来重做的他在学生心目中的印象是严厉的;但是在生活中,他却是慈祥的,几年来他点点滴滴的厚重的关爱总是让我的心头温暖满溢。我相信,从他身上学到的做事追求完美的严谨作风将一直是指导我学习和工作的最高准则。

在这里我还要感谢仁荷大学行政学系的尹洪植教授、首尔大学行政学系的李胜钟教授,以及顺天大学行政学系的曹善日教授,在论文审查过程中给我提出的宝贵意见和建议。仁荷大学行政学系的金容宇教授、金千权教授、郑一燮教授、金镇永教授、明承焕教授、边秉卨教授在我攻读博士学位期间给予的谆谆教诲会一直铭记在我心中，在这里也一并对他们表示最真诚的感谢。

课堂之外，还要感谢仁荷大学经济学系的李贞庸教授、仁荷大学国际语言文化学系的李在光教授，以及仁荷大学静石图书馆的金凤世部长、张英子科长给我的关怀和帮助。

此外，在作为教师志愿者参加"女性热线（韩国 NGO 组织）""外国人对象韩国语教室"的过程中，"女性热线"仁川分会会长金成美京、"外国人对象韩国语教室"的创始人金京昊校长，以及和我一起数年来坚持以志愿者身份教授外国人新娘韩国语，以便让她们更好地融入当地生活的同事们，都在我的生活中留下了许多美好的记忆。在他们的身上，我看到了人性的光芒和大爱，感受到了美好品德的温暖和力量 。

回国后来到江苏大学管理学院，我有幸遇到了对我关爱有加的领导和同事们。虽然来这里工作的时间不长，但是周绿林书记、马志强院长、杜建国院长等学院领导和系里各位同事、前辈们，无论是在教学、科研方面，还是在生活方面，都毫无保留地给予了我很多帮助。在此对大家表示真诚的感谢。

当然，我还要感谢江苏大学科技处等相关部门的大力支持和江苏大学出版社的领导及编辑们的辛勤工作，正是有了你们的无私奉献和默默的努力，才使这一拙著得以面世。在出版过程中，江苏大学出版社第二编辑部的汪再非主任给予了我始终如一的关心和帮助。本书的责任编辑吴昌兴和仲蕙老师在校对过程中的认真和严谨让我难以忘怀。在这里对他们的辛勤工作表示最真诚的感谢，同时也感谢出版过程中为这本书做出贡献的其他默默无闻的幕后工作者。

最后，让我向一直爱护和关心我的母亲及家人表达我最深的祝福。

这里未能一一提及的，曾经在我人生各个阶段以各种形式帮助过的各位，让我在此向你们表示我最真诚的感谢。谢谢你们！在今后的人生旅程中，我会一如既往地放低姿态，敞开心扉，诚实做人，老实做事。

陈樱花

2014 年 11 月 1 日

于江苏大学三江楼